Süchtig nach Anerkennung

Süchtig nach Anerkennung

Hör auf, allen gefallen zu wollen!

JOYCE MEYER

Copyright © 2005 by Joyce Meyer. All rights reserved.
This edition published and arranged with
Warner Books, Inc., New York, New York, USA.
Originally published in English under the title
Approval Addiction by Joyce Meyer

© Alle Rechte der deutschen Ausgabe bei

Joyce Meyer Ministries
P.O. Box 761001
22060 Hamburg
www.joyce-meyer.de
Tel: 040 / 88 88 4 11 11

ISBN 3-939627-01-1
      978-3-939627-01-2

Bestellungen bitte an oben stehende Adresse richten

1. Auflage, November 2006

Alle Bibelzitate wurden, wenn nicht anderweitig gekennzeichnet, der *Revidierten Elberfelder Bibel*, R. Brockhaus Verlag Wuppertal, Ausgabe 1992, entnommen.

Mit LU gekennzeichnete Bibelstellen sind der *Luther-Übersetzung* 1984 entnommen, und mit EÜ gekennzeichnete Stellen sind der *Einheitsübersetzung der Heiligen Schrift* © 1980 Katholische Bibelanstalt, Stuttgart, entnommen.

Übersetzung: Thomas Schatton
Umschlag: Andreas Zehnder und Johannes Schubert
Satz: Satz & Medien Wieser, Stolberg
Druck: Printed in Germany
Alle Rechte vorbehalten!
Vervielfältigung oder Abschrift, auch auszugsweise,
nur mit schriftlicher Genehmigung des Verlags.

Inhalt

Einleitung: Die Sucht nach Anerkennung verstehen 7

TEIL I
AKZEPTIEREN, WER WIR SIND

1. Der Angst begegnen und Freiheit finden 15
2. Sich selbst kennen 33
3. Mit der Gerechtigkeit im Einklang 49
4. Das eigene Selbstbild ändern 63
5. Sich selbst lieben 83

TEIL II
UNSERE SÜCHTE ERKENNEN UND BENENNEN

6. Die Sucht nach Anerkennung überwinden 105
7. Den Gefühlsschmerz überwinden
   und hinter sich lassen 125
8. Schuldgefühle und Scham überwinden
   und hinter sich lassen 149
9. Zorn und Unversöhnlichkeit überwinden
   und hinter sich lassen 167
10. Die »Es-Allen-Recht-Macher«-Einstellung überwinden
    und hinter sich lassen 185
11. Ablehnung überwinden und hinter sich lassen 213

TEIL III
FÜR DIE ZUKUNFT GEWOHNTE MUSTER AUSMERZEN

12. Kontrollierende Kräfte brechen 237
13. Den Schmerz ausnutzen 263

Folgerung: Vollständig in Christus leben 279
Anmerkungen 289

EINLEITUNG

Die Sucht nach Anerkennung verstehen

Es gibt in unserer heutigen Gesellschaft eine Epidemie der Unsicherheit. Viele Menschen fühlen sich unsicher und sehen sich selbst in einem schlechten Licht, wodurch ihnen die Freude geraubt wird und große Probleme in all ihren Beziehungen verursacht werden.

Ich kenne die Wirkung, die Unsicherheit auf das Leben eines Menschen haben kann, weil ich selbst diese Erfahrung gemacht habe. Ich weiß, was sie einem Menschen antut. Menschen, die so wie ich aufgrund von Missbrauch oder massiver Ablehnung zutiefst verletzt wurden, lechzen oft nach Anerkennung durch andere, um zu versuchen, ihre Gefühle der Ablehnung und geringer Selbstachtung zu überwinden. Sie leiden unter diesen Gefühlen und benutzen die Sucht nach Anerkennung, um zu versuchen, den Schmerz zu beseitigen. Sie sind unglücklich, wenn sie von jemandem auf irgendeine Weise oder aus irgendeinem Grund keine Anerkennung zu bekommen scheinen und das Missfallen anderer besorgt und verunsichert sie so lange, bis sie sich wieder angenommen fühlen. Sie würden beinahe alles dafür tun, um die Anerkennung wiederzugewinnen, die sie scheinbar verloren haben – sogar Dinge, die sie nicht mit ihrem Gewissen vereinbaren können. Wenn beispielsweise jemand Missbilligung erfährt, weil er eine Einladung absagt, ändert er vielleicht seine Pläne und nimmt die Einladung an, nur um Anerkennung zu erhalten.

Eine Sucht ist etwas, das Menschen kontrolliert – etwas, ohne das sie nicht zurechtzukommen glauben, oder etwas, das sie tun, um Schmerz oder Druck zu lindern. Es ist etwas, in das Menschen fliehen, wenn sie sich verletzt oder einsam fühlen. Süchte gibt es in einer großen Vielfalt, wie beispielsweise Drogen-, Alkohol-, Spiel-, Sex-, Kauf-, Ess- oder Arbeitssucht – und, ja, auch die Sucht nach Anerkennung. Wie jeder Abhängige suchen unsichere Menschen nach ihrer »täglichen Dosis«, wenn sie zitterig werden. Sie brauchen jemanden, der sie immer wieder bestätigt und ihnen versichert, dass alles in Ordnung ist und sie angenommen sind. Wenn jemand eine Sucht hat, beschäftigt er sich einen Großteil der Zeit mit den Dingen, von denen er abhängig ist. Wenn ein Mann oder eine Frau süchtig nach Anerkennung ist, wird er oder sie eine ungewöhnlich starke Besorgnis darum haben, was andere über ihn oder sie denken und sich ständig damit beschäftigen.

Die gute Nachricht ist, dass niemand von uns unter Unsicherheit leiden muss; es gibt eine Heilung für die Sucht nach Anerkennung. Das Wort Gottes sagt, dass wir durch Jesus Christus Sicherheit erlangen können (siehe Epheser 3,17). Das bedeutet, dass wir frei sein können, um wir selbst zu sein und zu all dem werden können, was wir in ihm sein sollen.

DAS FUNDAMENT FÜR SICHERHEIT

Ein Gefühl der Sicherheit ist etwas, das jeder braucht und jeder sich wünscht. Sicherheit ermöglicht es uns, gesunde Gedanken zu entwickeln und entsprechend zu leben. Es bedeutet, dass wir uns geborgen, angenommen und bestätigt fühlen. Wenn wir sicher sind, erkennen wir uns selbst an und haben Zuversicht, wir akzeptieren und lieben uns selbst auf eine ausgeglichene Weise. Wir brauchen nicht unbedingt die Anerkennung anderer, um uns zuversichtlich zu fühlen. Sicherheit ermöglicht es uns, unser Potenzial auszuschöpfen und unser gottgegebenes Schicksal zu erfüllen.

Ich glaube, dass es der Wille Gottes ist, dass wir sicher werden, denn ein Mangel an Selbstsicherheit quält uns und hindert uns die Segnungen zu empfangen, die er uns schenken möchte. Im Laufe der Jahre habe ich gelernt, dass das Fundament für Sicherheit die Erkenntnis ist, wer wir in Christus sind, wenn wir Gottes bedingungslose Liebe und uns selbst annehmen, obwohl wir erkennen, dass wir Schwächen haben und nicht vollkommen sind.

Der Missbrauch, den ich selbst erfahren habe, hat zur Folge gehabt, dass ich unter Unsicherheit litt, selbst nachdem ich Christ geworden war, weil ich mich nicht durch die Augen des Wortes Gottes sah. Ich lehnte mich ab und mochte mich nicht, weil ich mich nicht so sah, wie Gott mich sah. Ich wusste nicht, wer ich in Christus war (siehe 2. Korinther 5,21); ich war nicht in seiner Liebe verwurzelt und gegründet und ich wusste nicht, dass ich meine Anerkennung in ihm finden konnte. Auch wenn ich gemäß des Wortes Gottes eine neue Schöpfung in Christus (siehe Epheser 2,10) und zu einer neuen Kreatur geworden war und mir ein Neuanfang und eine wunderbare Zukunft geschenkt wurden, so sah ich mich selbst noch immer als Versagerin und als einen Menschen, den man nicht lieben und annehmen konnte.

Mein Leben war während dieser Zeit sehr schwierig. Ich war ständig frustriert und hatte keinen wahren Frieden oder Freude, weil ich ein negatives Selbstbild hatte und das Gefühl hatte, niemand würde mich mögen. Diese Gefühle veranlassten mich so zu handeln, als ob ich niemanden bräuchte, als ob es mir gleichgültig wäre, wie andere über mich dachten. Doch tief in meinem Innersten war es mir wichtig, und ich versuchte, mit aller Kraft so zu sein, wie andere es meiner Meinung nach von mir erwarteten.

Als ich jedoch weiterhin die Bibel las, wurde mir bewusst, dass ich wertvoll war, durch das, was ich in Christus bin, und nicht aufgrund dessen, was ich tat oder was andere Leute über mich dachten. Mir wurde bewusst, dass ich nicht unsicher bleiben musste, denn wenn Gott mich betrachtete, sah er die Gerechtigkeit seines Sohnes (siehe 2. Korinther 5,21), und nicht all die Dinge, die bei mir nicht in Ordnung waren oder die ich falsch gemacht hatte. Zum ersten Mal im Leben fühlte ich mich sicher und geborgen.

Ein Teil unseres Erbes als Gläubige ist es, sicher und geborgen zu sein (siehe Jesaja 54,17) – zu wissen, wer wir in Christus sind, und ein Gefühl der Rechtschaffenheit gegenüber Gott zu haben. Durch die Tatsache, dass er seinen Sohn Jesus gesandt hat, damit dieser für uns stirbt, machte Gott deutlich, dass wir einen Wert haben. Wir sollen nicht die ganze Zeit herumlaufen und uns selbst verdammen, wie es so viele Menschen tun. Leute, die das tun, denken für gewöhnlich: »Mit mir stimmt etwas nicht. Ich bin nicht so, wie ich sein sollte. Ich bin nicht da, wo ich sein sollte. Ich sehe nicht so aus, wie ich es sollte. Ich bin nicht begabt. Mir geht *dieses* und *jenes* und *alles mögliche Andere* ab.«

Der Teufel erinnert uns gerne daran, was wir *nicht* sind, doch Gott hat seine Freude daran, uns zu bestätigen und uns daran zu erinnern, wer wir sind und was wir durch Jesus tun können. In Philipper 3,3 wird uns gesagt, wir sollen nicht auf das vertrauen, was wir im Fleisch sind und uns nicht auf irdische Vorzüge verlassen, sondern »uns in Christus rühmen«. Wir sollen auf Jesus schauen, und nicht auf uns selbst.

Unsicherheit entsteht, wenn wir auf unsere eigenen Schwächen, Mängel und Unzulänglichkeiten schauen. Wir werden frei von Unsicherheit, wenn wir das tun, was uns in Hebräer 12,2 aufgetragen wird: Indem wir nicht auf das sehen, was uns ablenkt, »und aufsehen zu Jesus, dem Anfänger und Vollender des Glaubens.« (LU) Unsere Mängel werden uns mit Sicherheit ablenken, wenn wir ihnen zu viel Aufmerksamkeit schenken. Wir sollten Gott unsere Fehler bekennen und ihm vertrauen, dass er uns auf seine eigene Weise gemäß seines eigenen Zeitplans ändert.

KENNTNIS FÜHRT ZU BEFREIUNG

Leben Sie unter einer Last von Schuld und Verdammnis, fühlen Sie sich schuldig, unwürdig und unsicher? Sind Sie jemand, der es immer allen recht machen will und stets auf die Anerkennung durch andere schielt?

Wenn Sie diese Frage bejahen müssen, dann hoffe ich, dass ich Ihnen durch die Gnade und Barmherzigkeit Gottes dabei helfen kann, diese Gefühle zu überwinden, denn sie haben nicht nur Einfluss auf Ihre persönlichen Beziehungen, sondern auch Ihr Gebetsleben und Ihre Fähigkeit, im Leben voranzukommen. Auf jeden Fall rauben sie Ihre Freude und Ihren Frieden – und das ist nicht der Wille Gottes für Sie oder sonst irgendjemanden.

Gott möchte, dass Sie Ihr Leben genießen – und das können Sie tun, wenn Sie wissen, wie. Dieses »wie« ist das, was ich Ihnen in *Süchtig nach Anerkennung* weitergeben möchte. Auf den folgenden Seiten werde ich mich mit erstaunlichen Erkenntnissen befassen, die Gott mir geschenkt hat, und die mir geholfen haben, die Unsicherheit in meinem eigenen Leben zu überwinden und in der Gerechtigkeit, dem Frieden und der Freude zu leben, die uns als Kinder Gottes zustehen (siehe Römer 14,17). Ich habe dieses Buch in drei Teile aufgeteilt. Der erste Teil beschäftigt sich damit, anzunehmen, wer wir in Christus sind – indem wir verstehen, dass wir nicht vollkommen sind, und dass das auch in Ordnung ist. Der zweite Teil spricht einige spezifische Süchte an, die unseren Wandel mit Gott und die Gemeinschaft mit anderen stören und was wir tun müssen, um sie zu überwinden. Im dritten Teil schließlich werde ich über einige generelle Wahrheiten bezüglich Ihrer Ganzheit in Gott sprechen, und worauf wir in unserem Leben ausgerichtet sein müssen, wenn wir wahrhaftig unsere Sucht nach Anerkennung los werden wollen. Durch das ganze Buch hindurch werde ich Sie Schritt für Schritt führen und Ihnen relevante Schriftstellen und persönliche Beispiele an die Hand geben, die Ihnen helfen werden zu erkennen, dass Sie nicht allein dastehen, und dass es einen endgültigen Sieg *gibt*.

Ich bete, dass, während Sie dieses Buch lesen, Sie damit beginnen werden, Heilung und Freiheit zu erfahren. Der Pfad zur Freiheit ist nicht unbedingt ein leichter Weg. Doch auf das Ziel zuzustreben ist definitiv leichter, als in Gebundenheit und Knechtschaft zu verharren. Die Kenntnis über den rechten Stand, den Sie vor Gott haben und die Wahrheit über Ihre Rechtschaffenheit führen zu Befreiung von Gefühlen wie Verdammung, Niederlage, Unzulänglichkeit, Unsicherheit und das Bedürfnis, von anderen Menschen Anerkennung zu erhalten. Sie werden auf neue Ebenen der Freiheit emporgehoben und zu einer selbstbewussten, gereiften Persönlichkeit werden - eine Persönlichkeit, die in der Sicherheit dessen wandeln kann, wer sie in Christus ist. Seine Anerkennung wird alles sein, was Sie brauchen werden.

Unternehmen Sie also nun den ersten Schritt, um die Sucht nach Anerkennung zu überwinden, indem Sie einen ehrlichen Blick auf sich selbst und die Art und Weise, wie Sie sich selbst sehen, werfen.

TEIL I

Akzeptieren, wer wir sind

Kapitel

1

Der Angst begegnen und Freiheit finden

Der erste Schritt, um ein aus dem Gleichgewicht geratenes Bedürfnis nach Anerkennung zu verstehen, ist, die Angst zu verstehen. Die Vielfältigkeit der Ängste, mit denen Menschen kämpfen, ist endlos, doch eine wichtige Angst, die ich in meinem eigenen Leben entdeckt habe – und eine, mit der Sie vielleicht ebenso zu tun haben –, ist die Angst, man könne Gott nicht wohlgefällig sein. Wenn Sie von Menschen verletzt und verwundet wurden, denen man kaum etwas oder nichts recht machen konnte, denken Sie vielleicht, dass Gott genau so ist. Das stimmt aber nicht! Es ist nicht so schwierig, Gott wohlgefällig zu sein, wie wir vielleicht denken. Einfacher, kindlicher Glaube ist ihm wohlgefällig. Er weiß bereits, dass wir uns nicht immer perfekt verhalten werden. Aus diesem Grunde hat er Jesus gesandt, damit dieser für unser Versagen und Fehler bezahlt.

Wie ich in der Einleitung erwähnt habe, habe ich viele Jahre lang mit Frustration gekämpft und unter ihr gelitten, indem ich stets versuchte, Gott mit gutem oder gar vollkommenem Verhalten zu gefallen.

Gleichzeitig hatte ich Angst, zu versagen. Es schien gleichgültig zu sein, was ich richtig gemacht habe, weil ich immer etwas entdeckte, das ich nicht richtig machte. Ich fühlte mich nie gut genug; ganz gleich, was ich tat, es kam mir immer so vor, als müsse ich noch mehr tun. Ich hatte das Gefühl, Gott zu missfallen, und obwohl das nicht richtig war, stimmte es doch für mich, weil ich es glaubte. Ich war getäuscht worden!

Es besteht die Möglichkeit, dass auch Sie getäuscht wurden. Getäuscht worden zu sein, bedeutet, einer Lüge aufgesessen zu sein. Viele Menschen sind in Gebundenheit gefangen, durch die sie sich schlecht fühlen, und zwar einfach nur deswegen, weil sie falsche Glaubenssysteme haben. Es ist sehr gut möglich, dass Sie gewisse Dinge von ganzem Herzen glauben, obwohl diese nicht im Geringsten der Wahrheit entsprechen. Ich habe früher geglaubt, dass meine Vergangenheit stets eine Auswirkung auf meine Zukunft haben würde, bis mir durch das Wort Gottes klar wurde, dass das, was ich glaubte, überhaupt nicht der Wahrheit entsprach.

Wir können die Vergangenheit hinter uns lassen, völlige Vergebung für all unser Fehlverhalten erhalten und die überwältigende Zukunft genießen, die Gott seit Anbeginn der Zeit für uns vorgesehen hat.

WAS MUSS ICH TUN, UM GOTT WOHLGEFÄLLIG ZU SEIN?

Es gibt meiner Meinung nach zwei Dinge, die wir tun müssen, um Gott wohlgefällig zu sein. Erstens müssen wir Glauben an Jesus haben, und zweitens muss es unser Verlangen sein, ihm mit unserem ganzen Herzen wohlgefällig zu sein. Es ist wichtig zu verstehen, dass wir das Eine nicht ohne das Andere haben können. Die Bibel sagt, ohne Glauben ist es unmöglich, Gott wohl zu gefallen (siehe Hebräer 11,6).

In Johannes 6,28-29 lesen wir über einige Leute, die Jesus befragt haben:

> *»Was sollen wir tun, damit wir [beständig] die Werke Gottes wirken? [Was sollen wir tun, damit wir das ausführen, was Gott fordert?] Jesus antwortete und sprach zu ihnen: Dies ist das Werk (der Dienst), den Gott von euch erwartet, dass ihr an den glaubt, den er gesandt hat.« (z. T. wörtl. a. d. Engl.)*

Der Angst begegnen und Freiheit finden

Sie sehen also, es gefällt Gott, wenn wir an seinen Sohn Jesus glauben, und es gefällt ihm nicht, wenn wir dies nicht tun. Wir können alle möglichen guten Dinge tun und wohltätigen Werke vollbringen, doch wenn wir nicht an Jesus glauben, ist Gott dennoch nicht mit uns zufrieden. Wenn wir jedoch an Gott glauben und ihm vertrauen, werden wir gemäß Hebräer 4 in Gottes Ruhe eingehen; wir fühlen uns im Leben wohl und behaglich anstelle von ängstlich und besorgt.

Wir glauben, und Gott wirkt. Unser Werk als Gläubige ist schlicht und einfach zu glauben. Vergessen Sie nicht: Wir sind aufgrund unseres *Glaubens* angenommen, nicht aufgrund unserer guten Werke. Christen werden auch *Gläubige* genannt. Wenn es unsere Aufgabe wäre, etwas zu vollbringen, würde man uns *Vollbringer* nennen und nicht *Gläubige*. Wir möchten oft das betonen, was *wir* tun, doch wir sollten uns darauf konzentrieren, was Gott für uns in Jesus Christus getan hat. Wir können uns auf unsere Sünde konzentrieren und uns erbärmlich vorkommen, oder wir können uns auf die Vergebung Gottes konzentrieren und glücklich sein.

> *Wenn es unsere Aufgabe wäre, etwas zu vollbringen, würde man uns **Vollbringer** nennen und nicht **Gläubige**.*

Sobald wir diese Wahrheit erkennen, können wir unsere Beziehung zu Gott genießen. Wir müssen nicht unter dem Druck leben, nur dann angenommen zu sein, wenn wir Leistung erbringen, gefolgt von der Angst, zu versagen, sobald unsere Leistung einmal nicht vollkommen ist. Wir müssen nicht süchtig nach Anerkennung sein und bereit sein, alles zu tun, um sie zu erhalten. Wenn wir Gott von ganzem Herzen wohlgefällig sein wollen, müssen wir nur an seinen Sohn Jesus Christus glauben und das annehmen, was er in seinem Wort sagt.

Ich lebte über Jahre hinweg in der Leistung-Annahme-Falle. Ich war süchtig nach Anerkennung. Ich dachte, wenn ich gute Leistung brächte, wäre ich von Gott und den Menschen anerkannt und akzeptiert. Ich nahm mich selbst nicht an oder akzeptierte mich nicht, solange ich keine gute Leistung erbrachte. Und wenn ich keine gute Leistung erbrachte, ging ich automatisch davon aus, dass Gott mich ablehnt, weil ich dies von den Leuten so gewohnt war. Wieder einmal war die Wahrheit aufgrund eines falschen Glaubenssystems für mich verzerrt.

Gott lehnt uns nicht ab, wenn wir Fehler machen, doch wenn wir *meinen*, dass er es tut, wenn wir *fürchten*, dass er es tut, wird die Lüge, die wir geglaubt haben, für uns zur Wahrheit. Ich hatte einmal eine Angestellte, die eine Menge Ablehnung von ihrem Vater erfahren hatte, wenn sie nicht gut in der Schule gewesen oder in anderen Dingen perfekt war. Die Ablehnung, die sie früh in ihrem Leben erfahren hatte, veranlasste sie, sich gewisse Verhaltensmuster anzueignen, die schwer nachvollziehbar waren. Wenn ihre Leistung bei der Arbeit nicht völlig fehlerlos war, spürte ich, wie sie sich von mir zurückzog, und ich fühlte mich von ihr abgelehnt. Sie zog sich nicht nur zurück, sie stürzte sich auch in eine Art Arbeitswahn und versuchte, noch mehr zu schaffen.

Dieses Verhalten beunruhigte mich wirklich und machte es mir schwer, eine angenehme Beziehung zu ihr zu haben. Ich scheute mich davor, ihr als ihre Arbeitgeberin in irgendeiner Weise Anweisungen oder Korrektur zu geben, denn ich wusste aus Erfahrung, wie sie sich verhalten würde. Ich scheute mich sogar davor, sie zu fragen, wie weit bestimmte Projekte vorangeschritten waren, denn wenn sie mir keinen vollendeten Bericht abliefern konnte, wurde sie aufgebracht, auch wenn ich ganz ruhig blieb. Wenn ich sie nach dem Stand ihrer Arbeit fragte, schien sie nur dann glücklich und zufrieden zu sein, wenn sie mir mitteilen konnte, dass alles erledigt war, und zwar korrekt und fehlerfrei.

Zu jener Zeit habe ich ihr Verhalten nicht verstanden, doch durch Gebet und offenen Austausch fanden wir schließlich heraus, dass sie große Angst davor hatte, abgelehnt zu werden, falls sie keine tadellose Leistung bringen würde. Obwohl ich sie nicht ablehnte, trieb ihre Angst vor Ablehnung sie dazu, sich von mir zurückzuziehen. Was die Sache noch verschlimmerte, war die Tatsache, dass ihr Rückzug und Schweigen mich dazu veranlassten zu glauben, dass sie *mich* ablehnte oder dass ich etwas falsch gemacht hätte. Ihr Glaubenssystem war falsch, aber nichtsdestotrotz schuf es eine unbehagliche Atmosphäre, in der Satan leicht agieren konnte.

Ich hatte von ihr nicht erwartet, fehlerlos zu sein, doch sie erwartete dies von sich selbst. Ich setzte sie nicht unter Druck, das tat sie selbst. Obwohl ich über ihr Vorankommen in keiner Weise ärgerlich war, nahm sie dies dennoch an und reagierte mir gegenüber dementsprechend. Ihr Verhalten verwirrte mich wirklich und brachte mich dazu, nicht mir ihr zusammenarbeiten zu wollen. Dankbarerweise lernte sie schließlich zu glauben, dass ich sie liebte und annahm, obwohl ihre Leistungen nicht immer fehlerfrei waren. Dies ermöglichte es uns, über viele Jahre hinweg voller Freude zusammenzuarbeiten.

Wir müssen lernen, dem Wort Gottes mehr zu vertrauen als unseren eigenen Gefühlen.

So wie ich es zuvor in meinem eigenen Leben gelernt hatte, musste meine Mitarbeiterin lernen, meinen Worten zu glauben anstatt ihren Gefühlen. Wir müssen beschließen, in unserer Beziehung zu Gott dasselbe zu tun. Wir müssen lernen, dem Wort Gottes mehr zu vertrauen als unseren eigenen Gefühlen. Wir beugen uns oft unseren Gefühlen, ohne zu erkennen, wie wankelmütig und unbeständig sie sind. Unsere Gefühle sind keine verlässliche Informationsquelle. Gott liebt uns bedingungslos und nimmt uns vorbehaltlos an. Seine Liebe gründet sich nicht auf unsere Leistung. Die Bibel sagt uns in Epheser 1,6, dass wir in dem Geliebten annehmbar gemacht wurden (wörtl. a. d. Engl.). Wie ich bereits sagte, ist es unser *Glaube* an Jesus, der uns für Gott annehmbar werden lässt und ihm wohlgefällig ist, nicht unsere Leistung.

Wir leben nicht im Glauben, wenn wir dem, wie wir uns fühlen, mehr glauben als dem, was das Wort Gottes sagt. Glauben Sie dem Gott der Bibel oder dem ›Gott‹ Ihrer Gefühle?

DAS VERLANGEN, IHM IN ALLEN DINGEN WOHLGEFÄLLIG ZU SEIN

Jeder, der Gott liebt, möchte ihm wohlgefällig sein. Die Tatsache, dass wir das Verlangen haben, ihm wohlgefällig zu sein, erfreut ihn. Jemandem wohlgefällig zu sein, bedeutet, dass diese Person gut über einen denkt oder einen anerkennt. Wir wollen Gottes Anerkennung, und daran ist nichts falsch. Ein Verlangen, Gott zu gefallen ist sogar notwendig, es motiviert uns, in allem nach seinem Willen zu trachten. Menschen, die ein starkes Verlangen danach haben, Gott zu gefallen, bringen nicht immer eine tadellose Leistung, aber sie bleiben dran und haben stets die Einstellung, sich verbessern zu wollen.

In 2. Chronik 16,9 lesen wir, wie Gott überall nach jemandem sucht, in dem er seine Stärke offenbaren kann, jemand, dessen Herz ihm gegenüber ohne Tadel ist. Es heißt in der Heiligen Schrift nicht, dass er nach jemandem suche, der eine tadellose Leistung abliefere, sondern vielmehr nach einem, dessen Herz tadellos ist und Gott zu gefallen sucht – einem, der über Sünde und allem Bösen betrübt ist, der an Gottes Bereitschaft und Fähigkeit glaubt, zu vergeben und wiederherzustellen. Gott weiß, dass wir nicht perfekt sein können. Wenn wir in unserem Tun fehlerlos sein könnten, bräuchten wir keinen Erlöser, und Jesus wäre vergebens gekommen. Jesus kam für diejenigen, die geistliche, körperliche und seelische Gebrechen hatten, nicht für diejenigen, denen nichts fehlte (siehe Lukas 5,31-32). Es ist völlig in Ordnung, bedürftig zu sein!

Gott ist ein Gott der Herzen. Er sieht unsere Herzenseinstellung, und sie ist ihm wichtig – wichtiger als unser Tun und unsere Leistung. Ich habe schon oft gesagt, Gott liebt einen Gläubigen, der ein gutes Herz hat und keine perfekte Leistung abliefert mehr als einen, der eine perfekte Leistung abliefert, aber dessen Herz unrein ist.

Jesus hatte beispielsweise den Pharisäern in seiner Zeit einiges zu sagen. Sie legten ein lupenreines Gebaren an den Tag, hielten die Gesetze, folgten allen Regeln und Ordnungen und waren stolz darauf. Sie hatten allerdings auch eine richtende Einstellung anderen gegenüber, wandelten nicht in Liebe und zeigten kein Erbarmen. Jesus nannte sie übertünchte Gräber, die voll von Leichen sind:

> »Wehe euch, Schriftgelehrte und Pharisäer, Heuchler! Denn ihr gleicht übertünchten Gräbern, die von außen zwar schön scheinen, inwendig aber voll von Totengebeinen und aller Unreinigkeit sind.« (Matthäus 23,27)

Diese Pharisäer waren sehr religiöse Leute – sie hielten alle Regeln –, aber ihre Herzen waren nicht in Ordnung.

Wahrheit gefällt Gott. In Johannes 4,23-24 heißt es, dass er Anbeter sucht, die ihn in Geist und Wahrheit (Wirklichkeit) anbeten. Er hasst es, wenn man ihm etwas vortäuscht! Deshalb habe ich bereits gesagt, dass zwei der Dinge, die Gott besonders wichtig sind, Glaube an Jesus und ein reines Herz, das ihm in allem wohlgefällig sein möchte, sind. Jemand sagte einmal zu mir: »Ich bin nicht böse, ich bin nur dumm.« Diese Beschreibung seiner selbst war richtig. Er ist jemand, den jeder mag, und er möchte alles richtig machen, und doch trifft er offenbar ständig falsche Entscheidungen, durch die er Ärger bekommt. Man kann ihm kaum lange böse sein, weil er wirklich nicht absichtlich Ärger verursacht, obwohl er dies regelmäßig tut.

Ich bin sicher, dass Sie es auch schon mit Leuten wie diesem Mann zu tun hatten – Leute, die frustrierend sind, und die man dennoch wirklich mag. Ich glaube, dass Gott uns manchmal so sehen muss. Wir tun Dinge, die Ärger und Probleme in unserem eigenen Leben verursachen, und dann laufen wir zu Gott, damit er uns hilft. Die gute Nachricht ist, dass er uns immer wieder hilft, denn er weiß, was für ein Gebilde wir sind und vergisst nicht, dass wir nur Staub sind (siehe Psalm 103,14). Als menschliche Wesen sehen wir auf das Tun und die Leistung anderer, doch Gott sieht das Herz an:

> »Aber der HERR sprach zu Samuel: Sieh nicht auf sein Aussehen und auf seinen hohen Wuchs! Denn ich habe ihn verworfen. Denn

der HERR sieht nicht auf das, worauf der Mensch sieht. Denn der Mensch sieht auf das, was vor Augen ist, aber der HERR sieht auf das Herz.« (1. Samuel 16,7)

»WAS ICH GEFÜRCHTET HABE, IST ÜBER MICH GEKOMMEN«

»Denn was ich gefürchtet habe, ist über mich gekommen, und wovor mir graute, hat mich getroffen.« (Hiob 3,25; LU)

Wie bereits erwähnt, ist Angst ein schreckliches Gefühl – und ein selbsterfüllendes dazu. Hiob hatte Befürchtungen bezüglich seiner Kinder, und schließlich kam er in seinem Leben an den Punkt, wo sie wahr wurden. Die Bibel sagt, dass uns nach unserem Glauben geschieht (siehe Matthäus 9,29). Dieses Prinzip funktioniert im Positiven wie im Negativen. Wir können etwas sowohl in Furcht als auch im Glauben empfangen. Mein Mann und ich engagierten einmal einen Handwerker, der sich um ein paar Dinge in unserem Haus kümmern sollte. Er sagte immer wieder, dass er *befürchte*, die Alarmanlage auszulösen. Wir gingen mit ihm mehrmals die Bedienungsanleitung durch, konnten jedoch feststellen, dass er sich noch immer unsicher fühlte. Am ersten Tag, an dem er zu uns zum Arbeiten kam, schaltete er, als er ging, den Alarm ein, und alles schien in Ordnung zu sein. Doch am selben Abend gab es bei uns einen heftigen Sturm, und irgendetwas löste um 3:00 Uhr morgens den Alarm aus. Die Polizei rief an und sagte uns, die Tür habe aufgestanden und sie hätten sie gesichert. Wir mussten den Handwerker, den wir engagiert hatten, anrufen und ihn bitten, alles nachzuprüfen. Die Nachricht, der Alarm sei losgegangen, beunruhigte ihn wirklich. Er sagte: »*Ich hatte schon befürchtet, dass das passieren würde.*«

Furcht ist ganz einfach der Glaube an das, was Satan sagt. Wir dürfen nicht vergessen, dass nicht nur Gott zu uns spricht, sondern auch Satan. Er ist ein Lügner (siehe Johannes 8,44), und wenn wir seine Lügen glauben, lassen wir uns von ihm täuschen und öffnen ihm Tür und Tor, dass er in unserem Leben wirken kann. Wir öffnen die Tür für das Wirken Gottes, wenn wir auf sein Wort vertrauen, und wir öffnen die Tür für das Wirken Satans, wenn wir seinen Worten Glauben schenken. Er setzt uns Gedanken in den Kopf, die nicht wahr sind, die aber für uns wahr werden können, wenn wir sie für bare Münze nehmen. Wenn wir befürchten,

Furcht ist ganz einfach der Glaube an das, was Satan sagt.

dass wir Gott oder Menschen nicht wohlgefällig sind, werden wir ein Verhalten an den Tag legen, das tatsächlich Missfallen auslösen wird. Dasselbe Prinzip funktioniert im Falle von Ablehnung. Wenn wir befürchten, abgelehnt zu werden, werden wir uns oftmals in einer Weise verhalten, die andere dazu bringt, uns abzulehnen. Wir bringen das hervor, was wir glauben!

Weil ich als starke Autoritätsperson angesehen werde, begegne ich oft Leuten, die eine gewisse Furcht vor mir haben oder in meiner Gegenwart sehr nervös werden. Ich tue nichts, vor dem sie sich fürchten müssten. Sie haben ein Problem aufgrund irgendeiner Sache aus ihrer Vergangenheit, das sie auch heute noch veranlasst, sich in der Gegenwart von Autoritätspersonen unsicher zu fühlen und sich zu fürchten. Mir gefällt es nicht, wenn sich Menschen vor mir fürchten. So wie in dem Beispiel mit meiner Mitarbeiterin, deren Erlebnisse aus der Vergangenheit unser Arbeitsverhältnis belastet haben, fühle ich mich in solchen Situationen unwohl und möchte diese Leute am liebsten gar nicht um mich haben. Ihre Furcht mir gegenüber verursacht genau das, wovor sie sich fürchten.

Ich weiß, wovon ich rede, weil ich früher mit diesem Problem von der anderen Seite zu tun hatte. Ich wuchs in einem extrem gestörten Elternhaus auf – einem Zuhause, das von Gewalt, Missbrauch und Angst geprägt war. Weil ich schlecht behandelt wurde, entwickelte ich das Gefühl, dass ich minderwertig und unannehmbar wäre. Ich schämte mich über mich selbst. Ich hatte Angst davor, neue Leute zu treffen, weil ich dachte, sie würden mich nicht mögen, und mit Sicherheit taten dies die meisten auch nicht. Sogar diejenigen, mit denen ich mich anfreundete, erzählten mir später, dass sie mich, als sie mich kennen lernten, nicht mochten. Mir ist genau das widerfahren, was ich geglaubt habe!

GOTT LIEBT UNS!

Als Kinder Gottes können wir unseren Sinn durch das Studieren des Wortes Gottes erneuern und damit beginnen, anders zu denken (siehe Römer 12,2). Wenn wir anders denken, werden wir uns anders benehmen, denn der Mensch folgt seinen Gedanken. Als ich im Wort Gottes entdeckte, dass er in Wahrheit mit mir zufrieden war und mich annahm, auch wenn ich mich nicht immer mustergültig benahm, änderte dies mein Denken. Ich fing damit an zu *erwarten*, dass die Leute mich mögen. Und das taten sie auch. Ich fing sogar damit an, laut zu bekennen, dass Gott mir Gunst geschenkt hat und dass Leute mich mochten. Ich lernte, das zu sagen, was Gott über mich sagte, anstelle dessen, was der Teufel mich glauben machen wollte[1].

Fragen Sie sich selbst einmal, was Sie vom Leben erwartet haben, und vielleicht werden Sie dann den Grund für einige Ihrer Enttäuschungen finden. Gott möchte, dass wir hartnäckig gute Dinge erwarten und keine Schlechten. Er möchte, dass wir Annahme als sein Geschenk an uns erwarten. Gott wird uns Gunst und Anerkennung zuteil werden lassen, wenn wir diese Dinge erwarten. Satan wird uns Ablehnung und Missbilligung zuteilwerden lassen, wenn wir diese Dinge erwarten. In der übernatürlichen Gunst Gottes zu leben ist mit Sicherheit besser, als zu versuchen, sich Anerkennung zu verdienen, indem man es allen recht macht und eine fehlerfreie Leistung erbringt.

In Matthäus 3,13-17 lesen wir einen Bericht über die Taufe Jesu. Als er aus dem Wasser stieg, kam der Heilige Geist wie eine Taube aus dem Himmel und setzte sich auf ihn, und eine Stimme aus dem Himmel sagte: »Dieser ist mein geliebter Sohn, an dem ich Wohlgefallen gefunden habe.« Dann, in Matthäus 17,5, auf dem Berg der Verklärung, wurden Jesus und seine Jünger von einer leuchtenden Wolke überschattet, und eine Stimme aus der Wolke sagte: »Dieser ist mein geliebter Sohn, an dem ich Wohlgefallen habe [und stets hatte].« (z. T. wörtl. a. d. Engl.) Eines Tages, während des Bibelstudiums, wurde mir klar, wenn selbst Jesus diese Ermutigung zweimal empfangen musste, wie viel öfter müssen wir dann hören, dass wir Gott wohlgefällig sind? Was noch wichtiger ist: Was wäre geschehen, wenn Jesus die Worte seines Vaters abgelehnt hätte? Auf welche Weise hätte dies sein Leben und seinen Dienst beeinflusst?

Gott versucht uns in seinem Wort zu sagen, wie sehr er uns liebt, dass er uns annimmt, und obwohl ihm bereits vorher alle Fehler, die wir jemals begehen würden, bekannt waren, hat er uns für sich erwählt:

> »Denn in ihm [in seiner Liebe] hat er uns erwählt, ehe der Welt Grund gelegt war, dass wir heilig [ihm geweiht und für ihn abgesondert] und untadelig vor ihm sein sollten; in seiner Liebe ...«
> (LU)

Wir lesen diese Dinge, aber es fällt uns schwer, sie anzunehmen. Wir erlauben es unseren Gefühlen, uns die Segnungen Gottes in Form seiner Annahme und Anerkennung zu rauben. Wir lassen es zu, dass die Meinung von Menschen unseren Wert definiert, anstatt uns auf das Wort Gottes zu verlassen.

Ich möchte Sie ermutigen, mehrmals täglich folgenden Satz laut auszusprechen: »Gott liebt mich bedingungslos und er ist mit mir zufrieden.« Die Gedanken lehnen solche Aussagen ab; wie könnte Gott, der vollkommen ist, mit uns in unserer Unvollkommenheit und Fehlerhaftigkeit zufrieden sein? Gott unterscheidet jedoch zwischen dem, wer wir sind, und dem, was wir tun. Meine Kinder sind Meyers. Sie verhalten sich nicht immer richtig, aber sie werden nie aufhören, Meyers zu sein, sie werden nie aufhören, meine

Gott liebt mich bedingungslos und er ist mit mir zufrieden.

Kinder zu sein. Das Wissen, dass sie die richtige Herzenshaltung haben, lässt mich so einiges ertragen. Sie machen Fehler, doch solange sie diese eingestehen und sie die richtige Herzenshaltung haben, bin ich immer bereit, mit ihnen daran zu arbeiten.

Gott geht es mit uns genauso. Wenn wir an Jesus Christus glauben, sind wir Kinder Gottes. Sicherlich werden wir nicht immer so handeln, wie er es gerne hätte, doch wir hören niemals auf, seine Kinder zu sein.

SIE SIND FÜR GOTT KEINE ÜBERRASCHUNG

Wir tun so, als ob Gott darüber schockiert wäre, wenn er feststellt, dass wir Fehler machen. Er sitzt nicht händeringend im Himmel und sagt: »O nein! Als ich dich erwählt habe, hatte ich keine Ahnung, dass du so handeln würdest.« Gott hat einen großen Radierer, und er verwendet ihn, um unsere Akte sauber und makellos zu halten. Er kennt den Ausgang aller Dinge von Anfang an (siehe Jesaja 46,10). Er kennt unsere Gedanken und alle Worte unseres Mundes bereits, bevor sie ausgesprochen werden. Er ist mit allen unseren Wegen vertraut (siehe Psalm 139,1-4). Trotz der Vorkenntnis unserer Schwächen und der Fehler, die wir machen werden, erwählte er uns mit Absicht und brachte uns durch Christus in eine Beziehung zu sich.

Wenn wir niemals Fehler machen, treffen wir vielleicht auch nie Entscheidungen. F. Scott Fitzgerald sagte: »Verwechsle nie einen Einzelfehler mit einem endgültigen Fehler.« Unsere Fehler haben einen Stellenwert; wir können aus ihnen lernen. Mir gefällt, was der Autor und Sprecher John C. Maxwell über sie zu sagen hatte. Er sagte, Fehler seien:

- Botschaften, die uns eine Rückmeldung über unser Leben geben.
- Unterbrechungen, die uns zum Reflektieren und Nachdenken anregen sollten.

- Wegweiser, die uns auf den rechten Weg führen.
- Prüfungen, die uns zu größerer Reife verhelfen.
- Erwachen, die uns geistig bei der Sache halten.
- Schlüssel, die wir verwenden können, um die nächste Tür von Möglichkeiten aufzuschließen.
- Erkundungen, die uns an einen Ort reisen lassen, an dem wir noch nicht gewesen sind.
- Aussagen über unsere Entwicklung und unsere Fortschritte[2].

Das erinnert mich an eine Anekdote, die ich über die vergangenen Jahre hinweg mehrfach gehört habe. Ein bekannter Sprecher begann sein Seminar damit, indem er eine Fünfzig-Dollar-Banknote in die Höhe hielt. Er fragte die etwa zweihundert Anwesenden: »Wer hätte gerne diesen Fünfzig-Dollar-Schein?« Die Hände begannen, nach oben zu gehen. Er sagte: »Ich werde sie einem von euch geben, aber zuerst möchte ich Folgendes tun.«

Er zerknüllte den Geldschein. Dann fragt er: »Wer will ihn jetzt noch?«

Die Hände waren noch immer oben.

»Na gut«, sagte er. »Was ist, wenn ich Folgendes tue?« Er ließ den Geldschein auf den Boden fallen und begann damit, ihn mit dem Schuh auf dem Boden zu zerdrücken. Als er ihn wieder aufhob, war der Geldschein völlig zerknittert und schmutzig.

»Wer will ihn immer noch?« Immer noch waren die Hände oben.

»Meine Freunde, ihr habt eine sehr wertvolle Lektion gelernt. Was immer ich auch mit dem Geld angestellt habe: Ihr wolltet es immer noch haben, weil es nichts an seinem Wert eingebüßt hatte. Es war immer noch fünfzig Dollar wert.«

Oft sind wir in unserem Leben aufgrund der Entscheidungen, die wir treffen oder der Umstände, mit denen wir konfrontiert werden, am Boden, zerknittert und schmutzig. Wir fühlen uns so, als wären wir wertlos. Doch ganz gleich, was geschehen ist oder noch geschehen wird, in den Augen Gottes werden wir niemals unseren Wert verlieren. Schmutzig oder rein, zerknittert oder hübsch zusammengefaltet, für ihn sind wir immer von unschätzbarem Wert.

> *In den Augen Gottes werden wir niemals unseren Wert verlieren.*

Unserer Sehnsucht nach Anerkennung kann nur wirklich begegnet werden, wenn wir Gottes Annahme und Anerkennung für uns in Anspruch nehmen. Gott ließ Jeremia wissen, dass er ihn bereits kannte und ihn als sein auserwähltes Werkzeug eingesetzt hatte, bevor er ihn im Leib seiner Mutter geformt hatte (siehe Jeremia 1,5). Wenn Gott sagt, er kennt uns, dann meint er damit, dass er uns wirklich *kennt*. Es ist ein Kennen, das allumfassend ist.

Ich finde es erstaunlich, dass Gott mich erwählt hat. Ich glaube nicht, dass ich mich erwählt hätte. Aber der Werkzeugkoffer Gottes beinhaltet einige interessante Dinge. Gott arbeitet mit dem, was die Welt als nutzlos ablehnen und in die Mülltonne werfen würde:

»Das Törichte der Welt hat Gott [absichtlich] auserwählt, damit er die Weisen zuschanden mache; und das Schwache der Welt hat Gott [absichtlich] auserwählt, damit er das Starke zuschanden mache. Und das Unedle der Welt und das Verachtete hat Gott [absichtlich] auserwählt, das, was nichts ist, damit er das, was ist, zunichte mache.« (1. Korinther 1,27-28)

Ja, Gott erwählt und gebraucht das, was die Welt ablehnen und wegwerfen würde! War Jeremia fehlerlos? Absolut nicht! Gott musste ihn in Bezug auf Furcht, insbesondere Menschenfurcht, korrigieren. Jeremia hatte Angst davor, abgelehnt zu werden und Missbilligung zu erfahren. Gott korrigierte ihn bezüglich dessen, dass er negativ sprach, und ermutigte ihn, voranzugehen und nicht aufzugeben. Gott wies Jeremia genau genommen an, den Leuten nicht ins Gesicht zu sehen. Wir achten zu sehr darauf, wie die Menschen uns gegenüber reagieren. Wir blicken ihnen häufig ins Gesicht, um zu sehen, ob sie unsere Kleidung, unseren

Haarschnitt, unser Auftreten und so weiter befürworten oder missbilligen.

Ja, Jeremia hatte die gleichen Probleme wie wir. Wenn Gott Jeremia betrachtete, sah er keine Vollkommenheit, doch offenbar sah er jemanden mit einem rechten Herzen, der an ihn glaubte. Er sah die zwei maßgeblichen Dinge, die jemanden Gott wohlgefällig machen: 1. Glaube an Jesus und 2. ein tiefes Verlangen, ihm zu gefallen. Obwohl Jeremia nicht perfekt war, ordnete er sich der Berufung Gottes auf seinem Leben unter. Jeremia überbrachte trotz aller Kritik, Unpopularität und Angriffe auf ihn treu die Botschaft an das Reich Juda.

Elia war ein weiterer großer Prophet. Gott gebrauchte ihn mächtig, und sein Ruhm reichte weit, und doch hatte er Unzulänglichkeiten. Er hatte zeitweise mit Angst zu kämpfen, mit Depressionen, Selbstmitleid und dem Wunsch, aufzugeben (siehe 1. Könige 19,3-4).

Jakobus ermutigte die Gemeinde Jesu zu beten und zu glauben, dass ihre Gebete erhört würden, und schrieb:

> »*Elia war ein Mensch von gleichen Gemütsbewegungen [Gefühlen, Empfindungen] wie wir; und er betete inständig, dass es nicht regnen möge, und es regnete nicht auf der Erde drei Jahre und sechs Monate. Und wieder betete er, und der Himmel gab Regen, und die Erde brachte ihre Frucht hervor.*« (Jakobus 5,17-18)

Jakobus wollte zum Ausdruck bringen, dass auch unvollkommene Menschen Gebete sprechen können, die Gott erhört. Warum tut Gott das? Weil er sich an Glauben und einem rechten Herzen erfreut.

Gott ist über unser menschliches Verhalten nicht überrascht, vielmehr will er uns sagen, was wir von uns selbst zu erwarten haben:

> »*(Ihr) wisst nicht, was morgen sein wird. Was ist euer Leben? Ein Rauch seid ihr [in Wahrheit], der eine kleine Zeit bleibt und dann [in der Luft] verschwindet.*« (Jakobus 4,14; LU)

»*Eine Stimme spricht: Rufe [weissage]! Und ich sage: Was soll ich rufen? [Die Stimme antwortete: Proklamiere:] – Alles Fleisch ist Gras, und all seine Anmut [seine Güte, sein Wohlwollen ... seine Herrlichkeit und Anmut, auch wenn sie gut ist] wie die Blume des Feldes. Das Gras ist verdorrt, die Blume ist verwelkt, denn der Hauch des HERRN hat sie angeweht. Fürwahr, das [ganze] Volk ist Gras.*« (Jesaja 40,6-7)

Das Fleisch (der Mensch) ist wie ein Hauch oder Rauch oder ein Grashalm – nur für kurze Zeit hier und nicht sehr beständig. Gott weiß das und hat damit kein Problem, weil er bereit ist, durch uns zu wirken und in unserer Schwachheit seine Stärke zu erweisen. Die Bibel sagt sogar aus, dass die Kraft Gottes am wirksamsten in unserer Schwachheit sichtbar wird (siehe 2. Korinther 12,9). Gott hat kein Problem mit dem Wissen darum, wo es bei uns mangelt; wir sind diejenigen, die Probleme damit haben. Uns fällt es schwer, uns selbst oder anderen gegenüber zuzugeben, dass wir alles andere als perfekt sind. Es ist wichtig für uns zu wissen, was wir tun können, aber noch wichtiger ist es für uns zu wissen, was wir nicht tun können. Wir müssen unseren Schwächen ins Auge blicken, uns wegen ihnen aber nicht schlecht fühlen.

Stehen Sie jeden Tag auf, lieben Sie Gott und geben Sie Ihr Bestes. Er wird sich um den Rest kümmern!

Stehen Sie jeden Tag auf, lieben Sie Gott und geben Sie Ihr Bestes. Er wird sich um den Rest kümmern! Vergessen Sie nicht: Gott ist nicht erstaunt über Ihr Unvermögen, Ihre Unvollkommenheit und Ihre Fehler. Das alles hat er schon immer über Sie gewusst, was Sie jetzt so langsam herausfinden, und er hat Sie absichtlich für sich erwählt. Jesus wird Sie gegenüber Gott makellos und fehlerlos darbringen, wenn Sie Ihr Vertrauen auf ihn setzen (siehe 1. Korinther 1,7-8).

Wenn wir unseren Ängsten ins Angesicht blicken, können wir unsere Freiheit finden. In Johannes 8,32 sagt Jesus: »Die Wahrheit wird euch frei machen.« Das Wort *fürchten* bedeutet, vor etwas davonzulaufen. Wir müssen vor nichts davonlaufen. Wir können allen Dingen in der Kraft des Heiligen Geistes begegnen. Es ist an der Zeit, nicht mehr davonzulaufen, sondern still zu stehen und die Rettung des Herrn zu sehen (siehe 2. Mose 14,13).

Wir haben in diesem Kapitel über Angst und Furcht gesprochen. Wir wollen uns nun damit beschäftigen, was es bedeutet, unserer selbst in Gott wirklich sicher zu sein, und wie uns dies helfen kann, unser Verlangen nach Anerkennung zu überwinden.

Kapitel

Sich selbst kennen

2

Eines der besten Heilmittel für die Heilung von der Sucht nach Anerkennung ist es zu wissen, wer wir in Christus sind. Laut 2. Korinther 5,21 wurden wir zu Gottes Gerechtigkeit in Christus gemacht. Wir müssen den Ausdruck »in Christus« verstehen, wenn wir im Sieg wandeln wollen. Was wir in Christus sind, unterscheidet sich sehr stark von dem, was wir in uns selbst sind. In uns selbst und aus uns selbst heraus sind wir nichts, was irgendeinen Wert hätte, doch »in Christus« haben wir Anteil an allem, was ihm zustand und er erworben hat. Die Bibel sagt, dass wir »Miterben« Christi sind (siehe Römer 8,17). In ihm haben wir Anteil an seinem Erbe, seiner Gerechtigkeit und seiner Heiligkeit.

Lernen Sie, sich mit Christus zu identifizieren, sehen Sie sich selbst als einen Menschen, der »in ihm« ist. Die Bibel lehrt uns im sechsten Kapitel des Römerbriefes, dass, als Jesus starb, auch wir gestorben sind, und als er zu neuem Leben auferweckt wurde, auch wir mit ihm auferweckt wurden. Wenn wir zwei Münzen in ein Glas legen, dieses dann luftdicht verschließen und in Wasser untertauchen würden, wären die Münzen genauso im Wasser wie das Glas. Die Münzen wären allerdings besser dran, weil sie zwar am gleichen Ort wie das Glas wären, aber im Gegensatz zu diesem nicht nass würden.

Wir können diese Analogie verwenden, um besser zu verstehen, was es bedeutet, wenn wir sagen, wir wären »in Christus«. Jesus ist das Glas, und wir sind die Münzen. All die, die an Jesus Christus glauben, werden als Menschen angesehen, die »in ihm«

sind. Alle Erfahrungen, die Jesus gemacht hat, teilen wir mit ihm. Obwohl wir die Erfahrungen nicht persönlich gemacht haben, werden sie durch ihn zu unseren Erfahrungen.

In Epheser 1,17-23 und 2,5-6 heißt es, dass wir zusammen mit ihm einen Platz im Himmel bekommen haben (EÜ). Wie können wir an zwei Plätzen gleichzeitig sein? Wie können wir hier auf Erden und gleichzeitig mit ihm im Himmel sein? Das ist möglich, weil wir gleichzeitig in zwei verschiedenen Bereichen leben. Wir haben ein fleischliches und ein geistliches Leben. Wir sind geistliche Wesen, die eine Seele haben und in einem Körper leben. Unsere Füße können die Erde und unser Herz den Himmel berühren.

Sobald wir erkennen, wie uns Gott durch Christus sieht, muss uns nicht mehr wichtig sein, wie Menschen über uns denken, und wir müssen uns nicht mehr in einem schlechten Licht sehen. Wir müssen nicht mehr süchtig nach ihrer Anerkennung sein, weil wir bereits von Gott anerkannt werden. Wir müssen nicht mehr in Verdammnis leben oder permanent auf die Anerkennung durch andere hoffen. Wir können uns selbst akzeptieren, und wenn wir dies tun, werden andere damit beginnen, uns ebenfalls zu akzeptieren.

Wenn jemand nach einer bestimmten Substanz süchtig ist, fühlt er nur dann Schmerzen, wenn er diese Substanz nicht bekommen kann. Wenn sein Körper regelmäßig Dosen davon erhält, wird er nie Schmerz verspüren. Wenn wir süchtig nach der Anerkennung durch Menschen sind, werden wir immer Schmerz empfinden, wenn uns diese Anerkennung vorenthalten wird – so wie es hier und da immer wieder vorkommt.

Wenden Sie sich für die Dinge, die Sie brauchen, an Gott und nicht an Menschen.

Wenn wir unsere Anerkennung jedoch von Gott erwarten, werden wir nie Entzugserscheinungen haben, weil wir kontinuierlich Liebe und Annahme durch ihn bekommen. Wir haben stets Zugang dazu. Wir können uns ohne Bezahlung aus Gottes reichlicher Quelle bedienen. Wir erleiden viele Qualen, weil wir versuchen, von Menschen zu bekommen, was nur Gott uns geben kann, und zwar das Bewusstsein, einen Wert zu besitzen. Wenden Sie sich für die Dinge, die Sie brauchen, an Gott und nicht an Menschen.

MIT GOTT IM REINEN

»Um unsertwillen machte er Christus, der keine Sünde kannte, [gewissermaßen] zur Sünde, damit wir in ihm und durch ihn würden [ausgestattet mit der, betrachtet als seiend in der, Beispiele der] Gerechtigkeit Gottes [das, was wir sein sollen, anerkannt und angenommen und in der richtigen Beziehung zu ihm durch seine Güte].« (2. Korinther 5,21; wörtl. a. d. Engl.)

Beachten Sie, dass es in der Schriftstelle heißt, dass wir als gerecht betrachtet werden. Das bedeutet, er beschließt, uns auf bestimmte Weise zu betrachten. In Epheser 1,5 heißt es, dass er uns aus Liebe durch Jesus Christus als seine eigenen Kinder angenommen hat, und dass er dies tat, weil es ihm wohlgefiel und sein guter Wille war. Anders ausgedrückt: Gott liebt uns, weil es sein Wille ist, nicht auf Grund dessen, was wir tun, um uns seine Liebe zu verdienen. Weil er Gott ist, kann er alles tun, was ihm beliebt, und er braucht dazu niemandes Erlaubnis.

Es mag uns unverständlich erscheinen, dass Gott uns lieben sollte, denn wenn wir uns selbst betrachten, können wir keinen Grund finden, warum er dies tun sollte. Gott muss aber nicht »vernünftig« sein, eben weil er Gott ist! Nur, weil wir nicht verstehen können, was Gott tut, hält ihn dies nicht davon ab, es zu tun. Wir verstehen Gott nur mit dem Herzen, nicht mit dem Verstand. Vielleicht kann unser Verstand nicht begreifen, warum Gott uns liebt, doch können wir im Herzen wissen, dass er es tut. Menschen brauchen in der Regel einen Grund, um uns zu lieben und anzunehmen, doch bei Gott ist das anders.

Wir müssen verstehen, dass gerecht zu sein nicht bedeutet, vollkommen zu sein, keine Schwäche mehr haben und fehlerlos zu sein. Es bedeutet zu glauben, dass Jesus durch seinen Tod am Kreuz für uns zur Sünde wurde und uns dadurch gerecht machte. Er nahm buchstäblich unsere Sünde auf sich und bezahlte die Strafe für sie. Rechtschaffen zu sein ist ein Status, in den Gott uns in seiner Gnade versetzt, durch unseren Glauben an die Wahrheit dessen, was Jesus für uns getan hat.

Rechtschaffenheit - oder auf rechte Weise das zu sein, was Gottes Wunsch und Verlangen ist - ist nicht das Ergebnis dessen, was wir tun, sondern vielmehr das Ergebnis dessen, was Jesus für uns getan hat (siehe 5,17-21). Rechtschaffenheit wird uns durch die Gnade und Barmherzigkeit Gottes zugeschrieben. Gott machte Jesus zur Sünde, um uns rechtschaffen zu machen, und aus diesem Wissen und Glauben heraus können wir richtig handeln.

Wenn wir andererseits nicht glauben, dass Jesus für uns zur Sünde wurde und uns gerecht gemacht hat, werden wir nie damit anfangen, in unserem Leben das zu tun, was richtig ist. Zuerst muss uns klar sein, dass wir gerecht gemacht wurden. Wir können nicht etwas hervorbringen, das wir nicht haben. Gott würde niemals von uns erwarten, etwas hervorzubringen, das er uns nicht zuvor gegeben hat. Er gibt uns seine Liebe und erwartet dann, dass wir andere Menschen lieben. Er überschüttet uns mit seiner Barmherzigkeit und Güte, und erwartet dann von uns, dass wir anderen Menschen gegenüber barmherzig sind. Auf gleiche Weise schenkt er uns seine Gerechtigkeit und erwartet von uns, dass wir uns recht verhalten.

Wir brauchen ein »Rechtschaffenheitsbewusstsein« und kein »Sündenbewusstsein«.

Wenn wir ein Apfelbaum wären, würde es uns nicht schwer fallen, Äpfel hervorzubringen. Wir müssten nicht darum kämpfen, Früchte hervorzubringen, denn das wäre für uns die natürlichste Sache der Welt. Dies gilt in gleicher Weise für uns: Wenn wir wissen, dass unsere Beziehung zu Gott richtig ist, werden wir automatisch die richtigen Dinge tun. Doch wenn wir glauben, dass wir »alte, ruchlose Sünder« sind, werden wir weiter und weiter sündigen, denn was wir tun, kommt aus unserem »wer« – aus dem heraus, wer wir zu sein glauben. Wir brauchen ein »Rechtschaffenheitsbewusstsein« und kein »Sündenbewusstsein«.

Unter dem Alten Bund konnten die Sünden durch das Opfern des Blutes von Stieren und Ziegen getilgt werden. Doch das Bewusstsein, gesündigt zu haben, konnte hierdurch nicht ausgelöscht werden. Unter dem Neuen Bund werden unsere Sünden durch das Blut Jesu vollständig hinweg genommen, und sogar unser Sündenbewusstsein kann hinweg genommen werden, weil unser Gewissen gereinigt wird:

»Er ist auch nicht durch das Blut von Böcken oder Kälbern [um dadurch die Versöhnung zwischen Gott und den Menschen zu erreichen], sondern durch sein eigenes Blut ein für allemal in das Heiligtum [das Allerheiligste im Himmel] eingegangen und hat eine ewige Erlösung erworben [eine immerwährende Freisetzung für uns]. Denn wenn schon das Blut von Böcken und Stieren und die Asche von der Kuh durch Besprengung die Unreinen heiligt, so dass sie äußerlich rein sind, um wieviel mehr wird dann das Blut Christi, der sich selbst als Opfer ohne Fehl durch den [seinen] ewigen Geist [seine präexistente göttliche Persönlichkeit] Gott dargebracht hat, unser Gewissen reinigen von den toten Werken, zu dienen dem lebendigen Gott!« (Hebräer 9,12-14; LU)

ENTSPANNEN SIE SICH IM GEIST

»Wer ist der Mann, der den HERRN fürchtet? Er wird ihm den Weg weisen, den er wählen soll. Er wird im Guten wohnen.« (Psalm 25,12-13a; LU)

Um die Sucht nach Anerkennung zu überwinden, müssen wir uns geistlich wohl fühlen. Diese Aussage mag sich für Sie seltsam anhören, aber ich werde Ihnen erklären, wie ich das meine.

In meiner Gemeinde in St. Louis wurde ich 1980 als Sekretärin des Pastors angestellt. Nach einem Tag wurde ich entlassen. Wissen Sie warum? Weil ich keine Sekretärin war, deshalb war ich nicht in der Lage, das zu tun, was eine Sekretärin tut. Ich konnte Schreibmaschine schreiben und war eine ganz ordentliche Geschäftsfrau, doch das war nicht das, was Gott für mich im Sinn hatte. Es war nicht Teil seines Planes für mein Leben. Ich wollte, dass es mit diesem Job klappt, weil es mein Plan für mein Leben war, doch Gott ließ das nicht zu, weil er andere Pläne für mein Leben hatte.

Wenn Sie unglücklich und unsicher sein und es unbehaglich haben wollen, bringen Sie Ihr Leben damit zu, Dinge zu tun, die nicht zu Ihnen passen. Das ist so, als wenn man Schuhe trägt, die einem nicht passen.

Vor einiger Zeit war ich zusammen mit einer Freundin einkaufen und probierte ein Paar Schuhe an, das mir wirklich gut gefiel. Diese Schuhe waren so hübsch, dass ich sie kaufen wollte, obwohl sie mir ein wenig eng waren.

Meine Freundin sagte etwas Weises zu mir. Sie fragte mich: »Sind sie bequem?«

Ich antwortete: »Ach, sie sind okay.« »Aber sind sie wirklich bequem?«, fragte sie mich. »Denn wenn sie nicht wirklich bequem sind, werden deine Füße darin weh tun.« Ich erwiderte: »Du hast recht. Ich werde sie nicht kaufen, denn ich möchte mich wirklich wohl fühlen.«

Ich habe über diese Begebenheit später in meiner stillen Zeit mit Gott nachgedacht und sagte zu ihm: »Also, Herr, ich möchte mich geistlich wohl fühlen, so wie ich mich in den Schuhen, die ich trage, wohl fühle. Ich möchte einfach im Geiste entspannt sein. Ich möchte, dass mein Innerstes gelöst ist.«

Denken Sie einmal für einen Augenblick an einen Kriegsfilm, den Sie vielleicht einmal gesehen haben. Es gibt in diesen Filmen immer Szenen, in denen der Sergeant den Soldaten befiehlt, strammzustehen. Sie nehmen dann augenblicklich eine unbewegliche und starre Haltung ein. Sie bewegen sich nicht, und sie sehen definitiv nicht entspannt aus. Nach einer Weile sagt der befehlshabende Offizier: »Steht bequem«, und alle Männer ent-

Sich selbst kennen

spannen sich daraufhin postwendend. Ich glaube, dass Gott zu seinem Volk spricht und sagt: »Steht bequem.« Das bedeutet nicht, dass es im Leben keine schwierigen Situationen geben wird, doch es bedeutet, dass wir das, was wir im Leben zu tun haben, in einer Haltung der inneren Ruhe und Gelassenheit bewerkstelligen können.

Ich kam an einen Punkt in meinem Leben, an dem ich in Bezug auf Gott und meinen Wandel mit ihm entspannt sein wollte. Ich wollte mich entspannt unter Menschen bewegen können, ohne ihre Missbilligung fürchten zu müssen. Ich wollte im Hinblick auf meine Begabungen und meine Berufung im Leben entspannt sein. Ich wollte bezüglich allem, was mich betraf, entspannt sein. Ich wollte an Gott meine Freude haben und nicht die meiste Zeit meiner Gemeinschaft mit ihm damit verbringen, Angst davor zu haben, dass er aufgrund meiner Fehler auf mich böse sein könnte.

Es bedeutet, dass wir das, was wir im Leben zu tun haben, in einer Haltung der inneren Ruhe und Gelassenheit bewerkstelligen können.

Ich wollte nicht mehr verkrampft und angespannt sein. Ich wollte nicht mehr von Ängsten und Unsicherheit gequält werden. Ich wollte kein ungöttliches Verlangen nach Anerkennung haben – ein Verlangen, das so stark war, dass ich beinahe alles getan hätte, nur um mich von Menschen anerkannt zu fühlen. Ich wollte mich nicht aufgrund meiner Unzulänglichkeiten verdammt fühlen.

Ich wollte mich mögen und daran glauben, dass ich wertvoll bin. Ich wollte wissen, wer ich in Christus bin und wer er durch mich sein könnte, wenn ich ihn ließe. Ich wollte die Gerechtigkeit, den Frieden und die Freude der Bibel (siehe Römer 14,17) real erfahren.

Wie steht es mit Ihnen? Haben Sie genügend Anspannung, Unbehagen und Unsicherheit in Ihrem Leben erlebt? Sind Sie es leid, verkrampft und angespannt zu sein? Sind Sie es müde, Angst davor zu haben, was andere über Sie denken und vielleicht über Sie sagen? Wollen Sie »bequem« stehen? Die gute Nachricht lautet: In dem Wissen, dass Gott Sie liebt, können Sie entspannen. Er nimmt Sie in Christus an, und er erkennt Sie als sein geliebtes Kind an.

FINDEN SIE EINFALT IN CHRISTUS

»Ich fürchte aber, daß, wie die Schlange Eva verführte mit ihrer List, so auch eure Gedanken abgewendet werden von der Einfalt und Lauterkeit gegenüber Christus.« (2. Korinther 11,3; LU)

Gott zu glauben ist wirklich sehr einfach, aber wir machen es sehr kompliziert. Die Bibel sagt, dass wir wie die kleinen Kinder werden müssen, wenn wir ins Himmelreich hineinkommen wollen (siehe Matthäus 18,3). Kleine Kinder sind einfältig. Sie glauben für gewöhnlich das, was ihnen Erwachsene, denen sie vertrauen, sagen. Sie versuchen nicht, alles zu ergründen, sie glauben einfach. In Hebräer 4 heißt es, wir sollen durch Glauben in die Ruhe Gottes eingehen (siehe Vers 3). Es heißt dort, wir sollen eifrig sein und uns anstrengen und fleißig danach trachten, in die Ruhe Gottes einzugehen. Wir sollten sie kennen und selbst erfahren (siehe Vers 11). Diejenigen, die in die Ruhe Gottes eingegangen sind, haben die Last und den Schmerz menschlicher Werke abgelegt (siehe Vers 10). Sie sind nicht verkrampft und angespannt, sondern entspannt, fühlen sich sicher und sind frei, sie selbst zu sein.

Alles, was andere über uns denken, ist eine Angelegenheit zwischen ihnen und Gott und nicht unsere Sache.

Wir können sogar in Bezug auf das, was andere über uns denken und ob sie mit uns einverstanden sind, in die Ruhe Gottes eingehen. Wir können so sicher in Christus werden, dass wir, solange unsere Herzenshaltung in Ordnung ist, wissen, dass alles, was andere über uns denken, eine Angelegenheit zwischen ihnen und Gott und nicht unsere Sache ist.

Der Apostel Paulus hatte diese Art von Zuversicht in Christus. In 1. Korinther 4 lesen wir über eine Situation, in der Paulus bezüglich seiner Treue beurteilt wurde. Er machte deutlich, dass er in keiner Weise darüber beunruhigt war, was die Leute über ihn dachten, weil er wusste, wer er in Christus war:

»Mir [persönlich] aber ist es das Geringste, daß ich von euch oder von einem menschlichen Gerichts-Tag [bezüglich meines Standpunkts] beurteilt werde; ich beurteile mich aber auch selbst nicht.« (1. Korinther 4,3)

GOTT IST AUF IHRER SEITE

»Was sollen wir nun hierzu [zu alledem] sagen? Wenn Gott für uns ist, wer [kann dann] gegen uns [sein]?« (Römer 8,31)

Laut Paulus' Brief an die Römer ist Gott für uns. Wir wissen auch, dass Satan gegen uns ist. Die Frage, die wir uns stellen müssen, ist, ob wir mit Gott oder mit dem Teufel übereinkommen. Sie kennen die Antwort. Hören Sie auf, gegen sich selbst zu sein, denn Satan ist gegen Sie!

Leider müssen wir feststellen, dass manchmal auch Menschen gegen uns sind. Satan wirkt sowohl durch Menschen als auch unabhängig von ihnen. Er greift unsere Zuversicht an durch Dinge, die Menschen sagen oder nicht sagen. Wie wichtig ist die Meinung von Menschen über uns? Denken wir für uns selbst, oder nehmen wir ständig die Meinung anderer an? Wenn die Meinungen, Beurteilungen und Einstellungen der Leute uns gegenüber manchmal vom Teufel inspiriert sind, müssen wir dem, was sie denken und sagen, widerstehen, anstatt dem zuzustimmen.

Wenn wir wissen, dass Gott für uns ist, dann sollte es gleichgültig sein, wie wir uns fühlen oder was andere Leute über uns denken. Wie es die Bibel sagt: Wenn Gott für uns ist, wer kann dann gegen uns sein? Wenn er auf unserer Seite ist, was können uns andere dann anhaben:

»*Darum dürfen wir zuversichtlich sagen: Der Herr ist mein Helfer, ich fürchte mich nicht [und bin weder erschrocken noch verängstigt]. Was können Menschen mir antun?*« (Hebräer 13,6; EÜ)

Die meisten von uns müssen zu einem gewissen Grad von Menschenfurcht befreit werden. Wir müssen vollkommen davon befreit werden, uns darum zu sorgen, was die Leute denken. Menschen, die ständig die Anerkennung anderer brauchen, sehnen sich verzweifelt danach, dass alle sie von Kopf bis Fuß betrachten und sagen: »Perfekt.« Wann immer sie irgendeine Arbeit erledigen, wollen sie, dass jeder sie ansieht und sagt: »Perfekt.« In allem, was sie tun - wie sie aussehen, was sie sagen, was immer sie tun - wollen sie, dass die Leute sagen: »Perfekt.«

Wenn wir versuchen, perfekt zu sein, werden wir enttäuscht werden - das wird nicht funktionieren, weil Sie und ich unvollkommene menschliche Wesen sind. Selbst wenn wir Perfektion erreichen könnten, wären einige Leute immer noch nicht zufrieden, weil sie ganz einfach unglückliche Menschen sind, die nie mit irgendetwas zufrieden sein werden, solange sie nicht ihre Einstellung geändert haben. Wir müssen Gott unser Ansehen hingeben und ihm von nun an dafür die Verantwortung überlassen.

FÜRCHTEN SIE SICH NICHT DAVOR, BEDÜRFTIG ZU SEIN

Ich weiß nicht, wie es mit Ihnen steht, aber ich bin ein sehr bedürftiger Mensch. Jeden Tag sage ich zum Herrn: »Vater, du siehst auf eine hilflose Frau. Ich brauche dich, Herr. Ohne dich kann ich nichts tun.«

Die Bibel lehrt uns in 1. Johannes 1,9, wenn wir unsere Sünden zugeben und bekennen, vergibt er uns und uns reinigt uns

Sich selbst kennen

von aller Ungerechtigkeit. Fangen Sie damit an, ehrlich Ihre Fehler zuzugeben. Halten Sie nichts zurück. Geben Sie sie Gott und anderen Menschen gegenüber zu. Suchen Sie keine Ausflüchte und schieben Sie die Schuld nicht auf andere. Wenn Sie das tun, werden Sie eine neue Art der Freiheit erfahren, und Ihre Beziehung zu Jesus und Ihren Mitmenschen wird sich stark verbessern. Ich habe festgestellt, wenn ich anderen Leuten gegenüber meine Fehler zugebe, bevor sie selbst dahinter kommen, was ich falsch gemacht habe, ist keine Partei davon auf negative Weise betroffen. Seien Sie anderen gegenüber offen. Die meisten Menschen respektieren und bewundern Ehrlichkeit und Offenheit. Das, was wir versuchen zu verbergen, wird auf uns zurückfallen und uns verfolgen.

Laden Sie Jesus in jeden Bereich Ihres Lebens ein. Haben Sie nicht das Gefühl, Sie müssten Ihre Fehler und Ihre Schuld vor ihm verstecken. Er weiß darüber ohnehin bestens Bescheid. Genau genommen weiß der Herr mehr über uns als die Dinge, an die wir uns erinnern können oder das, was wir je selbst entdecken, und er liebt uns trotzdem. Geben Sie Gott nicht nur das hin, was Sie sind, sondern insbesondere auch das, was Sie nicht sind. Es ist leicht, ihm unsere Stärke darzubringen, aber wir sollten ihm auch unsere Schwächen darbringen, denn seine Kraft wird in unserer Schwachheit mächtig. Halten Sie nichts zurück, geben Sie Gott alles! Der Herr sieht uns nicht nur als die, die wir heute sind, sondern auch, was aus uns durch seine Geduld werden kann. Er kennt die Pläne, die er für uns hat, und zwar Pläne des Fortschritts und des Erfolges, nicht Pläne der Niederlage und des Versagens (siehe Jeremia 29,11).

> *Wenn ich anderen Leuten gegenüber meine Fehler zugebe, bevor sie selbst dahinter kommen, was ich falsch gemacht habe, ist keine Partei davon auf negative Weise betroffen.*

Ein gründliches und vollständiges Bekenntnis unserer Sünden verschafft uns ein gutes, reines, frisches Gefühl. Man kann es mit einem Schrank vergleichen, der lange Zeit verschlossen war, und mit Gerümpel angefüllt und schmutzig ist. Sobald er vollständig ausgeräumt und gereinigt, das Gerümpel weggeworfen und der Schmutz beseitigt wurde, und anschließend frische Luft hereingelassen wurde, wird er ein erfreulicher Anblick. Wir können uns freuen und frisch und sauber fühlen, sobald wir vollständig unsere Sünden bekannt und Gottes Vergebung für sie empfangen haben.

EIN NEUER UND LEBENDIGER WEG

»*Wir haben also die Zuversicht, Brüder, durch das Blut Jesu [durch dessen Kraft und Macht] in das Heiligtum [das Allerheiligste] einzutreten. Er hat uns den neuen und lebendigen Weg erschlossen durch den Vorhang [den Vorhang zum Allerheiligsten] hindurch, das heißt durch sein Fleisch.*« *(Hebräer 10,19-20; EÜ)*

Zu glauben, dass wir durch unseren Glauben an Jesus Christus mit Gott im Reinen sind, ist ein neuer und lebendiger Weg – ein Weg, der uns Freiheit, Kühnheit und Zuversicht schenkt. Zu versuchen, dem Gesetz Folge zu leisten (das heißt, alles richtig zu machen), um sich Anerkennung zu verdienen, bringt uns den Tod (das heißt, Leid, Kummer, Mangel und Schmerz); doch Jesus bietet uns seine Gnade an, die Leben hervorbringt. Gnade ist die Kraft Gottes, die kostenlos zu uns kommt, um uns zu helfen, das mit Leichtigkeit zu tun, was wir alleine nie bewerkstelligen könnten. Bei den Menschen sind viele Dinge unmöglich, doch bei Gott sind alle Dinge möglich (siehe Matthäus 19,26). Gnade ist befreiend! Sie legt die Bürde, Leistung zu erbringen, auf Gott anstatt auf den Gläubigen. Als Gläubige an Jesus Christus ist es unsere Aufgabe, zu glauben, und Gott wird für uns tätig.

Ich selbst kann nicht erreichen, dass ich von allen Menschen anerkannt werde, und auch Sie können das nicht, aber wir können glauben, dass Gott uns bei den Leuten, mit denen wir gemäß seines Willens zu tun haben sollen, Gunst schenkt. Manchmal versuchen wir, Beziehungen zu Menschen zu unterhalten, zu denen wir nach dem Willen Gottes nicht einmal eine lose Verbindung eingehen sollten. Einige der Leute, um deren Freundschaft ich mich in der Vergangenheit sehr bemüht habe, was mich oft dazu brachte, gegen mein Gewissen zu handeln, um ihre Anerkennung zu bekommen, waren genau diejenigen, die mich sofort ablehnten, sobald ich nicht genau das tat, was sie von mir wollten. Heute erkenne ich, dass ich aus falschen Motiven an ihrer Freundschaft interessiert war. Ich war unsicher und wollte die »populären« Leute zu Freunden haben, weil ich dachte, durch meine Verbindung zu den wichtigen Leuten würde auch ich wichtig sein.

Zu wissen, wer wir in Christus sind, befreit uns von dem Bedürfnis, andere zu beeindrucken. Solange wir wissen, wer wir sind, müssen wir uns nicht übermäßig Gedanken darüber machen, was andere über uns denken. Sobald wir wissen, wer wir sind und uns selbst annehmen, müssen wir nichts mehr beweisen. Wenn wir nichts beweisen müssen, können wir uns in jeder Situation entspannen und gelassen sein.

Zu wissen, wer wir in Christus sind, befreit uns von dem Bedürfnis, andere zu beeindrucken.

Wenn Sie die Bibel lesen, werden Sie feststellen, dass Jesus nie versucht hat, sich zu verteidigen, ganz gleich, welcher Dinge er bezichtigt wurde. Warum nicht? Weil er die Wahrheit über sich kannte, und das war es, was für ihn zählte. Er war nicht süchtig nach der Anerkennung durch Menschen und aus diesem Grunde war er frei von dem Zwang, dass das, was sie über ihn denken oder sagen könnten, für ihn einen Stellenwert gehabt hätte. Er war zufrieden mit dem Wissen, das er über sich selbst besaß. Er brauchte keine Bestätigung von sonst irgend jemandem, mit Ausnahme der seines himmlischen Vaters, und er wusste, diese hatte er.

Wahre Freunde versuchen nicht, einen zu kontrollieren. Sie helfen einem dabei, so zu sein, wie Gott einen gerne hätte. Setzen Sie Ihr Vertrauen in Gott, und bitten Sie ihn, Ihnen Freunde zu schenken, die für Sie genau richtig sind. Vielleicht haben Sie nie daran gedacht, Ihren Glauben dafür einzusetzen, um die richtigen Freunde zu bekommen, doch Gott bietet uns einen neuen Lebensstil an. Er lädt uns dazu ein, aus dem Glauben heraus zu leben. Es gibt keinen Bereich in Ihrem Leben, der Gott nicht am Herzen liegt, und er möchte an allem, was Sie wollen, brauchen oder tun, beteiligt sein. Also lassen Sie dies zu.

In Römer 14,23 (EÜ) heißt es: »Alles, was nicht aus Glauben geschieht, ist Sünde.« Das ist eine drastische Aussage, und ich möchte Sie ermutigen, darüber nachzudenken, damit Sie ihre ganze Bedeutung erfassen. *Alles*, was wir tun, muss aus Glauben heraus geschehen, damit es für Gott wohlgefällig und annehmbar ist. Warum? Weil er weiß, der Glaube ist die Voraussetzung dafür, das Leben wirklich genießen zu können, und das ist genau das, was er für Sie und für mich im Sinn hat (siehe Johannes 10,10). Jesus sagte, ohne ihn können wir nichts tun (siehe Johannes 15,5). Wir sollten dem Herrn vertrauen, um sowohl die richtigen Freunde wählen zu können wie auch bei allem, was uns betrifft.

MENSCHEN KÖNNEN SICH AUF ÜBERNATÜRLICHE WEISE ZU IHNEN HINGEZOGEN FÜHLEN

Wenn Sie wissen, wer Sie in Christus sind, wird Ihnen dies helfen, selbstsicher zu sein, und aufgrund dessen werden sich andere zu Ihnen hingezogen fühlen. Menschen fühlen sich selbstsicher, wenn sie mit anderen selbstsicheren Menschen zusammen sind.

Als Arbeitgeberin habe ich festgestellt, wenn ich Mitarbeiter bitte, eine bestimmte Aufgabe zu erledigen, und diese selbstbewusst und zuversichtlich reagieren, steigt meine eigene Zuversicht in diese Mitarbeiter. Wenn sie jedoch unsicher oder ängstlich reagieren, verliere ich sofort meine Zuversicht und beginne mich zu fragen, ob sie die Richtigen für die zu erledigende Aufgabe sind. Ich werde durch die Zuversicht anderer gestärkt und durch den Mangel an Zuversicht anderer geschwächt. Wir beeinflussen einander.

Menschen halten nach Dingen in anderen Ausschau, durch die sie sich besser, sicher und geborgen fühlen. Wenn ich auf die Kanzel steigen würde, um das Wort Gottes zu verkünden, und es mir dabei erkennbar an Sicherheit und Zuversicht mangeln würde, würden die Zuhörer sofort ihr Vertrauen in mich verlieren. Sie würden sich vielleicht fragen, ob ich weiß, was ich tue, oder wie ich ihnen helfen könne, wenn ich selbst unsicher zu sein scheine. Satan hat oft versucht, mir während des Lehrens die Sicherheit zu rauben, doch Gott hat mich gelehrt, auf diesem Gebiet einen festen Stand einzunehmen. Er hat mir gezeigt, wenn ich Satan erlaube, mir die Sicherheit zu rauben, wächst dessen Kontrolle über die Konferenz, die ich leite. Wenn es während der Veranstaltung eine Störung gibt, versuche ich immer, ruhig und sicher zu bleiben. Ich weiß, die Zuhörer folgen meiner Reaktion. Einmal ist während einer Konferenz ein Wasserrohr gebrochen, und in einem bestimmten Bereich des Gebäudes wurden die Zuhörer völlig nassgespritzt. Ich konnte sofort sehen, wie diese Störung jeden beunruhigte, weil ihnen nicht klar war, was vor sich ging. Ich blieb ruhig und sicher, während ich darüber informierte, was passierte. Ich versicherte den Zuhörern, dass sie sich in Sicherheit befänden. Meine Sicherheit und Zuversicht machte auch sie sicher und zuversichtlich. Wenn ich nervös und ängstlich reagiert hätte, wären die Leute vielleicht eilig aus dem Gebäude gerannt, und vielleicht wären dabei einige von ihnen verletzt worden.

Sichere Menschen haben nie einen Mangel an Freunden.

Wir können Menschen in Furcht oder in Zuversicht führen. Wir sollen zuversichtlich sein, aber wir sollen unsere Zuversicht auf keinen anderen als Christus allein setzen. Das Wissen darum, welchen Platz wir in ihm einnehmen, schenkt uns Zuversicht, Sicherheit und Selbstbewusstsein, und als Folge werden Menschen unsere Freundschaft suchen. Selbstbewusste und sichere Menschen haben nie einen Mangel an Freunden. Warum? Weil sie das besitzen, was jeder haben möchte. Sie besitzen Zuversicht, Selbstbewusstsein, einen Wert und Sicherheit.

In diesem Kapitel haben wir uns damit beschäftigt, in uns selbst und in dem, wie Gott uns sieht, Sicherheit zu erlangen. Im folgenden Kapitel wollen wir gemeinsam näher betrachten, wie wichtig es ist, unsere Gerechtigkeit in Gott zu verstehen – nur indem wir an die Gerechtigkeit glauben und diese leben, können wir damit anfangen, Freiheit vom Elend der Sucht nach Anerkennung zu genießen.

Kapitel

3

Mit der Gerechtigkeit im Einklang

Wenn wir im Glauben die Wahrheit annehmen, dass wir die Gerechtigkeit Gottes sind (siehe 2. Korinther 5,21) und diese persönlich empfangen, fangen wir an, uns an das anzugleichen, was wir zu sein schon glauben. Die Last der Unsicherheit wird von uns genommen, wir werden nicht länger von dem beherrscht, was andere Leute über uns sagen oder denken. Doch ein Mangel an Verständnis, was Gerechtigkeit bedeutet, kann zu einer Sucht nach Anerkennung und anderen Gebundenheiten führen, durch die wir uns elend fühlen und die uns gefangen nehmen.

In der englischsprachigen *Amplified Bible* wird Gerechtigkeit so beschrieben, dass man in den Augen Gottes gerecht gemacht wurde und sich dann beständig an seinen Willen angleicht in Gedanken, Worten und Taten (siehe Römer 10,3). Anders ausgedrückt: Wenn wir mit Gott in Einklang sind, beginnen wir, richtig und rechtschaffen zu denken, zu reden und zu handeln. Das ist ein *Prozess*, in dem wir kontinuierlich Fortschritte machen. Der Heilige Geist wirkt in uns und hilft uns, in Gänze so zu werden, wie uns der Vater in Christus haben möchte. Die Umsetzung der Gerechtigkeit - die letztendlich durch die richtigen Gedanken, Worte und Taten zum Ausdruck kommt - kann nicht beginnen, solange wir nicht unseren rechten Stand vor Gott durch Jesus Christus *annehmen*. Dies beginnt damit, zu glauben, dass wir die Gerechtigkeit Gottes in Christus gemäß 2. Korinther 5,21 sind. Ich möchte Sie noch einmal ermutigen, das laut aussprechen, was Gott in seinem heiligen Wort über Sie sagt. Sagen Sie täglich: »Ich bin die Gerechtigkeit Gottes in Christus, und deshalb kann ich mich richtig verhalten.«

Beschäftigen wir uns nun damit, was es bedeutet, im Einklang mit Gott zu denken, zu reden und zu handeln.

RICHTIGES DENKEN

Fragen Sie sich einmal, was Sie über sich selbst denken. Glauben Sie, dass Sie die Anerkennung anderer Leute brauchen, um glücklich zu sein? Wenn dem so ist, werden Sie nie glücklich sein, sobald Ihnen jemand die Anerkennung versagt. Glauben Sie, dass Sie völlig falsch liegen? Falls dies zutrifft, werden Sie weiterhin falsches Verhalten an den Tag legen. Die Frucht Ihres Lebens wird dem entsprechen, was Sie zu sein glauben. Gott möchte, dass wir uns richtig verhalten, und damit wir das tun können, gibt er uns das, was wir dazu brauchen. Gott wird niemals von uns erwarten, etwas Bestimmtes zu tun, ohne uns mit dem auszurüsten, was wir zur Umsetzung dessen benötigen. Gott schenkt uns die Gabe der Gerechtigkeit, damit wir rechtschaffen werden können in unseren Gedanken, Worten und Werken!

Obwohl wir gesündigt haben, so ist doch Gottes Geschenk der Gerechtigkeit mit unserer Sünde nicht vergleichbar. Unsere Sünde ist groß, doch Gottes Geschenk der Gerechtigkeit ist größer. Unsere Sünde wird von seiner Gerechtigkeit geschluckt. Unsere Gerechtigkeit kann nicht in dem gefunden werden, was andere Menschen über uns denken, sondern vielmehr in Christus. Er ist unsere Gerechtigkeit von Gott.

> »Denn wenn durch die Übertretung [das Vergehen, die Verfehlung] des einen der Tod durch den einen geherrscht hat, so werden viel mehr die, welche den Überfluß der Gnade [unverdiente Gunst] und der Gabe der Gerechtigkeit [Gottes] empfangen, im Leben herrschen durch den einen, Jesus Christus [den Messias, den Gesalbten].« (Römer 5,17)

Wir müssen lernen, über unsere Gerechtigkeit nachzudenken und daran zu glauben.

RICHTIGES REDEN

»Aus deinen Worten wirst du gerechtfertigt werden, und aus deinen Worten wirst du verdammt werden.« (Matthäus 12,37; LU)

Eine der Möglichkeiten, zu lernen, richtig zu reden und die richtigen Aussagen zu machen, ist, darauf zu achten, was man über sich selbst sagt.

Jahrelang hatte ich Bekanntschaft mit einer jungen Frau, nennen wir sie einmal Susan. Susan liebt den Herrn, doch sie hat einen Hintergrund, der von Missbrauch geprägt war. Sie ist sehr unsicher und versucht stets, es allen recht zu machen. Ich würde sagen, dass sie definitiv süchtig nach Anerkennung ist. Susan erlaubt anderen Menschen häufig, sie zu beherrschen. Ihre Entscheidungen sind von dem beeinflusst, was andere Leute von ihr erwarten und weniger von dem, was der Heilige Geist von ihr erwartet. Sie sagt das, was die Leute ihrer Meinung nach hören wollen. Sie folgt nicht ihrem eigenen Herzen.

Wir müssen lernen, wie man siegreich redet.

Susan geht zum Gottesdienst, doch sie hört nur wenig Lehre über die biblischen Prinzipien, mit denen ich mich in diesem Kapitel beschäftige. Sie hört viel Lehre über Gesetze, Regeln, Vorschriften und Gemeindelehre, aber nicht einmal annähernd genug darüber, wie sie im Sieg leben kann. Deshalb versteht sie die Wichtigkeit von Worten nicht, insbesondere die ihrer eigenen Worte. Sie erkennt nicht, dass sie im Leben durch ihre eigenen Worte besiegt wird.

So viele von uns tun dasselbe. Wir müssen lernen, wie man siegreich redet. Wir müssen lernen, im Glauben das über uns zu sagen, was Gott über uns in seinem Wort aussagt.

RICHTIGES HANDELN

Es gibt viele Gemeinden, die Lehre verbreiten, und das ist gut. Wir alle brauchen eine stabile Grundlage an guter, solider Lehre. Doch zusätzlich zur Lehre sollten wir auch lernen, wie wir unser Leben führen können. Wenn wir Jesus würdig vertreten wollen, müssen wir siegreich vorangehen. Die Bibel sagt, dass wir mehr als Überwinder sind (siehe Römer 8,37), und wir sollen durch Jesus Christus im Leben als Könige regieren (siehe Römer 5,17). Wenn wir besiegt werden und kein Sieg sichtbar wird, will niemand das haben, was wir haben. Doch wenn wir siegreich sind, werden andere das sehen und die gleichen Siege in ihrem Leben haben wollen. Um es mit einfachen Worten zu sagen: Wenn wir wollen, dass andere Menschen Jesus annehmen, müssen wir ihnen zeigen, dass unser Leben sich wirklich verändert, und zwar durch die Beziehung zu ihm. Wenn wir uns Christen nennen und zum Gottesdienst gehen, uns jedoch wiederholt schlecht benehmen, werden die Menschen glauben, dass wir Heuchler und Blender sind. Gott hat uns die Macht gegeben, richtige Entscheidungen zu treffen und das richtige Verhalten an den Tag zu legen. Es ist wichtig, wie wir handeln!

Die Erkenntnis, ein Christ mit einem wenig siegreichen Leben zu sein, drängte mich, eine tiefere Beziehung mit Gott zu suchen. Das war 1976. Als Christ wusste ich, dass ich aus Gnade errettet war, und dass ich nach meinem Tod in den Himmel kommen würde, doch ich hatte auf meinen Weg dorthin keine Freude. Ich fühlte mich erbärmlich, hatte eine negative Einstellung und mein Leben war genauso. Meine Wirkung auf andere Menschen war sicherlich nicht sehr positiv. Ich brauchte eine große Veränderung. Ich ging zum Gottesdienst, doch ich kannte das Wort Gottes nicht wirklich. Ich vertraute darauf, dass Gott mich im Himmel aufnehmen würde, doch in vielen anderen Bereichen

> *Gott hat uns die Macht gegeben, richtige Entscheidungen zu treffen und das richtige Verhalten an den Tag zu legen.*

Mit der Gerechtigkeit im Einklang

meines Lebens ließ mein Vertrauen ihm gegenüber zu wünschen übrig. Ich rief ihn in Notfällen an, doch zu meinem täglichen Leben gewährte ich ihm keinen Zugang. Gott jedoch hielt für mich ein weitaus besseres Leben bereit, als ich es mir je erträumt hatte, und dasselbe gilt auch für Sie.

Trachten Sie nicht nach weniger als dem Besten, das Gott für Sie bereithält. Sie können durch Jesus Christus eine tiefe, innige, persönliche Beziehung zu Gott haben. Sie können die tägliche Gemeinschaft mit ihm genießen und auf Ihrem Lebensweg siegreich vorangehen. Der Herr möchte uns lehren, wie wir leben sollen und wie wir sowohl zu unserem eigenen Wohlergehen und zu unserer eigenen Zufriedenheit als auch zu seiner Ehre handeln können. Diese Prinzipien werden in der Bibel klar und deutlich vermittelt. Wenn wir das Wort Gottes beständig studieren und es dem Herrn gestatten, unser Leben mit der Wahrheit zu segnen, gibt es für das, was er uns zeigen kann, keine Grenzen. Wir sind seine persönlichen Botschafter auf Erden, und wir sollten ihn gut repräsentieren (siehe 2. Korinther 5,20).

> *Trachten Sie nicht nach weniger als dem Besten, das Gott für Sie bereithält.*

LEHRE KONTRA FREIHEIT

»*Du aber [aber was dich betrifft,] verkünde, was der gesunden (heilsamen) Lehre entspricht [das Wesen und das rechte Leben, das wahre Christen auszeichnet].*« (Titus 2,1; EÜ)

Viele Jahre bin ich zum Gottesdienst gegangen, und habe nie eine Predigt darüber gehört, welche Macht meine eigenen Worte über mein Leben haben. Vielleicht habe ich etwas über meine Gedanken gehört, aber zumindest nicht auf eine Weise, die ausreichend gewesen wäre, um Auswirkungen auf mein Leben zu haben, denn meine Denkweise wurde dadurch nicht verändert. Ich habe etwas über Gnade und Errettung und andere gute Dinge gehört. Aber es wurden nicht alle Themen abgedeckt, die für mich notwendig gewesen wären, um in der Gerechtigkeit, im Frieden und in der Freude zu leben, die Gott jedem, der glaubt, anbietet (siehe Römer 14,17).

Es gibt viele wunderbare Gemeinden, die das Wort Gottes in seiner Gesamtheit lehren, und ich möchte Sie ermutigen, wo auch immer Sie in den Gottesdienst gehen, stellen Sie sicher, dass dies ein Ort ist, an dem Sie etwas lernen und geistlich wachsen können. Wir sollten nicht zum Gottesdienst gehen, nur um eine Pflicht zu erfüllen, die wir unserer Meinung nach Gott gegenüber haben. Wir sollten zum Gottesdienst gehen, um mit anderen Christusgläubigen Gemeinschaft zu haben, Gott anzubeten und zu lernen, wie wir das Leben führen können, das wir durch den Tod Jesu haben und für uns in Anspruch nehmen dürfen. Wir werden in der Bibel Salz und Licht genannt (siehe Matthäus 5,13-16). Das bedeutet, dass unser Leben andere Menschen nach dem durstig machen sollte, was wir haben und einen hellen Lichtpunkt in ihre Dunkelheit bringen sollte.

Manchmal bringt uns religiöse Lehre nicht weit genug. Sie verharrt im Bereich theologischer Theorie. Manchmal sind wir so sehr an die Lehrmeinungen der Gemeinde, an Regeln und Verordnungen angebunden, dass wir nie zu der Kraft, dem Sieg und der Freiheit durchdringen, die Jesus uns durch seinen Tod zur Verfügung stellt. Beispielsweise wurde mir beigebracht, zu beten, doch niemand sagte mir, dass ich »kühn« vor den Gnadenthron treten könne. Ich lernte nichts über die Gerechtigkeit durch Christus, aus diesem Grunde hatte Jakobus 5,16, wo die Rede von der erstaunlichen Macht, die das Gebet eines Gerechten hat, ist, auf mein Leben keine Wirkung. Ich versuchte zu beten, während mich Schuld und Verdammnis in der Zange hatten. Ich versuchte zu beten, während ich verunsichert war und befürchtete, Gott nicht wohlgefällig zu sein war. Das Ergebnis waren schwache und wenig effektive Gebete. Ich lernte einiges über die grundlegenden Dinge des Gebets, doch nichts über die Macht des Gebets, die dem Gläubigen zur Verfügung steht, der versteht, was es mit der Gerechtigkeit auf sich hat.

Darüber hinaus wurde mir sogar der Eindruck vermittelt, es sei geistlich, sich unwürdig zu fühlen und sich selbst als armen, elenden Sünder zu sehen. Doch obwohl wir alle gesündigt haben, ist es nicht geistlich, sich mies zu fühlen und unsicher zu sein – als ob wir zu nichts gut wären, schreckliche und furchtbare Leute, die nie etwas richtig machen können. Ich habe mich ohne Jesus so gefühlt, und eigentlich habe ich mich genauso gefühlt, nachdem ich Jesus als meinen Erlöser und Herrn angenommen hatte. Das war falsch.

Es ist der Wille Gottes – und damit geistlich und ihm wohlgefällig –, dass wir uns als in Christus betrachten. Wir sollen glauben, wenn wir unsere Sünden bekannt und Jesus als unseren Herrn angenommen haben, dann hat er uns seine Gerechtigkeit geschenkt. Wir können in unserem Leben mit erhobenem Haupt vorangehen, weil wir Kinder Gottes sind und er uns liebt.

RELIGION UND GERECHTIGKEIT

Einige Leute innerhalb der religiösen Kreise regen sich darüber auf, wenn sie hören, wie jemand wie ich über Gerechtigkeit redet. Ich wurde öfter in Bezug auf das Thema Gerechtigkeit angegriffen und kritisiert als bezüglich irgendeinem anderen Thema, über das ich lehre. Mir wurde vorgeworfen zu behaupten, ich sei ohne Sünde, was ich nie gesagt habe. Ich weiß, dass ich Dinge tue, die falsch sind, ich sündige, aber ich konzentriere mich nicht auf die Sünde und beschäftige mich nicht permanent damit. Ich beschäftige mich und habe Gemeinschaft mit dem Vater, dem Sohn und dem Heiligen Geist (siehe Johannes 1,3). Weil Gott sich um das Problem unserer Sündhaftigkeit bereits gekümmert hat, bitte ich ihn, mir alle meine Sünden zu vergeben. Ich empfange sein Geschenk der Vergebung, und dann fahre ich damit fort, mit ihm Gemeinschaft zu haben und ihm zu dienen. Ich glaube nicht, dass ich seinem Opfer meine Schuld hinzufügen muss. Sein Opfer war vollständig und vollkommen, und keines meiner fleischlichen Werke kann das, was er getan hat, verbessern:

> »Meine Kinder, ich schreibe euch dies, damit ihr nicht das Gesetz Gottes übertretet, sündigt; und wenn jemand sündigt – wir haben einen Beistand [jemanden, der für uns Fürsprache einlegt] bei dem Vater: Jesus Christus, den Gerechten [den Aufrechten, der uns hinsichtlich jeder Zielsetzung, allen Gedanken und allen Taten mit dem Willen des Vaters in Einklang bringt].« (1. Johannes 2,1; z. T. wörtl. a. d. Engl.)

Unser Ziel sollte es natürlich sein, nicht zu sündigen. Doch falls wir sündigen, hat Gott Jesus schon bereitgestellt, der in vollkommener Weise unseren Platz eingenommen hat. Er ist in jeder Hinsicht der Gerechtigkeit gerecht geworden. Sich von einem Leben der Schuldhaftigkeit unterjochen zu lassen, ist lediglich eine andere Form der Abhängigkeit nach Anerkennung. Wir meinen durch unsere Schuldgefühle die Vergebung Gottes zu erwerben. Das ist unsere fleischliche Weise, für unsere Fehler zu »bezahlen«. Die gute Nachricht ist, dass Jesus schon für alles bezahlt hat. Nun können wir auf ihn schauen und uns mit ihm gleichsetzen, wenn wir Vergebung brauchen. Jesus starb nicht für uns, um uns eine Religion zu stiften. Er starb für uns, damit wir durch ihn eine ganz persönliche Beziehung mit Gott haben können. Er starb, damit unsere Sünden vergeben werden und wir den rechten Stand vor Gott einnehmen können. Er starb, damit wir kühn im Gebet vor den Gnadenthron treten können und unseren Bedürfnissen Sorge getragen wird.

Sich von einem Leben der Schuldhaftigkeit unterjochen zu lassen, ist lediglich eine andere Form der Abhängigkeit nach Anerkennung.

HABEN SIE GEMEINSCHAFT MIT GOTT ODER MIT IHREN SÜNDEN?

Der Teufel hat seine Freude daran, uns tagtäglich an unsere vergangenen Fehler zu erinnern. Am Montag erinnert er uns an die Fehler des vergangenen Wochenendes, am Dienstag erinnert er uns an die Sünden, die wir am Montag begangen haben, und so weiter. Eines Morgens dachte ich während der stillen Zeit über meine Probleme und alle Bereiche, in denen ich versagt hatte, nach, als plötzlich der Herr zu meinem Herzen sprach: »Joyce, willst du mit mir oder mit deinen Problemen Gemeinschaft haben?« Unsere Gemeinschaft mit Gott hilft und stärkt uns, damit wir unsere Probleme überwinden können. Wir werden durch die Gemeinschaft und Einheit mit ihm gestärkt. Wenn wir unsere Zeit mit Gott damit zubringen, mit unseren gestrigen Fehlern Gemeinschaft zu haben, werden wir nie die Kraft erhalten, um die heutigen Fehler zu überwinden. Ständig über all unsere Fehler und unser Versagen zu sinnieren, schwächt uns, doch über die Gnade Gottes und seine Bereitschaft, uns zu vergeben, nachzusinnen, stärkt uns:

> »*Denn was er gestorben ist, ist er ein für allemal der Sünde gestorben [und beendete seine Beziehung zu ihr]; was er aber lebt, lebt er in Gott [in ungebrochener Gemeinschaft mit ihm]. So auch ihr: Haltet euch der Sünde für tot und die Gemeinschaft mit ihr für gebrochen, Gott aber lebend [in ungebrochener Gemeinschaft mit ihm] in Christus Jesus!*« (Römer 6,10-11; z. T. wörtl. a. d. Engl.)

Wir sollen eine Beziehung und Gemeinschaft mit Gott haben, nicht mit unseren Sünden.

Wie viel Gemeinschaft haben Sie mit Ihren Sünden, Versäumnissen, Fehlern und Schwächen? Wie viel Zeit es auch immer sein mag, diese Zeit ist auf jeden Fall vergeudet. Wenn Sie sündigen, bekennen Sie es, bitten Sie Gott um Vergebung, und dann fahren Sie damit fort, mit Gott Gemeinschaft zu haben. Die obige Schriftstelle besagt, dass wir in Gott leben, in *ungebrochener Ge-*

meinschaft mit ihm. Lassen Sie Ihre Sünden nicht zwischen sich und den Herrn kommen. Auch wenn Sie sündigen, möchte Gott noch immer Zeit mit Ihnen verbringen, Ihre Gebete hören und beantworten und all Ihren Bedürfnissen begegnen. Er möchte, dass Sie auf ihn *zu*laufen, und nicht, dass Sie vor ihm *weg*laufen!

UNBEABSICHTIGTE SÜNDE

»Jeder, der aus Gott geboren (von Gott gezeugt) ist, tut nicht [absichtlich, wissentlich und üblicherweise] Sünde, denn sein Same bleibt in ihm [sein Wesen, sein Lebensprinzip bleibt ständig in ihm]; und er kann nicht sündigen, weil er aus Gott geboren (von Gott gezeugt) ist.« (1. Johannes 3,9)

Ich will es so formulieren: Einst war ich eine Vollzeit-Sünderin, und ab und zu tat ich versehentlich etwas Richtiges. Doch jetzt, nachdem ich viele Jahre damit zugebracht habe, eine tiefe, persönliche Beziehung zu Gott und zu seinem Wort zu entwickeln, konzentriere ich mich darauf, vollzeitig ein gehorsames Kind Gottes zu sein. Ich mache noch immer Fehler, aber bei weitem nicht mehr so viele wie zu früheren Zeiten. Ich bin noch nicht am Ziel angekommen, doch *Gott sei Dank*, ich bin auch nicht mehr da, wo ich einst begonnen habe. Es gibt Situationen, in denen ich versehentlich Fehler begehe, aber es ist nicht der Wunsch meines Herzens, etwas Unrechtes zu tun. Ich begehe nicht absichtlich und wissentlich eine Sünde. Es ist bei mir nicht üblich, dass ich sündige. Ich erlaube diesen Vorfällen nicht, mich zu verunsichern. Ich mache nicht alles richtig, aber ich weiß, meine Herzenshaltung ist richtig.

Ich kann einen absolut wunderbaren Tag haben, mich dem Herrn sehr nahe und sehr geistlich fühlen. Dann kommt mein Mann Dave nach Hause und sagt mir, ihm gefalle das Kleid, das ich heute anhabe, nicht, und plötzlich werde ich ärgerlich, beginne mich zu verteidigen und gebe ihm eine Retourkutsche, indem ich alles aufzähle, was mir an ihm nicht gefällt.

Ich plane so etwas nicht, eigentlich habe ich vor, sehr lieb und demütig zu sein, wenn er nach Hause kommt. Doch wie schon Paulus in Römer 7 sagte: Die Dinge, die ich tun will, tue ich nicht, und die Dinge, die ich nicht tun will, tue ich am Ende.

Ich bin so froh, dass Gott auf unsere Herzen und nicht auf unsere Sünden schaut!

Ich bin so wie dieser Mann, der noch im Bett lag und betete: »Lieber Herr, bisher habe ich heute überhaupt nichts Falsches getan. Ich war nicht griesgrämig, selbstsüchtig oder ungeduldig. Doch gleich werde ich aufstehen, und ab diesem Zeitpunkt werde ich eine Menge Hilfe brauchen.« Oder, wie ich es immer zu sagen pflege: Ich habe kein Problem damit, mit anderen zurechtzukommen, solange ich allein zu Hause bin!

*Ich bin noch nicht am Ziel angekommen, doch **Gott sei Dank**, ich bin auch nicht mehr da, wo ich einst begonnen habe.*

Wir haben vor, uns richtig zu verhalten, weil wir die richtige Herzenseinstellung haben, doch wie Paulus haben wir mit der Umsetzung Probleme. Dank sei Gott für seine Gnade, die jeden Tag neu ist (siehe Klagelieder 3,22-23).

WETTBEWERB

Nur weil Sie Christ sind, heißt dies nicht, dass Sie immer alles richtig machen. Doch weil Sie vor Gott rechtschaffen dastehen, müssen Sie sich nicht mehr mit anderen vergleichen und messen. Wir sind nicht deshalb angenommen, weil wir so wären wie jemand anders, sondern weil wir sind, wer wir durch den Glauben an Christus sind. Seien Sie so gut Sie selbst, wie Sie können! Suchen Sie nicht nach anderen in der Gemeinde, die scheinbar »Schwester Superchrist« oder »Bruder Heiliger« sind, Geschwister, die offenbar perfekte Christen sind, und versuchen Sie nicht alles Mögliche, um wie sie zu sein. Das ist nur die Seite ihres

Wesens, die sie im Gottesdienst zeigen. Vielleicht zeigen sie zu Hause eine ganz andere Seite.

Wir alle haben unsere Last, die wir vor der Öffentlichkeit verbergen wollen. Unabhängig davon, wie wunderbar wir anderen erscheinen, machen wir alle Fehler. Sie sind nicht schlechter als andere. Sie haben Stärken und Schwächen, und Sie machen manches richtig und anderes falsch. Sie sündigen, so wie es jeder andere auch tut. Und welche Sünden man auch immer begeht, oder ganz gleich, wie viel man sündigt: Sünde ist Sünde. Wie sehr wir uns auch immer bemühen mögen: Niemand wird im Leben vollkommen fehlerlos sein, aber nicht überall perfekt zu sein bedeutet nicht, keinen Wert zu besitzen.

Wie sehr wir uns auch immer bemühen mögen: Niemand wird im Leben vollkommen fehlerlos sein.

Sie sind etwas Besonderes - einzigartig - und das bedeutet, dass es nur einen Menschen gibt, der so wie Sie ist, einschließlich aller Unzulänglichkeiten und allem anderen. Mein Mann hat eine Lücke zwischen seinen Vorderzähnen. Vor einiger Zeit sprachen wir darüber, diese Sache richten zu lassen. Nachdem ich darüber nachgedacht hatte, sagte ich zu ihm, dass er die Lücke doch einfach so lassen solle, weil sie ein Teil von ihm ist, und ich ihn so mag, wie er ist. Die Welt mag sie als Makel ansehen, aber für mich ist das einfach Dave. Unsere Kinder denken genauso darüber.

Wenn wir uns mit anderen messen und vergleichen, kann dies nur zwei Dinge bewirken. Entweder ruft es eine Haltung des Stolzes hervor, weil wir uns selbst für besser halten als andere, oder es ruft eine Haltung der Unsicherheit hervor, weil wir andere für besser als uns selbst halten. Beide Haltungen sind nicht gottgemäß und sollten vermieden werden.

Die Bibel sagt, dass Jesus die trennende Wand zwischen den Menschen eingerissen hat (siehe Epheser 2,14). Niemand von uns hat einen Stellenwert, außer dem, den wir in Christus besitzen. Unsere Stärken kommen von ihm als Gaben, und wir können sie nicht uns selbst zu Gute halten. Unsere Schwächen werden von seiner Gnade bedeckt, und wir können ihm nur dafür danken. Da unsere Stärken Gaben von Gott sind, macht es keinen Sinn, unseren Wert zu beurteilen, indem wir uns mit anderen vergleichen. Wenn Gott uns die Gaben gibt, sollten wir uns auf keinen Fall minderwertig vorkommen, nur weil er uns nicht dieselben Gaben geschenkt hat wie jemand anders. Wir alle haben Gaben, aber sie unterscheiden sich voneinander (siehe Römer 12,3-8).

In der Heiligen Schrift finden wir eine Begebenheit, in der sich die Jünger des Täufers Johannes durch die Popularität des Dienstes Jesu bedroht fühlten. Sie gingen zu Johannes und sagten: »Alle strömen ihm zu.« Über die Antwort des Johannes sollten einmal ernstlich all diejenigen nachdenken, die meinen, sie müssten sich oder ihre Gaben und Fähigkeiten miteinander vergleichen:

»*Johannes antwortete und sprach: Ein Mensch kann nichts empfangen [er kann nichts für sich in Anspruch nehmen oder für sich reklamieren], auch nicht eins, es sei ihm denn aus dem Himmel gegeben [Ein Mensch muss damit zufrieden sein, die Gabe zu empfangen, die ihm vom Himmel gegeben wird; es gibt keine andere Quelle].« (Johannes 3,27)*

Johannes wusste, wozu er ausgesandt war, und das tat er auch. Jemand, der größer und besser aussah als er selbst, war für ihn keine Bedrohung. Er wusste, dass er nur dafür verantwortlich war, seine Sache so gut wie möglich zu machen. Es war nicht seine Verantwortung, jemand anders oder gar wie jemand anders zu sein.

Manchmal wollen wir wie andere sein in der Hoffnung, deren Anerkennung zu erhalten. Wir dürfen nicht aus den Augen verlieren, dass das, was wir wirklich brauchen, die Anerkennung Gottes ist, und so lange wir danach streben, dass sein Wille in unserem Leben geschieht, haben wir diese. Gott wird uns niemals dabei helfen, irgendjemand anderer als wir selbst zu sein. Ich glaube, wir betrüben den Heiligen, wenn wir uns mit anderen messen und uns mit ihnen vergleichen. Er möchte, dass wir wir selbst sind und uns so mögen, wie wir sind.

Bitte vergessen Sie nicht, dass Sie nicht so wie jemand anders sein müssen, um annehmbar zu sein. Die Maßstäbe dieser Welt sind nicht die Maßstäbe Gottes. Die Welt mag sagen, dass Sie wie dieser oder jener Mensch sein müssen, doch der Wille Gottes ist, dass Sie Sie selbst sind.

Ich habe viele Jahre damit zugebracht, zu versuchen, wie jemand anders zu sein: wie mein Mann, meine Nachbarin, die Frau meines Pastors, und so weiter. Das verwirrte mich alles so sehr, dass ich mich selbst aus dem Blick verloren habe. Der Tag, an dem ich schließlich erkannte, Gott will, dass ich ich selbst bin, dass er mich mit seinen Händen selbst im Leib meiner Mutter geformt hatte, dass ich kein Irrtum war, und dass ich als Individuum vor ihm stehen konnte, ohne mich mit anderen zu vergleichen, war ein großer Tag des Sieges für mich.

Jesus ist unser Maßstab, und sonst niemand. Wenn Sie danach streben, wie jemand anders zu sein, dann nehmen Sie sich Jesus zum Vorbild. Er ist unsere Gerechtigkeit. Umschlingen Sie diese Gerechtigkeit, die Ihnen das Gefühl vermittelt, mit Ihnen ist alles in Ordnung und nicht alles falsch, und beginnen Sie ein Leben, das frei von Unsicherheit ist.

Wir wollen uns nun damit beschäftigen, wie wichtig ein gesundes Selbstwertgefühl ist, wenn man die Sucht nach Anerkennung überwinden will.

Kapitel 4

Das eigene Selbstbild ändern

»Denn wie er sich's im Herzen erdacht hat, so ist er.« (Sprüche 23,7a; wörtl. a. d. Engl.)

Gott möchte Ihnen helfen, Ihr Selbstbild zu ändern. Ihr Selbstbild ist die Vorstellung, die Sie von sich selbst in Ihrem Innern tragen. Vielleicht haben Sie ein Bild Ihres Ehepartners, Ihrer Kinder, Ihrer Enkelkinder oder einem anderen Menschen in Ihrer Brieftasche. Wenn jemand zu Ihnen sagt: »Zeigen Sie mir doch mal ein Bild Ihrer Familie«, öffnen Sie die Brieftasche und zeigen die Fotos. Aber was wäre, wenn ich sagen würde: Zeigen Sie mir doch mal das Bild, das Sie über sich selbst im Herzen tragen«? Was bekäme ich da zu sehen?

Ich finde es interessant, dass vielen Menschen nicht einmal bewusst ist, dass sie sich selbst nicht mögen, bis ich es Ihnen ins Bewusstsein rufe. Seit einigen Jahren bin ich davon überzeugt, dass ein großer Prozentsatz von Problemen bei den Menschen darauf zurückzuführen ist, welche Sichtweise sie über sich selbst haben. Ich bin der Auffassung, dass der Grund, warum manche Leute nach Posten und Macht streben, ihre eigene Unsicherheit ist. Sie leiten ihr Selbstwertgefühl von dem ab, was sie tun, anstatt davon, wer sie sind. Aus diesem Grunde werden manche Menschen süchtig nach Anerkennung und brauchen fortwährend die Anerkennung anderer, um glücklich zu sein und sich sicher zu fühlen. Aus diesem Grunde wetteifern manche Menschen derart, dass sie nicht einmal einfache Spiele genießen können. Ihre Einstellung ist: »Ich muss gewinnen.« Um einen inneren Wert zu verspüren, müssen sie an erster Stelle stehen oder die Besten sein.

Viele Menschen kämpfen darum, an erster Stelle zu stehen. Jesus sagte jedoch, dass viele, die jetzt die Ersten sind, die Letzten sein werden, und die Letzten die Ersten sein werden (siehe Matthäus 19,30). Er bezog sich dabei auf die gläubigen Heiden, die von ihm vor den ungläubigen Juden angenommen würden, doch ich glaube, man kann diese Schriftstelle auch auf diejenigen anwenden, die versuchen, ohne seine Hilfe erfolgreich zu sein. In Psalm 75,7-8 heißt es, die wahre Erhöhung kommt von Gott. Wir können Umstände und Menschen manipulieren, um eine Beförderung zu erhalten, aber wir werden damit nie wirklich glücklich sein. Aus eigener Erfahrung weiß ich, wenn ich falsch sein, etwas vortäuschen und manipulieren muss, um eine bestimmte Sache zu bekommen, muss ich auch auf diese Weise fortfahren, um sie zu behalten. Irgendwann werden wir müde, so zu leben, und stellen fest, dass wir in eine Falle geraten sind, aus der es scheinbar kein Entrinnen gibt.

DIE MACHT DER ÄMTER

Manchmal glauben wir, durch das Innehaben eines bestimmten Amtes oder Postens Macht zu bekommen, doch in Wirklichkeit kann der Posten Macht über uns haben.

Ich kann mich gut daran erinnern, einmal einen Posten in einer Gemeinde, zu der ich gehörte, haben zu wollen. Ich wusste, ich musste von einer bestimmten Gruppe von Leuten, die die Macht hatte, mich in dieses Amt zu wählen, gemocht und akzeptiert werden, um diesen Posten zu bekommen. Ich machte diesen Leuten all die richtigen Komplimente, schickte ihnen Geschenke und lud sie zum Essen ein. Ich tat und sagte immer wieder all die richtigen Dinge, bis ich endlich das bekam, von dem ich dachte, ich wolle es haben. Nachdem ich im Amt war, entdeckte ich Fol-

Das eigene Selbstbild ändern

gendes recht schnell: Wann immer ich es nicht zuließ, dass diese Leute mich kontrollierten, reagierten sie darauf sehr negativ. Sie vermittelten mir gegenüber eine »stille« Botschaft: »Wir haben dir diesen Posten verschafft, und falls du ihn behalten willst, solltest du uns bei guter Laune halten.«

Ich wollte dieses Amt haben, weil ich mich zur damaligen Zeit wertgeschätzt und wichtig fühlen wollte – doch am Ende fühlte ich mich dadurch erbärmlich und manipuliert. Was immer wir durch die Werke unseres Fleisches erhalten, müssen wir auf dieselbe Weise aufrechterhalten, wie wir es bekommen haben. Sobald ich ein paar Dinge tat, die diesen Leuten nicht gefielen, lehnten sie mich allesamt ab. Die Beziehung, die wir unterhielten, war nichts weiter als Schall und Rauch, ihnen lag nicht wirklich etwas an mir, und andersherum verhielt es sich genauso.

> *Solange wir uns nicht selbst annehmen und akzeptieren, wird uns auch nicht die größte Anerkennung durch andere permanente Sicherheit geben.*

Dieses Amt konnte mir keine andauernde Sicherheit verschaffen und mir Bestätigung schenken, denn mein wahres Problem war »in mir drin« und hatte nichts mit den äußeren Umständen zu tun. Ich brauchte kein Amt, ich brauchte eine Offenbarung der bedingungslosen Liebe Gottes. Ich musste die Anerkennung Gottes suchen, nicht die von Menschen.

Solange wir uns nicht selbst annehmen und akzeptieren, wird uns auch nicht die größte Anerkennung durch andere permanente Sicherheit geben. Die Bestätigung und Anerkennung von außen, die wir suchen, wird zu einer Sucht. Wir arbeiten, um Bestätigung oder ein Kompliment zu erhalten, und dadurch fühlen wir uns für eine kurze Zeit gut, doch dann brauchen wir mehr davon und mehr und mehr und mehr. Uns wird nie wahre Freiheit zuteilwerden, solange wir nicht erkennen, dass wir nicht darum kämpfen müssen, etwas von Menschen zu bekommen, was Gott uns aus freien Stücken schenkt: Liebe, Annahme, Bestätigung, Sicherheit, Wert.

Die Welt täuscht viele Dinge vor, und bedauerlicherweise ist die Gemeinde Jesu dagegen nicht immun. Die Leute spielen auch in der Gemeinde einige der albernen Spielchen, die sie in der Welt spielen. Sie wetteifern aus völlig falschen Motiven um Ämter und Macht.

Weil ich ein erbärmliches Bild von mir selbst hatte, versuchte ich mein Image durch Ämter und Positionen zu verbessern. Was ich wirklich brauchte, war die Erkenntnis, dass ich für Gott als Mensch wertvoll bin, ganz gleich, welches Amt oder welchen Posten ich im Leben bekleide. Ich bin die Präsidentin von *Joyce Meyer Ministries*, einer weltweiten Missionsorganisation mit neun Büros in verschiedenen Ländern, einschließlich unseres Hauptbüros in den Vereinigten Staaten. Mein Posten hört sich wichtig an, doch aus eigener Erfahrung heraus habe ich gelernt, meinen Wert nicht von dem abzuleiten, was ich tue. Falls einmal die Zeit kommen sollte, dass ich nicht mehr das tun kann, was ich heute tue, möchte ich wissen, dass ich für Gott immer noch denselben Stellewert besitze – unabhängig von meiner Arbeit.

Ich möchte Sie ermutigen, Ihren Wert nicht von einem Amt oder einer gewissen Position abhängig zu machen. Ämter und Positionen kommen und gehen im Leben, doch Gott und seine Liebe für Sie bleiben bestehen. Gott beeindrucken die tollen Posten, die Leute bekleiden, überhaupt nicht (siehe Galater 2,6). Die Quintessenz des Ganzen ist also: Wenn wir wissen, wer wir in Christus sind, können wir ein gesundes Selbstbild haben – unabhängig von unserer Position oder Berufsbezeichnung.

In einer anderen Gemeinde in St. Louis im US-Bundesstaat Missouri hatte ich auch jahrelang ein wichtiges Amt. Als Gott zu mir sagte, es sei an der Zeit, dieses Amt niederzulegen und meinen eigenen Dienst zu beginnen, fiel es mir schwer, gehorsam zu sein. Genau genommen war ich ganz lange nicht gehorsam, und je länger ich im Ungehorsam verharrte, umso unglücklicher wurde ich. Ich mochte mein Amt. Ich hatte einen Titel inne, einen Parkplatz mit einem Namensschild, einen festen Sitzplatz in der ersten Reihe während des Gottesdienstes, und die Bewunderung der anderen Gottesdienstbesucher. Ich war »drinnen«. Ich wusste stets, was so ablief. Mir war überhaupt nicht bewusst, wie sehr ich dieses Amt brauchte, um mir Gefühle der Sicherheit zu geben, bis Gott mir klar machte, ich solle es aufgeben.

Schließlich gehorchte ich Gott, doch die Gefühle, die mich nach der Aufgabe des Amtes überkamen, erschütterten in mir Mark und Bein. Ich ging weiterhin in diese Gemeinde, doch jedes Mal, wenn ich in den Gottesdienst ging, fühlte ich mich fehl am Platze. Mein Sitz- und mein Parkplatz waren inzwischen anderweitig vergeben worden, es liefen alle möglichen Dinge, von denen ich keinen Schimmer hatte, und ich wusste nicht mehr, wo ich hingehöre. Gott musste mich lehren, dass mein Platz in ihm ist, und solange ich mir dessen bewusst bin, muss ich mich in keiner Gemeinschaft unwohl fühlen.

Haben Sie sich schon einmal so gefühlt, als hätte man den Boden unter Ihren Füssen weggezogen? Wenn dem so ist, sollten Sie bedenken, dass Gott Ihnen damit vielleicht einen großen Gefallen tut. Manchmal werden wir nur durch andere Menschen oder Ämter »abgestützt«, und uns wird dies erst dann bewusst, wenn diese Dinge nicht mehr da sind. Eine Stütze ist etwas, das etwas anderes an seinem Platz hält und absichert. Gott möchte, dass er unsere Sicherheit ist, wir sollten nicht auf Dinge als unsere Sicherheit vertrauen. Er ist der einzige Faktor im Leben, der nicht wankt und schwankt, sondern sicher und zuverlässig ist. Gott lässt einige »Stützen« in unserem Leben zu, während wir langsam immer mehr in ihm verwurzelt werden, doch nach und nach nimmt er alles andere, auf das wir uns so sehr verlassen haben, weg. Anfänglich wird uns das ängstigen, doch am Ende werden wir feststellen, dass es das Beste war, was uns geschehen konnte. Wenn wir niemand anderen haben, auf den wir uns stützen können, entwickeln wir eine tiefe Beziehung zu Gott, die uns durch alles hindurchträgt, was uns im Leben begegnen mag.

Wenn Sie im Moment den Eindruck haben, dass Sie etwas oder jemanden verloren haben, ohne das oder den Sie nicht auskommen können, täuschen Sie sich. Gott ist der Einzige, ohne den wir nicht auskommen können im Leben. Er ist unsere Stärke, unsere Festung in Zeiten der Not, unsere Burg, unser Schutz und unsere Zuflucht (siehe Psalm 9,10; 31,4; 32,7; 37,39; 46,11).

> *Gott ist der Einzige, ohne den wir nicht auskommen können im Leben.*

Als ich meine Freunde verlor - und schließlich mein Gemeindeamt -, hat das innerlich so sehr wehgetan, dass ich dachte, ich würde das nicht überleben. Diese Dinge haben mir letztlich jedoch geholfen zu erkennen, wie sehr ich mich auf Menschen und ihre Meinung über mich verlassen hatte. Ich hatte mich auf mein Amt verlassen. Ich dachte, wenn ich ein hohes Amt innehätte, würden die Leute gut über mich denken und mich akzeptieren. Gott hat all dies weggenommen und mich die Dinge gelehrt, die ich Ihnen in diesem Buch hoffentlich vermitteln kann. Er schenkt uns Wert, Annahme und Bestätigung. Solange wir diese Dinge haben, haben wir das Wertvollste in der Welt.

Wenn wir die Dinge brauchen, die die Welt uns bietet, um uns gut zu fühlen, hält Gott sie oft zurück. Sobald wir diese Dinge nicht mehr *brauchen*, kann er sie uns geben, weil sie nicht die Kontrolle über uns haben werden. Heute habe ich Freunde, Einfluss, eine gewisse Position, Autorität, finde die Zustimmung der Menschen und so weiter, doch der Schlüssel, um diese Dinge zu behalten, ist, ohne jeden Zweifel zu wissen, dass ich sie nicht brauche, um glücklich und erfüllt zu sein.

Ich bin davon überzeugt, wenn wir Gott in unserem Leben an die erste Stelle setzen, wird er uns alles andere hinzugeben. Wenn wir aber irgendeiner anderen Sache erlauben, seinen Platz einzunehmen, wird er eifersüchtig werden und sie wegnehmen.

SIEH DER WAHRHEIT INS GESICHT UND WERDE FREI

Und ihr werdet die Wahrheit erkennen, und die Wahrheit wird euch frei machen. (Johannes 8,32)

Ich finde es interessant, dass es nur eine Sache gibt, die uns frei macht, und das ist die Wahrheit. Diese ist allerdings auch eine

Sache, mit der wir nur schwer zurechtkommen. Es macht uns weniger aus, der Wahrheit über andere Menschen ins Gesicht zu blicken, doch wenn es darum geht, mit der Wahrheit über uns selbst konfrontiert zu werden, ist das schon eine ganz andere Geschichte.

Es war für mich schwierig, der Tatsache ins Auge zu blicken, dass meine Sicherheit von dem Amt, welches ich bekleidete, abhing. Zu jener Zeit war es schwer für mich, zu sagen: »Ich bin unsicher, ich mag mich selbst nicht, und ich brauche in diesem Bereich meines Lebens die Hilfe und Heilung Gottes.« Aber wie ich immer zu sagen pflege: Es gibt zwei Arten von Schmerz in dieser Welt – den Schmerz der Veränderung und den Schmerz, wenn man immer so bleibt, wie man ist. Wenn ich der Wahrheit nicht ins Auge hätte blicken wollen, befände ich mich noch immer in Gebundenheit. Ich würde noch immer versuchen, den Leuten zu gefallen und wäre süchtig nach Anerkennung, um eine Position zu behalten, die ich vielleicht nicht einmal mögen würde. Nun bin ich aber frei. Ich weiß, wer ich in Christus bin – unabhängig davon, was ich tue. Ich möchte den Menschen wohlgefällig sein, aber ich bin nicht am Boden zerstört, wenn ich nicht ihr Wohlwollen ernte. Solange ich weiß, dass ich die richtige Herzenshaltung habe, reicht dies für mich aus. Wenn ich mein Bestes gebe, und die Leute damit nicht zufrieden sind, müssen sie das mit Gott ausmachen.

Ich strebe nach Anerkennung – niemand von uns möchte anderen missfallen –, aber ich bin nicht süchtig danach. Ich genieße sie, doch wenn ich ohne sie leben müsste, könnte ich es. Ich habe den Schmerz, Wahrheit und Veränderung begegnen zu müssen, durchgemacht – und am Ende wurde mir dadurch Freiheit zuteil. Der einzige Weg aus der Gebundenheit heraus ist der, durchzumachen, was wir durchmachen müssen.

Ich möchte Sie wirklich dazu ermutigen, darauf zu achten, dass für Sie keine Sache wichtiger wird, als es gut ist. Gott muss in Ihrem Leben immer die erste Stelle einnehmen – nur so kann er Sie mit anderen Dingen, die Sie sich wünschen, segnen. So wie es in Matthäus 6,33 heißt: »Trachtet zuerst nach dem Reiche Gottes und nach seiner Gerechtigkeit, dann wird euch all das andere obendrein gegeben werden.« (Menge)

SCHEITERN MACHT SIE NICHT ZUM VERSAGER

Sehen Sie sich selbst nicht als Versager, nur weil Sie an bestimmten Dingen in der Vergangenheit gescheitert sind. Niemand ist in allen Dingen gut. Lassen Sie nicht Ihr Selbstbild, das Bild, das Sie von sich selbst im Kopf haben, durch Fehler der Vergangenheit zerstört werden. Manchmal ist der einzige Weg, herauszufinden, was wir im Leben tun sollen, der, einfach verschiedene Dinge auszuprobieren. Der Prozess der Aussonderung ist oft hilfreich, doch währenddessen machen wir vielleicht den einen oder anderen Fehler.

Manchmal ist der einzige Weg, herauszufinden, was wir im Leben tun sollen, der, einfach verschiedene Dinge auszuprobieren.

Als ich versuchte herauszubekommen, was der Wille Gottes für mein Leben im Dienst sein könnte, arbeitete ich vorübergehend in einer Kinderkrippe. Es dauerte nicht einmal zwei Wochen, um herauszufinden, dass das nicht mein Dienst sein konnte. Mir wurde dies bewusst, und den Kindern ging es genauso. Ich habe mich auch in Straßeneinsätzen versucht, fühlte mich dabei aber sehr unwohl und mochte es eigentlich überhaupt nicht. Zuerst fühlte ich mich schuldig, weil ich nicht hinaus auf die Straßen wollte, um den Menschen von Jesus zu erzählen. Später wurde mir bewusst, wenn Gott gewollt hätte, dass ich diesen Dienst tue, hätte er mir auf diesem Gebiet eine Begabung und ein Verlangen gegeben. Ich habe bereits erwähnt, dass meine erste Stelle in einer Gemeinde die der Sekretärin des Pastors war und ich bereits am ersten Tag wieder entlassen wurde. Nur weil ich in diesem Job gescheitert bin, heißt dies noch lange nicht, dass ich eine Versagerin bin, inzwischen bin ich ziemlich erfolgreich.

DIE VERGANGENHEIT HINTER SICH LASSEN

Viele Menschen lassen es zu, dass ihre Vergangenheit ihre Zukunft diktiert. Tun Sie das nicht! Lassen Sie die Vergangenheit hinter sich. Wir haben alle eine Vergangenheit, aber auch eine Zukunft. Die Bibel lehrt uns in Epheser 2,10, dass wir alle seine Geschöpfe sind, die in Christus Jesus dazu wiedererschaffen wurden, um in ihrem Leben die guten Werke zu tun, die Gott für sie im Voraus bereitet hat. Das Wort *wiedererschaffen* deutet darauf hin, dass wir erschaffen wurden, dann bei uns aber einiges »kaputt« gegangen ist, so dass wir einer »Reparatur« bedürfen. In Jeremia 18,1-4 lesen wir von dem Töpfer, der sein Gefäß von neuem formen musste, weil es missraten war. Das ist ein Bild von uns in den Händen des Herrn, dem Meistertöpfer.

Es heißt, dass aus uns eine neue Kreatur wird, wenn wir eine Beziehung zu Christus eingehen. Das Alte vergeht. Wir haben die Chance auf einen Neubeginn. Aus uns wird neuer geistlicher Ton, mit dem der Heilige Geist arbeiten kann. Gott bereitet für jeden von uns alles für einen Neuanfang vor, doch wir müssen dazu bereit sein, die Vergangenheit hinter uns zu lassen und voranzugehen. Wir bereiten den Weg für das Neue, wenn wir das *glauben*, was Gott darüber sagt:

> *Denn ich kenne ja die Gedanken, die ich über euch denke, spricht der HERR, Gedanken des Friedens und nicht zum Unheil, um euch Zukunft und Hoffnung zu gewähren. (Jeremia 29,11)*

Satan möchte, dass wir eine negative Einstellung haben und uns hoffnungslos fühlen, doch das Wort Gottes sagt, wir sollen »Gefangene der Hoffnung« sein :

*Kehrt zur Festung [der Sicherheit und des Wohlergehens] zurück, ihr **Gefangenen der Hoffnung**! Denn heute verkündige ich, dass ich dir zweifach deinen Wohlstand erstatten will. (Sacharja 9,12; wörtl. a. d. Engl.; Hervorhebung vom Autor)*

Hören Sie niemals auf zu hoffen. In Römer 4 lehrt uns die Bibel, dass Abraham keinen menschlichen Grund hatte, auf die Erfüllung der Verheißung Gottes zu hoffen, sondern dass er im Glauben hoffte. Es heißt dort, weder Zweifel noch Unglaube bezüglich der Verheißung Gottes ließen ihn schwanken, stattdessen nahm er an Stärke zu, indem er Gott lobte und ihm die Ehre gab. Abraham behielt seine positive Einstellung und seine Hoffnung, und die Bibel berichtet, dass er schließlich den verheißenen Segen in Form eines Sohnes erhielt. Lassen Sie nicht zu, dass vergangene Fehler Ihnen die Hoffnung auf zukünftigen Erfolg rauben. In Ihrer Zukunft gibt es keinen Raum für die Fehler der Vergangenheit. Wie ich bereits erwähnt habe: Nur weil Sie schon einmal in gewissen Bereichen gescheitert sind, macht Sie dies nicht zum Versager.

Lassen Sie nicht zu, dass vergangene Fehler Ihnen die Hoffnung auf zukünftigen Erfolg rauben.

Was immer Satan auch durch Täuschung geraubt haben mag: Gott wird es zweifach wieder herstellen, wenn Sie bereit sind, die Vergangenheit zu vergessen und sich nach der Zukunft auszustrecken. Wenn Sie vorangehen wollen, müssen Sie loslassen!

MENSCHEN MIT EINER VERGANGENHEIT

Maria Magdalena war eine Frau mit Vergangenheit. Sie hat stundenweise Ihre Liebesdienste angeboten, sie war eine Prostituierte. Die Pharisäer bezeichneten sie als »besonders schlimme Sünderin« (siehe Lukas 7,37). Sie wurde Magdalena genannt, weil sie aus Magdala, einer wenig bemerkenswerten Stadt, stammte. Über Jesu Heimatstadt Nazareth sagten die Leute: »Kann aus Nazareth etwas Gutes kommen?« (Johannes 1,46) Ich nenne diese beiden Beispiele, um Ihnen zu zeigen, dass Gott nicht immer Menschen aus beliebten Orten mit vielen Fähigkeiten und einer lupenreinen Vergangenheit erwählt.

In Lukas 7,36-50 wird berichtet, wie Maria Jesu Füße mit einer Flasche sehr teuren Parfüms salbt, sie mit ihren Tränen wäscht und mit ihren Haaren trocknet. Da sie eine Prostituierte gewesen war, war das Parfüm wahrscheinlich entweder ein Geschenk einer ihrer Freier, oder sie hat es von dem Geld gekauft, das sie durch ihr Gewerbe verdient hat. Einmal hat Jesus sie von sieben Dämonen befreit (siehe Lukas 8,2). Ihr Liebesdienst wurde aufgrund ihrer Vergangenheit von den Leuten als erotisch angesehen, doch Jesus wusste, dass sie aus reiner Liebe handelte.

Wenn wir eine unerfreuliche Vergangenheit haben, missverstehen die Leute oft unsere Taten, und wir finden uns mitten in diesem »Anerkennungsspiel« wieder, bei dem wir versuchen, andere davon zu überzeugen, wir seien annehmbar. Menschen vergessen unsere Vergangenheit nicht so leicht wie Gott. Die Pharisäer konnten nicht verstehen, wie Jesus auch nur die Berührung von Maria zulassen konnte. Jesus sagte, dass diejenigen, denen viel vergeben wurde, viel lieben (siehe Lukas 7,47). Viele kannten Marias Vergangenheit recht gut, doch sie liebte Jesus sehr, weil er ihr ihre großen Sünden vergeben hatte. Sie wollte ihm das Wertvollste geben, das sie besaß, sie wollte ihm dienen. Er sah ihr Herz und nicht ihre Vergangenheit.

Maria drückte Demut durch die Tatsache aus, dass sie zu Jesu Füßen kniete. Manche wollen mit ihm in Augenhöhe sein, doch nicht allzu viele wollen zu seinen Füßen niederknien. Viele wollen das wissen, was er weiß, in die Planungen einbezogen sein und in Leiterschaftspositionen sitzen. Gott ist nicht von unserer Position beeindruckt, sondern von unserer Haltung. Wie ist Ihre Haltung?

Maria begleitete Jesus während seines Dienstes und setzte ihren Besitz und ihre Habe ein, um ihn zu unterstützen (siehe Lukas 8,2-3). Möglicherweise stammte ihr Vermögen aus ihrer Vergangenheit. Vielleicht haben auch Sie nützliche Dinge aus Ihrer

Vergangenheit – bestimmte Erfahrungen, die Sie gesammelt haben, gewisse Kenntnisse, oder sogar materielle Güter –, die jetzt im Reich Gottes Verwendung finden können.

Maria wohnte der Kreuzigung Jesu bei (siehe Johannes 19,25). Sie machte sich nicht aus dem Staub, als es hart auf hart kam. Sie blieb bis zum Ende bei ihm. Maria war am Grab und fand es leer vor (siehe Johannes 20,1-13). Die ersten Worte am leeren Grab wurden zu Frauen gesprochen. Der Engel sprach: »Geht schnell hin und sagt seinen Jüngern, dass er von den Toten auferweckt worden ist!« (Matthäus 28,7). Auf dem Weg begegnete Jesus Maria, und als sie ihn erkannte, umfasste sie seine Füße und fiel anbetend vor ihm nieder. Jesus sagte zu ihnen: »Fürchtet euch nicht! Geht hin, verkündet meinen Brüdern, dass sie hingehen nach Galiläa! Und dort werden sie mich sehen.« (Vers 10)

Bei der Geschichte Marias sind mir folgende Punkte wichtig: Maria war eine Frau mit Vergangenheit, Jesus hat ihr vergeben, und sie hatte zweifelsohne eine wunderbare Zukunft. Über sie hat man in jeder Generation seit Christus gesprochen, und die Geschichten aus ihrem Leben liefern uns viele gute Beispiele, die wir im eigenen Leben umsetzen können. Sie hätte der Sucht nach Anerkennung erliegen und ihr Leben damit zubringen können, sich schlecht zu fühlen, doch sie setzte ihr Vertrauen auf Jesus und ergriff ihr neues Leben in ihm.

Wird Gott uns gebrauchen, wenn wir eine Vergangenheit haben? Ich bin mir nicht sicher, ob er uns gebrauchen kann, wenn wir keinerlei Vergangenheit haben. Durch die Dinge, die wir durchmachen, gewinnen wir an Erfahrung. Vieles von dem, was ich lehre, hat seinen Hintergrund in meiner Vergangenheit. Ich habe eine Vergangenheit, ich habe das Wort Gottes darauf angewandt, und ich genieße die Zukunft, die Gott mir verheißen hat.

Wir wollen uns noch ein paar andere Leute näher ansehen, die ebenso eine fragwürdige Vergangenheit hatten – und wie Gott sie dennoch auf mächtige Weise gebraucht hat.

PETRUS

Petrus war ein Mann mit Vergangenheit. Er war kein besonderer Mensch, er war nur ein Fischer und ein ziemlich rauer und grober Geselle. Petrus war kühn und fürchtete sich nicht vor Veränderungen, doch er hatte auch viele Fehler. In Matthäus 16,22-23 lesen wir, wie Petrus versucht, Jesus zu korrigieren. In Matthäus 26,31-35 sehen wir, dass Petrus sich selbst höher einstufte, als er dies hätte tun sollen. Er hatte ein Problem mit Stolz und hielt sich selbst für besser als andere Menschen. In Matthäus 26,69-75 lesen wir dann, dass Petrus sogar geleugnet hat, Jesus überhaupt zu kennen.

Als Petrus die tiefe Bedeutung seiner Sünde erkannte, weinte er bitterlich – was sein bußfertiges Herz offenbarte (Vers 75). Gott ist gnädig und versteht unsere Schwachheit. In Markus 16,1-7 lesen wir, wie Jesus an seine Jünger die Nachricht sandte, er sei vom Tod auferstanden. Sein Botschafter, der Engel, nannte Petrus namentlich, indem er sagte: »Sagt seinen Jüngern und Petrus, dass er euch nach Galiläa vorausgeht!« (Vers 7) Ich kann mir die Freude vorstellen, die Petrus verspürte, als ihm berichtet wurde, Jesus habe ihm eine persönliche Nachricht gesandt. Petrus war Teil der Pläne Gottes für die Zukunft, auch wenn er sich in der Vergangenheit oft töricht verhalten und versagt hatte. Petrus hatte Christus verleugnet, und dennoch wurde er einer der bekanntesten Apostel. Petrus hätte sein ganzes Leben damit zubringen können, sich wegen der Leugnung, Jesus zu kennen, schlecht zu fühlen, doch er ließ dieses Versagen hinter sich und wurde für das Reich Gottes wertvoll. Er hatte so viel von der Kraft des Heiligen Geistes, dass Menschen geheilt wurden, sobald nur sein Schatten auf sie fiel (siehe Apostelgeschichte 5,15)!

Gott verspricht uns, unsere begangenen Fehler zu vergessen.

Gott ist bereit, denen zu vergeben, die Fehler begehen, doch sie müssen bereit sein, seine Vergebung anzunehmen. Sie müssen auch sich selbst vergeben. Gott verspricht uns, unsere begangenen Fehler zu vergessen (siehe Jeremia 31,34). Hören Sie auf, sich an das zu erinnern, was Gott vergessen hat!

JAKOB

Jakob war ein Mann mit Vergangenheit. Er war ein Intrigant, Gauner und Betrüger gewesen. Er war ein Schwindler. Er war auch egoistisch und manchmal ausgesprochen herzlos anderen gegenüber. Er nutzte andere Leute aus, um das zu bekommen, was er haben wollte. Jakob nutzte die Schwäche Esaus aus, um an dessen Erstgeburtsrecht zu kommen. Er log seinen Vater an, indem er sich ihm gegenüber als Esau ausgab, um den Segen zu erhalten, der dem Erstgeborenen zustand.

Die Bibel lehrt, dass wir ernten, was wir säen (siehe Galater 6,7), und wie zu erwarten war, kam eine Zeit im Leben Jakobs, in der er von seinem Onkel Laban genau so behandelt wurde, wie er zuvor andere behandelt hatte. Laban legte Jakob rein. Laban betrog Jakob, als dieser Labans Tochter Rahel heiraten wollte, indem er ihm versprach, dies tun zu können, wenn er sieben Jahre für sie als Auslöse bei ihm arbeiten würde. Nachdem die sieben Jahre der Arbeit vollendet waren, erwartete Jakob Rahel zur Frau nehmen zu können – doch statt dessen wurde ihm ihre ältere Schwester Lea gegeben. Von ihm wurde dann verlangt, noch einmal sieben Jahre für Rahel zu arbeiten. Ich bin sicher, dass sich Jakob betrogen, hintergangen und unfair behandelt gefühlt hat. Vielleicht hatte er schon vergessen, wie er bei zahlreichen Anlässen andere Menschen genau so behandelt hatte. Ja, wir ernten, was wir säen. Was man anderen zufügt, kommt irgendwann auf uns zurück.

Schließlich wandelte sich das Herz Jakobs. Er wurde es müde, ständig vor Esau davonzulaufen und sich zu verstecken. Am Ende ließ Jakob alles, was er hatte, zurück und ging in sein Heimatland. Auf dem Weg begann er, mit Gott zu ringen. Er wollte unbedingt den Segen Gottes erhalten, ganz gleich, was es ihn kosten würde. Gott änderte seinen Namen von Jakob – was Gauner, Betrüger und Verschwörer bedeutete – in Israel, was »Der mit Gott kämpft« bedeutete (siehe 1. Mose 32,28-29). Jakob wurde zu einem großen Führer und Mann Gottes. Er hatte eine Vergangenheit, aufgrund deren man ihn leicht als Versager sehen konnte, doch sobald er sich seiner Vergangenheit gestellt und Buße darüber getan hatte, hatte er auch eine Zukunft (die ganze Geschichte über Jakob finden Sie in 1. Mose 25-33).

RUT

Rut war eine Moabiterin. Sie betete Götzen an, und doch entschied sie sich, dem einen wahren Gott zu dienen, was zur Folge hatte, dass sie eine direkte Vorfahrin Davids und Jesu wurde (siehe Das Buch Rut sowie Matthäus 1,5).

RAHAB

Rahab war eine Hure, und doch half sie Gottes Volk und wurde schließlich, wie Rut, eine direkte Vorfahrin Davids und Jesu (siehe Josua 2 und 6 sowie Matthäus 1,5).

PAULUS

Paulus hatte eine Vergangenheit. Er verfolgte Christen und doch wurde er der Apostel, der zwei Drittel des neuen Testamentes durch direkte Offenbarung empfing und in den dritten Himmel entrückt wurde, in dem er Herrlichkeiten sah, die er nicht einmal beschreiben konnte (siehe 2. Korinther 12,1-4). Wenn man Schweißtücher und Schürzen, die er am Körper getragen hatte, von ihm nahm und auf die Kranken legte, wurden diese geheilt (siehe Apostelgeschichte 19,11-12). Dies ist wirklich eine mächtige Salbung! Allem Anschein nach hat die Vergangenheit des Paulus seine Zukunft in keiner Weise negativ beeinflusst.

MATTHÄUS

Matthäus hatte eine Vergangenheit, er war ein verachteter Steuereintreiber gewesen und wurde schließlich einer der zwölf Jünger (siehe Markus 2,14).

Die Vergangenheit, mit der Sie es zu tun haben, könnte die Vergangenheit von vor zehn Jahren oder die von gestern sein, doch die Vergangenheit ist die Vergangenheit! Paulus schreibt in Philipper 3,10-15, dass er sehr danach strebe, die Vergangenheit hinter sich zu lassen. Wenn man sich bezüglich der Vergangenheit unter Verdammnis befindet, bedeutet dies, man hat die Vergebung Gottes dafür nicht angenommen. Wenn Sie das Gefühl haben, Ihre Vergangenheit könnte Ihre Zukunft negativ beeinflussen, sind Sie einfach nicht bereit, Ihre Vergangenheit loszulassen. Gott ist immer noch Gott, und er kann aus allem etwas Gutes hervorbringen, wenn wir ihm durch unseren Glauben die Möglichkeit geben, dies zu tun! *Alle Dinge* dienen zum Besten denen, die beten, Gott lieben und seinen Willen in ihrem Leben verwirklicht sehen wollen (siehe Römer 8,28; LU).

WENN SIE NICHT AUFHÖREN, ES ZU VERSUCHEN, WERDEN SIE ERFOLGREICH SEIN

Wussten Sie, dass Abraham Lincoln – der vielleicht einer der bedeutendsten, wenn nicht gar der bedeutendste Präsident der Vereinigten Staaten war – mehrere Wahlen verloren hat, bevor er Präsident wurde? Tatsächlich hat er so oft versucht, in ein öffentliches Amt gewählt zu werden, und ist dabei so oft gescheitert, dass es schwer nachzuvollziehen ist, wie er überhaupt den Mut besitzen konnte, für das Präsidentenamt zu kandidieren. Und doch tat er es – und gewann.

Wussten Sie, dass Thomas Edison einmal gesagt hat: »Ich bin so oft gescheitert, ich habe mich zum Erfolg ›gescheitert‹.« Er wollte nicht aufhören, es immer wieder zu versuchen, und erfand

Das eigene Selbstbild ändern

schließlich die Glühbirne, doch dem gingen zweitausend Fehlversuche voraus, bevor sie endlich funktionierte. Ein Mensch wie Edison, der nicht aufgibt, ist eine Persönlichkeit mit starkem Charakter.

Wussten Sie, dass das Material, das verwendet wird, um Kleenex-Tücher herzustellen, ursprünglich während des 1. Weltkriegs als Filter für Gasmasken entwickelt wurde, als solcher jedoch nicht funktionierte? Als die Erfinder dies feststellten, versuchten sie, die Tücher als Gesichtsreinigungstücher zum Abschminken anzubieten, was aber auch keinen Erfolg brachte. Als sie die Tücher schließlich als Einwegtaschentücher anboten, wurden sie schließlich zum Erfolg, und heute kaufen US-Amerikaner zweihundert Millionen Kleenex-Tücher pro Jahr. Es begann mit zwei Fehlversuchen, doch irgendjemand sagte: »Ich werde nicht aufgeben[1]!«

Ich persönlich glaube, dass zu jedem wirklichen Erfolg Fehler gehören, denn wenn wir auf dem Weg zum Erfolg Fehler begehen und scheitern, macht uns dies demütig. Dies ist sehr wichtig, damit Gott uns effektiv gebrauchen kann.

Zu jedem wirklichen Erfolg gehören Fehler, denn wenn wir auf dem Weg zum Erfolg Fehler begehen und scheitern, macht uns dies demütig.

Charles Darrow setzte sich als junger Erwachsener das Ziel, Millionär zu werden. So etwas ist heute nichts Ungewöhnliches, doch zu seiner Zeit war es äußerst ungewöhnlich. Charles lebte während der wilden Zwanziger, einer Zeit, in der eine Million Dollar eine enorme Summe darstellten. Er heiratete eine Frau namens Esther und versprach ihr, sie würden eines Tages Millionäre sein. Dann, im Jahr 1929 schlug das Schicksal in Form der Weltwirtschaftskrise zu. Sowohl Charles als auch Esther verloren ihre Jobs. Sie nahmen eine Hypothek für ihr Haus auf, verkauften ihr Auto, und gaben all ihre Ersparnisse aus. Charles war am Boden zerstört. Er saß zu Hause herum und war deprimiert, bis er seiner Frau eines Tages sagte, sie könne ihn verlassen, wenn sie wolle. »Wir werden unser Ziel schließlich nie erreichen«, sagte er zu ihr.

Esther machte jedoch keine Anstalten, ihn zu verlassen. Sie sagte zu Charles, dass sie ihr Ziel erreichen würden - allerdings nur dann, wenn sie dazu jeden Tag etwas tun würden, um den Traum am Leben zu halten.

Was sie Charles damit sagen wollte, war: Lass nicht zu, dass deine Träume sterben, nur weil du in der Vergangenheit ein paar Fehler gemacht hast. Gib nicht nur deshalb auf, weil du es ein paar Mal versucht hast, und es offenbar nicht funktioniert hat. Gott möchte, dass Sie die Fehler hinter sich lassen und weitermachen. Der Teufel möchte, dass Sie aufgeben. Wenn man weiterkommen möchte, muss man dafür einen Preis bezahlen, und manchmal ist der Preis, den man bezahlen muss, um weiterzukommen, einfach der, beharrlich durchzuhalten und zu sagen: »Ich werde nicht aufhören, bis ich einen Erfolg verzeichnen kann.« Gehören Sie nicht zu den Leuten, die auf jede Schwierigkeit damit reagieren, indem sie aufgeben.

Esther Darrow sagte zu ihrem Mann: »Halte deinen Traum am Leben.« Charles antwortete: »Er ist gestorben. Wir haben es nicht geschafft. Das kann nichts mehr werden.« Doch sie hörte nicht auf diese Art von Gerede, sie weigerte sich, das zu glauben. Sie schlug vor, sie sollten sich jeden Abend ein wenig Zeit nehmen, um darüber zu reden, auf welche Weise sie ihrem Traum näher kommen könnten. Sie taten dies jeden Abend, und nach kurzer Zeit hatte Charles die Idee, Spielgeld zu kreieren. Seine Idee klang ziemlich reizvoll, weil zu jener Zeit das Geld so knapp war. Da sie beide keine Arbeit hatten, hatten er und Esther viel Zeit, und jetzt hatten sie eine Menge leicht verdientes Geld, um damit zu spielen. Sie taten so, als würden sie damit Häuser, Grundstücke und Gebäude kaufen. Kurz darauf bauten sie ihre Idee zu einem ausgewachsen Spiel mit Spielbrett, Würfeln, Karten, kleinen Häusern, Hotels und so weiter aus...

Sie haben es bestimmt schon erraten. Dies war der Anfang eines Spiels, dass auch Sie vielleicht zu Hause im Schrank stehen haben, es nennt sich Monopoly.

Charles' Familie und Freunden gefiel das Spiel, und 1935 überredeten sie ihn, es einem Spielehersteller namens Parker

Das eigene Selbstbild ändern

Brothers anzubieten, um zu sehen, ob sie es kaufen würden. Die Verantwortlichen dort spielten das Spiel und meinten: »Es ist fade, langsam, komplex und langweilig, wir wollen es nicht kaufen.«

Charles war beharrlich. Beharrlichkeit ist wichtig, wenn man Erfolg haben will. Wir müssen beharrlich und standhaft sein, durchhalten und dürfen nicht aufgeben. Wenn wir dies tun, werden wir schließlich Erfolg haben.

Charles' Frau hörte nicht damit auf, ihn zu ermutigen. Gott sei Dank für die Menschen in unserem Leben, die uns ermutigen! Charles wandte sich an Wanamaker's Spielzeugladen und sagte einem leitenden Mitarbeiter, wenn sie das Spiel auf Lager nehmen würden, würde er einen Kredit über fünftausend Dollar aufnehmen, um einige der Spiele herzustellen, weil er sich sicher sei, dass sie sich verkaufen ließen. Das Spiel wurde zum Erfolg, und plötzlich war Parker Brothers daran interessiert. Die Verantwortlichen spielten das Spiel erneut und fanden es jetzt einfallsreich, flott, und erstaunlich leicht zu meistern. Das Spiel wurde 1935 urheberrechtlich geschützt, und Parker Brothers kaufte es von Charles Darrow für eine Million Dollar. Der Traum von Charles und Esther wurde wahr[2].

Wir lieben es, Erfolgsgeschichten wie diese zu lesen, aber wir sollten nicht vergessen, Gott möchte so etwas auch durch jeden von uns tun. Er »sieht die Person nicht an« (Apostelgeschichte 10,34). Dies bedeutet, dass er nicht ein paar Lieblingsmenschen hat, und alle anderen außen vor bleiben. Die Prinzipien Gottes funktionieren für jeden, der bereit ist, sie im Leben umzusetzen. Sein Wort sagt, dass dem, der glaubt, alle Dinge möglich sind (siehe Markus 9,23). Wenn wir eine positive Haltung bewahren, weiterhin glauben und nicht aufgeben, wird Gott durch jeden von uns etwas Großartiges tun.

Nur weil Sie gescheitert sind, sind Sie kein Versager.

Lassen Sie sich von der Anzahl der Fehlschläge in Ihrem Leben nicht so sehr beeindrucken, dass Sie nicht einmal mehr an eine Zukunft für sich glauben. Vergessen Sie nicht, nur weil Sie gescheitert sind, sind Sie kein Versager. Gott kennt Ihren Wert, ungeachtet aller Umstände. Sie brauchen keine weitere Bestätigung als die seine, und wenn er über Ihre Vergangenheit hinwegsehen kann, so können Sie das auch.

Im folgenden Kapitel wollen wir näher betrachten, was es heißt, nicht nur den eigenen Wert zu begreifen, sondern sich selbst zu lieben und zu akzeptieren.

Kapitel 5

Sich selbst lieben

Die Bibel lehrt uns, unseren Nächsten wie uns selbst zu lieben (siehe Matthäus 22,39). Was aber, wenn wir uns selbst nicht lieben? Dann sind wir unfähig, andere zu lieben, was ein großes Problem ist. Das charakteristische Merkmal der Christen ist ihr Wandel in Liebe:

> *Ein neues Gebot gebe ich euch, dass ihr einander liebt, damit, wie ich euch geliebt habe, auch ihr einander liebt. Daran werden alle [Menschen] erkennen, dass ihr meine Jünger seid, wenn ihr Liebe untereinander habt [wenn ihr damit fortfahrt, untereinander Liebe zu zeigen]. (Johannes 13,34-35; z.T. wörtl. a. d. Engl.)*

Menschen, die sich selbst nicht lieben und akzeptieren können, leben in großem emotionalen Leid. Wenn sie sich selbst nicht akzeptieren, kann es geschehen, dass sie irgendwann von der Bestätigung anderer abhängig werden. Gott hat uns nicht dazu geschaffen, um abgelehnt, sondern um angenommen zu werden. Er nimmt uns Kraft unseres Glaubens in Christus an, und wir müssen seine Annahme dadurch empfangen, indem wir uns selbst annehmen. Menschen, die sich selbst ablehnen und sogar hassen, sind dazu verurteilt, ein Leben in Kummer und Misserfolg zu leben.

Wie denken Sie über sich? Manche Menschen können diese Frage nicht beantworten, weil sie sich nie die Zeit genommen haben, darüber nachzudenken. Sie sollten dies tun. Sie haben eine Beziehung mit sich selbst. Sie müssen in der Tat die ganze Zeit mit sich selbst verbringen. Sie selbst sind der einzige Mensch, dem Sie niemals entkommen können. Wenn Sie sich selbst nicht mögen und mit sich selbst nicht auskommen, sind Sie zum Kummer verurteilt.

Wenn Sie nicht glauben, dass dem so ist, müssen Sie sich nur einmal einen Tag ins Gedächtnis rufen, an dem Sie einen Tag oder einen noch längeren Zeitraum mit jemandem verbringen mussten, den Sie absolut nicht leiden konnten oder sogar verachtet haben. Mit Sicherheit war dies eine sehr unangenehme Zeit, eine Zeit, die Sie zukünftig gerne vermeiden würden. Sie müssen sich darüber klar werden, wenn Sie sich selbst nicht mögen, wird dies im Großen und Ganzen dieselben Gefühle bei den anderen hervorrufen! Als Christ wurden Sie nicht dazu geschaffen, sich selbst zu hassen, sondern sich selbst zu lieben und das Leben zu genießen, das Gott ihnen gegeben hat. Weil Gott uns so sehr geliebt hat, dass er seinen einzigen Sohn für uns geopfert hat, ist es ziemlich respektlos und beleidigend ihm gegenüber, wenn wir uns selbst verachten.

DAS LEBEN GENIESSEN

Das Leben zu genießen ist unmöglich, wenn wir uns nicht an unserem Dasein erfreuen. Sie werden vielleicht fragen: »Joyce, wie kann ich mich an meinem Dasein erfreuen? Ich mache zu viele dumme Sachen und begehe zu viele Fehler, als dass ich mich an meinem Dasein erfreuen könnte.« Vielleicht gefällt Ihnen Ihr Aussehen nicht oder Ihre Persönlichkeit, oder gar ein körperliches Merkmal.

Falls dies der Fall sein sollte, kann ich verstehen, wie Sie sich fühlen. Viele Jahre lang konnte ich meine Stimme so wenig leiden, dass ich deshalb fast paranoid gewesen bin. Ich scheute mich im Grunde sehr davor, meinen Mund aufzumachen und jemanden zum ersten Mal meine Stimme hören zu lassen, weil ich der Auffassung war, eine Frau sollte nicht eine solche Stimme

Sich selbst lieben

haben. Wenn Sie mich je sprechen gehört haben, wissen Sie, meine Stimme klingt für eine Frau recht tief. Ziemlich häufig geht es mir so, wenn ich jemanden anrufe, der mich nicht kennt, meint der Anrufer, ich sei ein Mann. Sie sprechen mich mit »Herr Meyer« an. Es gab Zeiten, in denen ich mich darüber geärgert habe, es war mir peinlich und hat dazu beigetragen, mich unsicher zu fühlen.

Das Interessante an der Sache ist, dass meine Stimme gerade das ist, was Gott am meisten benutzt. Er hat beschlossen, mich in einem Mediendienst zu gebrauchen, in dem meine Stimme in einem Großteil der Erde täglich gehört werden kann. Gott kann das, was wir als Makel betrachten, nehmen, und damit große Dinge tun. Im Grunde genommen liebt er es, gerade so etwas zu tun. Wie wir bereits gesehen haben, ist seine Stärke in unserer Schwäche vollkommen, er erweist sich als stark durch Dinge, die wir als wertlos ausrangieren würden.

Was mögen Sie an sich selbst nicht? Seien Sie spezifisch, machen Sie Inventur und treffen Sie heute die Entscheidung, sich selbst gegenüber eine positivere Haltung zu entwickeln.

Jesus starb, damit wir das Leben haben und es genießen würden (siehe Johannes 10,10). Mit täglicher Selbstablehnung oder sogar Selbsthass zu leben ist eine schreckliche Lebensweise. Wir projizieren auf andere das, was wir von uns selbst halten. Wenn wir wollen, dass andere Menschen gut über uns denken, müssen wir damit anfangen, selbst über uns gut zu denken. Meistens lieben und akzeptieren sich die Leute selbst nicht, aus diesem Grunde versuchen sie, von anderen Menschen das zu bekommen, was sie von Gott bekommen sollten, und zwar das Gefühl, wertvoll und liebenswürdig zu sein. Wenn sie von anderen Menschen nicht das bekommen, was sie sich wünschen, fühlen sie sich abgelehnt, und die negativen Gefühle, die sie in Bezug auf sich selbst haben, nehmen zu. Diese Art von negativer Einstellung sich selbst gegenüber stellt eine offene

Treffen Sie heute die Entscheidung, sich selbst gegenüber eine positivere Haltung zu entwickeln.

Tür für Satan dar. Gemäß der Bibel hält er Ausschau nach denen, die er verschlingen kann (siehe 1. Petrus 5,8). Menschen, die nicht wissen, wie sie sich selbst auf ausgewogene Weise lieben können, sind für den Feind ein Festmahl.

EINE AUSGEWOGENE EINSTELLUNG

Die Furcht vor Stolz könnte dafür sorgen, dass jemand in einer Haltung der Selbsterniedrigung gefangen bleibt. Die Bibel lehrt uns nicht, dass wir uns für übertrieben wichtig halten sollen (siehe Römer 12,3). Wir sollen uns im Lichte der Gnade Gottes betrachten und immer im Hinterkopf behalten, unser Vermögen kommt von ihm und macht uns nicht zu etwas Besserem als andere Menschen. Wir alle haben Stärken und Schwächen! Das Wort Gottes sagt uns, Gott verteilt unter den Menschen Gaben nach seinem Ermessen (siehe 1. Korinther 12,4-11). Wir können uns nicht einfach aussuchen, worin wir gut sein wollen.

Wenn wir wissen, unsere Begabungen kommen von Gott, können wir nicht einfach abschätzig auf jemanden herabblicken, der sich nicht auf denselben Gebieten wie wir hervortut. Wir müssen auf jeden Fall Stolz vermeiden: »Vor dem Verderben kommt Stolz und Hochmut vor dem Fall.« (Sprüche 16,18). Stolz ist sehr gefährlich. Viele große Männer und Frauen Gottes sind durch den Stolz der Sünde anheimgefallen.

Treten Sie nicht in die Falle des Stolzes, aber fallen Sie auch nicht ins andere Extrem und glauben Sie nicht, Selbstablehnung, Selbsthass und Selbsterniedrigung wären die Antwort. Trachten Sie stattdessen danach, ein - wie ich es nenne - »Alles-nichts-Mensch« zu sein: alles in Christus und nichts ohne ihn. Jesus selbst sagte: »Getrennt von mir könnt ihr nichts tun« (Johannes 15,5c). Sein Sie selbstsicher, aber vergessen Sie nicht, die Stärke, die aus Selbstsicherheit hervorgeht, kann sich schnell in Arroganz verkehren. Es ist von entscheidender Wichtigkeit, demütig zu bleiben. Ich weiß, dass ich nichts von echtem Wert tun kann, wenn Christus nicht durch mich hindurchfließt. Er verdient alles

Lob und alle Ehre für jedes gute Werk, das durch uns sichtbar wird. Der Apostel Paulus sagte: »Ich weiß, dass in mir ... nichts Gutes wohnt« (Römer 7,18). Wir können nicht behaupten, wir wären gut oder würden aus uns selbst heraus etwas Gutes bewirken können. Nur Gott ist gut, und alles Gute, das von uns kommt, ist lediglich ein Ausdruck seines Wirkens durch uns (siehe Matthäus 19,17). Geben Sie unbedingt Gott die Ehre für Ihre Erfolge.

Wenn Leute mich für etwas beglückwünschen und loben, was sie häufig tun, nehme ich ihre freundlichen Anmerkungen gerne entgegen und erhebe sie umgehend hinauf zum Herrn. Ich sage ihm, dass ich genau weiß, was ich ohne ihn bin und er wahrhaftig derjenige ist, der das Lob verdient. Gott erweist sich in denen stark, die demütig genug sind, um ihm zu gestatten, dies zu tun. Obwohl wir aus uns selbst heraus nichts sind, sind wir Gefäße, durch die er hindurchfließen kann:

> *Wir haben aber diesen Schatz [das göttliche Licht des Evangeliums] in irdenen [zerbrechlichen, menschlichen] Gefäßen, damit sich erweise, dass das Übermaß der Kraft von Gott ist und nicht aus uns. (2. Korinther 4,7; z. T. wörtl. a. d. Engl.)*

GEFÄSSE MIT RISSEN

Gott wirkt durch tönerne Krüge, oder – wie ich es oft nenne – »Gefäße mit Rissen.« Dies bedeutet, dass wir beschädigt sind, und wenn die Leute auf uns blicken und erstaunliche Dinge geschehen sehen, wissen sie, hier muss Gott am Werk sein, weil diese Dinge mit Sicherheit nicht ihren Ursprung in uns haben können. Ich glaube jeder, der mich wirklich kennt, kann unschwer erkennen, die Arbeit, die ich in der Welt tue, muss zweifelsohne das Wirken Gottes in und durch mich sein. So geben diese Leute ihm die Ehre und nicht mir, weil sie meine Unzulänglichkeiten sehen und meine Begrenztheiten kennen. Gott erwählt absichtlich das Schwache und Törichte, damit sich kein Sterblicher vor Gott rühmen kann (1. Korinther 1,27-29).

Stellen Sie sich eine Lampe in einem Topf mit einem Deckel darauf vor. Obwohl es in dem Topf voller Licht sein mag, kann dies von außen doch niemand sehen. Doch wenn der Topf Risse hat, wird das Licht durch die Risse hindurch nach außen scheinen. Auf dieselbe Weise wirkt Gott durch unsere Unvollkommenheit.

Kann man einen Topf mit Rissen lieben? Gott kann dies! Es ist gottgemäß, sich auf eine ausgeglichene, gesunde Weise zu lieben. Es ist nicht gottgemäß, sich selbst abzulehnen und zu verachten.

SELBSTANNAHME

Das Wort Gottes lehrt uns, danach zu streben, mit Gott, uns selbst und unseren Mitmenschen in Frieden zu leben (siehe 1. Petrus 3,11). Hier heißt es genau genommen nicht nur, wir sollen danach streben, sondern den Frieden suchen und ihm nachjagen. Die Bibel macht deutlich, wie wichtig es ist, dass die Beziehungen in allen drei Bereichen gut sind. Ich möchte sagen, die Bibel ist ein Buch über Beziehungen. Sie hat einiges zu sagen über die Beziehung zu Gott. Alles beginnt mit der Entwicklung unserer Beziehung zum Vater durch seinen Sohn Jesus Christus. Wir sollen mit Gott in Frieden leben und seine Liebe erfahren. Das Wort Gottes spricht auch ausgiebig über unsere Beziehungen zu anderen Menschen. Lehre über Liebe, die richtige Einstellung, anderen zu dienen und dem Geben finden wir in der Bibel zuhauf. Die Bibel lehrt uns auch, wie wichtig es ist, die richtige Einstellung uns selbst gegenüber zu haben. Sie lehrt uns über die Beziehung zu uns selbst.

Danach streben, mit Gott, uns selbst und unseren Mitmenschen in Frieden zu leben.

Haben Sie eine geringschätzige, krittelnde Einstellung sich selbst gegenüber? Falls dem so ist, sind Sie nicht im Willen Gottes. Paulus weigerte sich, über sich selbst zu richten, und er kümmerte sich nicht darum, wenn andere über ihn richteten:

> *Mir [persönlich] macht es aber ziemlich wenig aus, dass ich von einem menschlichen Gericht [zu diesem Punkt] beurteilt werde und dieses oder irgendein anderes menschliches Tribunal über mich Nachforschungen anstellt, mich befragt oder ins Kreuzverhör nimmt; ich beurteile mich aber auch selbst nicht. (1. Korinther 4,3; z. T. wörtl. a. d. Engl.)*

Paulus setzte seine Zuversicht auf Gott. Weil er wusste, dass er durch Christus für Gott annehmbar gemacht worden war, nahm er sich selbst an. Er wusste auch, wer er in Christus war. Er wusste, wo er herkam, und er wusste, was sein Ziel war. Ich bin mir sicher, dass Paulus sich seiner Vergangenheit bewusst war, und wie vehement er die Christen verfolgt hatte, bevor ihm von Gott die Augen für die Wahrheit geöffnet wurden. Er sagte selbst, dass er sich bemühen musste, die Vergangenheit hinter sich zu lassen und der Vollendung nachzujagen. Er stellte auch klar, dass er nicht der Auffassung war, schon am Ziel angekommen zu sein (siehe Philipper 3,12-14). Mit anderen Worten: Paulus nahm für sich nicht in Anspruch, perfekt zu sein, aber er hatte auch über sich selbst keine negative Einstellung. Er wusste, er machte Fehler, doch lehnte er sich selbst deshalb nicht ab und verachtete sich selbst nicht.

Die Art der Zuversicht, die wir bei Paulus hier sehen, ist sehr befreiend. Sie erinnert uns daran, dass Jesus starb, damit wir frei sein könnten: »Wenn euch also der Sohn befreit [zu freien Menschen macht], dann seid ihr wirklich und ohne Frage frei« (Johannes 8,36; EÜ; z. T. wörtl. a. d. Engl.).

Gott sehnte sich so sehr danach, zu sehen, wie seine Kinder frei und in der Lage sind, das Leben zu genießen, dass er dazu bereit war, seinen Sohn zum Sterben in die Welt zu schicken, um diese Freiheit sicher zu stellen (siehe Johannes 3,16). Er hat unsere Freiheit mit dem Blut seines Sohnes erkauft. Das Mindeste, das wir tun können, ist, uns so zu sehen, wie er uns sieht, und zwar als kostbare und wertvolle Geschöpfe. Gott würde Jesus nicht für Müllhaufen, für Menschen ohne Wert und Sinn, sterben lassen. Und Jesus hätte sich selbst nicht selbst an unserer Statt in den Tod gegeben, wenn wir für Gott wertlos gewesen wären. Letztendlich war es Jesus ...

> *»... der sich selbst für uns gegeben hat, damit er uns erlöste [unsere Freiheit erkaufte] von aller Ungerechtigkeit und reinigte sich selbst ein Volk zum Eigentum [um für Ihn abgesondert zu sein, ein Volk], das eifrig wäre zu guten Werken [ein Leben zu führen, das gut ist und mit guten Werken angefüllt ist].« (Titus 2,14; LU; z. T. wörtl. a. d. Engl.)*

Laufen Sie mit hängendem Kopf herum und sind depressiv, entmutigt und verzagt? Verwenden Sie so viel Zeit darauf, über all Ihre Fehler nachzusinnen, dass Sie all Ihre Hoffnung auf ein gutes Leben aufgegeben haben und nicht mehr daran glauben? Wenn dem so ist, dann ist es heute an der Zeit, etwas daran zu ändern. Legen Sie sich eine neue Haltung sich selbst gegenüber zu. Paulus musste diese Entscheidung treffen, ich musste sie treffen, und auch Sie müssen sie treffen, wenn Sie Gott in Ihrem Leben die Ehre geben wollen.

Gott wird nicht geehrt durch Menschen, die sich selbst gegenüber eine negative Einstellung haben.

Gott wird nicht geehrt durch Menschen, die sich selbst gegenüber eine negative Einstellung haben, vielmehr ist so etwas - wie ich bereits erwähnt habe - für ihn geradezu eine Beleidigung. Wenn Sie eine Gruppe von Menschen so sehr geliebt und wertgeschätzt hätten, dass Sie bereit gewesen wären, für diese Menschen schrecklich zu leiden und zu sterben, damit sie in ihrem Leben die Fülle haben und es genießen könnten, wie würden Sie sich dann fühlen, wenn diese Menschen ihr Geschenk ablehnen würden? Ich hoffe und bete, Sie fangen damit an zu begreifen, was ich sagen möchte.

Paulus sagte: »Ich jage ihm aber nach, ob ich es auch ergreifen möge, weil ich auch von Christus Jesus ergriffen bin« (Philipper 3,12). Er spricht hier von der Lebensqualität, die ihm Jesus geben wollte. Paulus wusste, dass er sie nicht verdient hatte, doch um Jesu Willen war er entschlossen, sie zu haben. Sollten wir uns mit weniger zufriedengeben?

SUPERSCHAFE

Ich bin der gute Hirte; der gute Hirte riskiert und lässt sein [eigenes] Leben für die Schafe. (Johannes 10,11; z. T. wörtl. a. d. Engl.)

Jesus verglich die Kinder Gottes mit Schafen und dies aus gutem Grund. Schafe gelten nicht als die intelligentesten Tiere der Welt. Sie brauchen einen Hirten. Ohne Führung und Hilfe würden sie Dinge tun, die sogar selbstzerstörerisch sein könnten: »Wir alle irrten umher wie Schafe, wir wandten uns jeder auf seinen eigenen Weg« (Jesaja 53,6). Schafe sind dickköpfig, was ein weiterer Grund dafür ist, dass Gott uns mit ihnen vergleicht. Wir entscheiden uns häufig dafür, Dinge zu tun, die schlecht für uns ausgehen könnten, wenn Gott nicht eingreift. Schafe haben eigentlich viele Fehler, aber sie versuchen nicht, sie zu verbergen. Ihre schlichte Bereitschaft, zu sein, was sie sind, ist einer ihrer wenigen Stärken. Wir versuchen unsere Fehler zu verbergen, und diese Tatsache wird zu einem unserer größten Probleme. Gott weiß ohnehin alles, also warum versuchen wir dann, etwas vor ihm zu verbergen? Wir versuchen, »Superschafe« zu sein, obwohl es so etwas gar nicht gibt. Die Worte *super* und *Schafe* passen gar nicht zusammen.

KEINE ANGST VOR DEM LICHT

Das Licht Gottes enthüllt Dinge (siehe Johannes 3,20 und 1. Korinther 4,5). Wenn in einem Zimmer das Licht angemacht wird, können wir den Schmutz sehen und die Käfer, die hinweghuschen. Gott ist Licht (siehe 1.Johannes 1,5). Wenn er in unser Leben miteinbezogen wird, fängt er damit an, uns Dinge zu zeigen, die wir am liebsten gar nicht sehen würden, Dinge, die wir sogar vor uns selbst versteckt hatten. Wir werden regelmäßig getäuscht – insbesondere über uns selbst. Wir ziehen es vor, uns nicht mit unseren Fehlern auseinanderzusetzen und freuen uns nicht gerade, wenn sie ans Licht kommen. Vielleicht fühlen wir uns ihretwegen verdammt, doch zumindest haben wir das Gefühl, sie sind verborgen. Alles, was verborgen ist, hat Macht über uns, weil wir uns davor fürchten, dass es entdeckt wird. Das Beste und Befreiendste, das wir tun können, ist, dem, was Gott ans Licht bringen möchte, ins Antlitz zu blicken und die Furcht darüber hinter uns zu lassen.

Jahrelang habe ich die Tatsache geheim gehalten, dass ich von meinem Vater sexuell missbraucht worden war. Ich hatte es als Schwäche angesehen und als etwas, dessen man sich schämen muss. Ich hatte mich so gefühlt, als wäre mit mir etwas nicht in Ordnung und als wäre ich eine billige Ware. Weil ich mich davor fürchtete, irgendjemand könnte etwas über meine Vergangenheit erfahren, hatte sie weiter Macht über mich. Als der Heilige Geist damit begann, mich dahin zu führen, über die Details meiner schlimmen Vergangenheit zu sprechen, erzitterte ich heftig. Ich hatte schreckliche Angst vor meiner Vergangenheit. Was würden die Leute denken? Würden sie mich ablehnen? Würden sie mir die Schuld in die Schuhe schieben oder mich hassen? Der Teufel hat mich mindestens fünfundzwanzig Jahre lang in Bezug darauf, wie die Leute mich sehen würden, wenn sie meine Vergangenheit kennen würden, angelogen, weshalb ich mich sehr darum bemüht habe, sie geheim zu halten.

Ich habe bezüglich meiner Vergangenheit und meiner Eltern oft gelogen. Wenn mir jemand eine Frage über meine Kindheit stellte, vermied ich es, irgendwelche Dinge zu erwähnen, durch die andere hätten Verdacht schöpfen können. Doch nachdem endlich alles ans Licht kam, geschah das genaue Gegenteil von dem, was ich befürchtet hatte. Die Menschen reagierten mit Mitgefühl, und nicht mit Gericht. Mein Zeugnis fing an, anderen zu helfen, die ebenso in einem Gefängnis der Angst eingesperrt waren. Je mehr ich von meiner Vergangenheit erzählte, umso weniger Macht hatte sie über mich. Das Licht Gottes stellte die Lügen Satans bloß, und die Wahrheit machte mich frei.

Die meisten von uns wollen alles verstecken, was wir als Schwäche oder Unzulänglichkeit ansehen, aber ich möchte Sie ermutigen, alles an das offene Licht der Liebe Gottes zu bringen. Wir haben bereits gesehen, dass Gott Menschen erwählt und gebraucht, die Fehler haben. Wenn wir nicht zugeben, dass wir sie haben, könnte uns das dafür untauglich machen, von Gott gebraucht zu werden. Er möchte Wahrheit, keine Täuschung. Er möchte, dass wir uns selbst gegenüber, ihm gegenüber, und anderen gegenüber ehrlich sind.

> *Lasst uns aber wahrhaftig sein in der Liebe [in allen Dingen, die Wahrheit reden, wahrhaftig handeln und leben] und wachsen in allen Stücken zu dem hin, der das Haupt ist, Christus [der Messias, der Gesalbte]. (Epheser 4,15; LU; z. T. wörtl. a. d. Engl.)*

Wenn wir die Wahrheit nicht umfassen und lieben, wird dies geistliches Wachstum verhindern. Wir werden von den Dingen gefangen gehalten, denen wir nicht ins Angesicht blicken und mit denen wir uns nicht auseinandersetzen wollen. Manche Dinge sind so tief begraben, dass wir nicht bewusst über sie nachdenken, doch so wie eine Infektion zerfressen sie unser Leben: »Verirrungen – wer bemerkt sie? Von den verborgenen [und unbewussten] Sünden sprich mich frei« (Psalm 19,13).

Wir werden von den Dingen gefangen gehalten, denen wir nicht ins Angesicht blicken und mit denen wir uns nicht auseinandersetzen wollen.

Ich verließ das Haus meines Vaters, als ich achtzehn Jahre alt war. Das hatte ich schon seit Jahren vorgehabt. Ich wusste, dass ich mein Elternhaus verlassen würde, sobald ich meinen Highschool-Abschluss gemacht hätte und einen Job bekommen könnte, um meinen Lebensunterhalt alleine zu bestreiten. Das war der einzige Weg, den ich kannte, um von diesem Missbrauch loszukommen, den ich so lange ertragen hatte. Ich ging von diesem Problem fort, ohne jedoch zu erkennen, dass ich in meiner Seele noch immer dieses Problem hatte.

Ich verbrachte Jahre damit, es zu verbergen und lehnte es ab, darüber zu reden oder auch nur darüber nachzudenken. Doch das schützte mich nicht davor, damit verbundene Probleme zu haben. Die Infektion wuchs täglich und entwickelte sich zu etwas, das Schritt für Schritt mein Leben mehr und mehr übernahm. Die einzige Möglichkeit, sie aufzuhalten, war, die Sache ans Licht zu bringen. Gott wusste das und arbeitete durch seinen Heiligen Geist in gnädiger Weise mit mir daran, dies zu tun. Er ließ mich die richtigen Leute treffen und gab mir die richtigen Bücher und anderes Material an die Hand, damit ich erkennen konnte, dass ich mit meinem Schmerz nicht alleine war. Tausende von Menschen haben durch ihre Eltern sowie andere Verwandte und Freunde Missbrauch erlebt.

Die Bibel lehrt uns, dass wir einander unsere Schuld bekennen sollen, damit wir geheilt werden und lernen, einander zu lieben (siehe Jakobus 5,16). Der Missbrauch meines Vaters an mir ließ nicht mich schuldig werden, aber so sah ich es. Ich musste mich damit auseinandersetzen. Diese Schuld musste ans Licht gebracht werden, damit ich ein emotional, geistig und geistlich gesunder Mensch sein konnte. Der Stress damit, den Missbrauch ständig verstecken zu wollen, hatte sogar Auswirkungen auf meine körperliche Gesundheit gehabt.

Jeder braucht jemanden, mit dem er reden kann, jemanden, bei dem man das Gefühl hat, ehrlich sein zu können.

Viele Psychiater und Psychologen sind sehr erfolgreich damit, Leute über die Dinge sprechen zu lassen, die sie belasten. Sie geben auch Rat, doch die Hauptdienstleistung, die sie anbieten, ist, zuzuhören und die Dinge für sich zu behalten. Jeder braucht jemanden, mit dem er reden kann, jemanden, bei dem man das Gefühl hat, ehrlich sein zu können, jemanden, der Geheimnisse nicht ausplaudert. Wenn Sie Schwierigkeiten damit haben, sich selbst anzunehmen, dann beten Sie und bitten Sie Gott, dass er Ihnen geistlich reife Freunde schenkt, Menschen, denen Sie vertrauen können, die zuhören und Sie verstehen, aber auch Wahrheit in Ihr Leben hineinsprechen. Halten Sie nicht nach Menschen Ausschau, die Sie nur bemitleiden, Sie brauchen die Wahrheit mehr als Mitleid.

Gott gab mir in meinem Mann einen solchen Menschen, aber ich war viele lange Jahre lang darüber verärgert. Dave kam einfach nicht zu meinen »Mitleidspartys«. Er war nicht gemein zu mir, aber wahrhaftig. Ich kann mich erinnern, wie er zu mir sagte: »Joyce, du möchtest, dass ich dich bemitleide, aber das werde ich nicht tun, weil es dir nicht hilft.« Ich war in Endlosschleifen des Selbstmitleids gefangen, und das Letzte, was ich brauchte, war jemand, dem ich leidtat. Ich dachte, ich wollte Mitleid, doch heute danke ich Gott, dass er mir das gab, was ich brauchte, und nicht das, was ich wollte.

Sein Sie nicht böse auf die Menschen, die Gott Ihnen über den Weg schickt, um Ihnen gegenüber ehrlich und wahrhaftig zu sein. Diese Menschen sollten die Wahrheit in Liebe sagen, aber sie *sollten* die Wahrheit sagen (siehe Epheser 4,15).

EIN NEUANFANG

Wenn Menschen damit anfangen, das Wort Gottes zu studieren und zu lernen, wie man im Licht leben kann, ohne sich davor zu fürchten, verändert sich ihr Leben zum Besseren hin. Gott weiß alles, und er liebt Sie und mich trotzdem, und selbst wenn wir niemand anderen finden, können wir dem Herrn gegenüber völlig offen und ehrlich sein. Er hasst es, wenn man ihm etwas vortäuscht, also seien Sie einfach ehrlich. Bitten Sie ihn, Ihnen alle Dinge zu offenbaren, die Sie vielleicht verbergen oder denen Sie sich aus Furcht nicht stellen wollen – und dann schnallen Sie sich an. Vielleicht beginnt an dieser Stelle die Fahrt Ihres Lebens. Manchmal könnte sie holprig sein, und manchmal zum Fürchten. Vielleicht werden Sie hinausschreien: »Halt an und lass mich raus, ich halte das nicht länger aus!« Aber eins ist sicher: Es wird eine Fahrt sein, die Sie schließlich dahin bringen wird, wo Sie hinwollen, und zwar zu einem Leben, an dem Sie sich erfreuen können und das gute Frucht für Gott bringt.

Gott hat mir so viel über mich selbst offenbart, dass ich darüber ganz erstaunt bin. Wir meinen, wir würden uns selbst kennen, obwohl wir uns in Wahrheit oft verstecken, und zwar nicht nur vor anderen, sondern besonders auch vor uns selbst. Gott musste mir viele Dinge über mich selbst zeigen, die sehr unbequem waren, Dinge, die ich zunächst zurückwies, so nach dem Motto: »So kann das gar nicht sein.« Er zeigte mir, dass man mit mir schwer auskommen konnte, ich andere kontrollierte und manipulierte, furchtsam, unsicher und hartherzig war. Ich redete zu viel. Ich tat so, als bräuchte ich niemanden, obwohl in Wirklichkeit genau das Gegenteil der Fall war. Ich verhielt mich nach außen hin wie ein brüllender Löwe, doch innerlich war ich schwach wie ein neugeborenes Kätzchen. Ich machte meine Vergangenheit für alles verantwortlich, was ich falsch machte. Ich fand Ausreden für mein schlechtes Verhalten, anstatt dafür Verantwortung zu übernehmen. Die Liste ist zu lang, als dass ich damit hier fortfahren könnte, aber die gute Nachricht ist, heute sagen zu können: »So war ich einmal, aber ich habe mich geändert.«

Wie ich immer sage: »Ich bin noch nicht am Ziel angekommen, aber Gott sei Dank, ich stehe auch nicht mehr da, wo ich einmal war. Ich bin okay, und ich bin auf dem Weg!«

Fürchten Sie sich nicht länger vor Ihren Schwächen. Lassen Sie es nicht zu, dass sie Sie dazu bringen, sich selbst zu hassen. Geben Sie sie alle Gott, und er wird Sie damit überraschen, dass er sie benutzt. Geben Sie ihm alles, was Sie sind, und insbesondere was Sie nicht sind. Wenn Sie sich auf diese Weise Gott unterordnen, werden Sie eine Freisetzung von den Dingen erfahren, die Sie belasten. Sie werden leicht und frei leben können.

Geben Sie ihm alles, was Sie sind, und insbesondere was Sie nicht sind.

Lassen Sie es nicht zu, von Ihren Schwächen und Unzulänglichkeiten behindert zu werden. Sie sind ein menschliches Wesen, also erlauben Sie sich selbst, eines zu sein. Lieben Sie sich selbst trotz allem Schlechten, das Sie in sich entdecken. Wir alle müssen uns mit unseren kleinen Fehlern und Unzulänglichkeiten auseinandersetzen. Ihre mögen vielleicht anders aussehen als die anderer Leute, aber glauben Sie mir: Sie sind nicht schlimmer. Sie haben sie ohnehin, also können Sie sich selbst auch gleich zugestehen, dass Sie unvollkommen sind. Akzeptieren Sie die Tatsache, nicht perfekt sein und es nie zu werden. Wenn Sie sich also jemals selbst akzeptieren können wollen, müssen Sie dies trotz Ihrer Unvollkommenheit tun.

BEZÜGLICH IHRER FEHLER IN GOTTES RUHE EINGEHEN

Wir gehen nämlich in die Ruhe ein als die, die geglaubt (sich an Gott gehalten, ihm vertraut und sich auf ihn verlassen) haben. (Hebräer 4,3a; z. T. wörtl. a. d. Engl.)

Ich erinnere mich daran, wie Gott zu mir sagte, ich solle mir selbst gestatten, schwach zu sein. Das war sehr schwierig für mich, weil ich Schwäche wirklich verachtete. Ich dachte, man würde auf schwachen Menschen herumtrampeln. Meine Mutter war schwach gewesen. Sie ließ es zu, dass mein Vater sie verbal, emotional und physisch missbrauchte. Sie ließ es auch zu, dass er mich sexuell missbrauchte. Sie war zu schwach, um sich damit auseinanderzusetzen. Sie wusste nicht, was sie tun sollte und konnte der Schande nicht ins Angesicht blicken. Ich habe meine Mutter nie gehasst, aber ich bin mit einem Hass auf Schwäche aufgewachsen.

Ich habe Menschen nicht respektiert, die ich als schwach angesehen habe. Aufgrund dessen konnte ich auch keine Schwäche in mir selbst akzeptieren. Ich versuchte, in allen Situationen stark zu sein. Das Problem war, dass ich Schwächen hatte – so wie

Süchtig nach Anerkennung

jeder andere auch – und der Versuch, sie alle zu überwinden, erzeugte in Verbindung mit absolut nicht gottgemäßem Selbsthass und Selbstablehnung riesigen Druck in meinem Leben. Ich litt sehr unter dem Versuch, jeden Fehler in meinem Leben zu überwinden. Und immer, wenn ich erfolgreich einen über Bord werfen konnte, entdeckte ich zwei weitere.

Gott hatte mir gesagt, ich solle mir selbst gestatten, Schwächen zu haben. Ich wusste, dass Gott hier zu mir gesprochen hatte, aber für mich war das Ganze dennoch ein großer Glaubensschritt. Ich hatte die Befürchtung, wenn ich Schwächen als Teil meines Lebens akzeptieren würde, würden sie sich vermehren und die Oberhand gewinnen. Ich musste noch lernen, dass Gott da anfängt, wo wir aufhören. Wenn wir unsere Sorgen auf ihn werfen, nimmt er unsere Sorgen und trägt sie für uns (siehe 1. Petrus 5,7). Anstatt dass meine Schwächen sich nun vermehrt und die Oberhand gewonnen hätten, fing Gott damit an, mich in ihnen zu stärken. Er begann, durch sie hindurchzufließen. Oh, ich wusste durchaus, es gab sie noch, doch das Wissen darum veranlasste mich nur, mich auf ihn zu stützen. Meine Beziehung zu ihm vertiefte sich. Ich war ehrlich und abhängig und brauchte ihn ununterbrochen.

Wenn wir unsere Sorgen auf ihn werfen, nimmt er unsere Sorgen und trägt sie für uns.

Gott wirkt in denen, die glauben, indem sie permanent Dinge ändern. In Philipper 1,6 sehen wir, dass er in uns ein gutes Werk begonnen hat und vorhat, es zu abzuschließen und zu vollenden. In der englischsprachigen *Amplified Bible* heißt es in diesem Vers, dass er das Werk in uns solange vervollkommnen wird, bis Christus wiederkommt. Wenn dieses Werk nie vollkommen abgeschlossen wird, bis Jesus uns zu sich holt, warum sollten wir uns dann unser Leben lang peinigen? Gott hat uns gestattet, uns so zu lieben, wie wir sind. Wir können in seine Ruhe eingehen bezüglich dessen, was es an unserer Persönlichkeit, unserem Charakter und in unserem Leben noch zu tun gibt. Wenn wir glauben, gestattet uns das, in seine Ruhe einzugehen.

Sich selbst lieben

JEDER VON UNS HINKT

Jakob war ein Mann mit vielen Schwächen, und doch ließ er nicht locker und wollte unbedingt von Gott gesegnet werden. Gott mag diese Art von Entschlossenheit. Er sagte zu Jakob, er habe mit Gott und mit Menschen gekämpft, und dass er in ihm verherrlicht würde (siehe 1. Mose 32,29). Gott kann durch diejenigen seine Herrlichkeit vermehren, die es ihren persönlichen Schwächen nicht gestatten, ihn davon abzuhalten, durch sie hindurchzufließen.

Damit Gott dies durch uns tun kann, müssen wir uns zunächst mit der Tatsache auseinandersetzen, dass wir Schwächen haben, und dann müssen wir beschließen, dass sie uns nicht plagen dürfen. Unsere Unzulänglichkeiten werden Gott nicht aufhalten, solange wir es ihnen nicht erlauben.

Ich möchte Sie bitten, etwas sehr Wichtiges zu tun. Halten Sie jetzt für einen Moment inne, umarmen Sie sich selbst mit beiden Armen und sagen Sie laut: »Ich nehme mich selbst an. Ich liebe mich selbst. Ich weiß, dass ich Schwächen und Unzulänglichkeiten habe, aber sie werden mich nicht aufhalten.« Versuchen Sie, dies mehrmals am Tag zu wiederholen, und schon bald werden Sie eine neue Einstellung und Perspektive entwickeln.

Jakob rang mit dem Engel des Herrn, der sein Hüftgelenk berührte, und als Ergebnis dessen hinkte er von diesem Tag an (siehe 1. Mose 32,24-32). Ich sage immer, als Jakob den Kampfplatz verließ, hinkte er zwar – aber er hinkte mit einem Segen davon. Man kann es auch so ausdrücken: »Gott segnet uns, obwohl wir alle hinken (unvollkommen sind).« Vergessen Sie nicht, dass Gott in Ihr Herz sieht. Alles, was wir brauchen, ist unser Glaube an ihn und ein Herz, das das Richtige tun will.

NEHMEN SIE UM JESU WILLEN DEN SEGEN AN

David und Jonathan waren einen Bund eingegangen, der all ihre Erben mit einschloss (siehe 1. Samuel 18,3; 20,16; 23,16-18). Jonathan wurde ermordet, doch David wurde König und fing an, nach jemandem Ausschau zu halten, den er um Jonathans Willen segnen konnte. Gott hält Ausschau nach jemandem, den er um Jesu willen segnen kann. Dieser Jemand können Sie sein, wenn Sie dem zustimmen.

Jonathan hatte einen Sohn namens Mefi-Boschet, der an beiden Füßen gelähmt war. Er lebte seit Jahren in einer Kleinstadt namens Lo-Dabar. Das war keine schöne und beliebte Stadt. Wenn wir ein schlechtes Bild von uns selbst haben, wählen wir oft Umgebungen, die zu dem passen, wie wir uns selbst betrachten. Ich habe festgestellt, Leute, die sich selbst nicht ausstehen können, versuchen oft nicht einmal, sich selbst zurechtzumachen oder sich ordentlich anzuziehen oder ansprechend auszusehen. Ihre innere Einstellung sich selbst gegenüber wird auch nach Außen hin sichtbar. Andere Leute fallen ins andere Extrem. Sie haben innerlich eine solch schlechte Haltung sich selbst gegenüber, dass sie dies dadurch zu verbergen versuchen, indem sie nach außen hin zu Perfektionisten werden. Alles um sie herum muss ein vollkommenes Erscheinungsbild abgeben - ihr Zuhause, ihr persönliches Auftreten, die Kinder, der Ehepartner, und so weiter. Sie leben unter einem enormen Druck, und sie setzen auch andere Menschen in ihrem Leben unter Druck.

Wir reagieren auf unterschiedliche Weise auf dasselbe Problem - abhängig von unserem Wesen und unserem Hintergrund. Mefi-Boschet reagierte darauf, indem er sich versteckte und die Menschen mied, die ihm hätten helfen können. Er wusste, dass ihm aufgrund des Bundes zwischen seinem Vater Jonathan und David, der inzwischen König geworden war, Land und andere Dinge zustanden, doch er blieb bedürftig und einsam. Er ließ es zu, dass ihn seine gelähmten Füße hemmten und davon abhielten, seine Rechte zu beanspruchen.

Sich selbst lieben

Wie viele von uns tun dasselbe? Aufgrund dessen, wie wir uns selbst sehen, beten wir nicht kühn oder nehmen auch nur die Segnungen an, die Gott uns freigiebig anbietet.

Wir glauben, wenn wir uns selbst in einem schlechten Licht betrachten, müssen uns alle anderen - einschließlich Gott - zwangsläufig auch so sehen. Doch das stimmt nicht.

Die Geschichte Mefi-Boschets wird in 2. Samuel, im 9. Kapitel, erzählt, und endet damit, dass er endlich durch eine Einladung König Davids an den königlichen Palast kam. All das, was ihm rechtmäßig zustand, wurde ihm wieder zuteil, und er aß am Tisch des Königs, obwohl er an beiden Füßen lahm war (siehe Verse 7 und 13). Sie sehen also: Auch wenn man hinkt (unvollkommen ist), kann man gesegnet werden, aber man muss erkennen, dass die eigene Unvollkommenheit Gott nicht aufhält:

Juble, Tochter Zion, jauchze, Israel! Freue dich und frohlocke von ganzem Herzen, Tochter Jerusalem!

Der HERR hat deine Strafgerichte weggenommen, deinen Feind weggefegt. Der König Israels, der HERR [selbst], ist in deiner Mitte, du wirst kein Unglück mehr sehen.

An jenem Tag wird in Jerusalem gesagt werden: Fürchte dich nicht, Zion, laß deine Hände nicht erschlaffen!

Der HERR, dein Gott, ist in deiner Mitte, ein Held, der rettet; er freut sich über dich in Fröhlichkeit, er ruht [in Zufriedenheit] und schweigt in seiner Liebe [über vergangene Sünden und erinnert sich ihrer nicht mehr], er jauchzt über dich mit Jubel.

Siehe, zu jener Zeit werde ich an denen handeln, die dich unterdrücken. **Ich werde das Hinkende retten und das Vertriebene werde ich zusammenbringen. Und ich werde sie zum Lobpreis und zum Namen machen in jedem Land ihrer Schande.** *(Zephanja 3,14-17 u. 19; z. T. wörtl. a. d. Engl; Hervorhebung vom Autor)*

Halt! Falls Sie obige Bibelstelle nicht gelesen haben, dann holen Sie das bitte unbedingt nach. Ich weiß aus Erfahrung, wenn wir ein Buch lesen, in dem Schriftstellen enthalten sind, sind wir manchmal so sehr daran interessiert, was in dem Buch steht, dass wir einige der Schriftstellen überspringen. In diesem Fall empfehle ich sehr, die Bibelstellen nicht nur zu lesen, sondern sie auch auf sich wirken zu lassen.

Diese Bibelstellen machen deutlich, dass Gott diejenigen segnen möchte, die Verstoßene zu sein scheinen - diejenigen, die »durchs Leben hinken«. Er hat beschlossen, sie zu sammeln und zu segnen. Er verheißt, den Feind wegzufegen, der in vielen Fällen Schuld, Schmach und Schande heißt. Gott möchte nicht, dass Sie weiterhin Böses erfahren und sich davor fürchten. Er möchte, dass Sie in Frieden ruhen und Ihr Leben genießen können. Er möchte, dass Sie Freude am Leben haben und sich in ausgeglichener Weise selbst lieben.

Gott möchte nicht, dass Sie weiterhin Böses erfahren und sich davor fürchten.

Halten Sie also einen Moment lang inne, lesen Sie die obige Schriftstelle, und dann danken Sie Gott dafür, dass er Sie so liebt, wie Sie sind, und dass er Sie lehrt, wie Sie sich selbst lieben können. Wenn Sie dann bereit sind, werden wir uns dem zweiten Teil dieses Buches zuwenden, in dem wir das, was wir über Selbstannahme gelernt haben, auf einige spezifische innere Kämpfe anwenden werden, die wir gewinnen müssen, um der Sucht nach Anerkennung in richtiger Weise entgegentreten zu können. Bleiben Sie dran!

TEIL II

Unsere Süchte erkennen und benennen

Kapitel 6

Die Sucht nach Anerkennung überwinden

Wenn wir an Süchtige denken, denken wir automatisch an Drogen oder Alkohol. In Wahrheit können wir jedoch nach allem Möglichen süchtig sein. Der Apostel Paulus sagte ausdrücklich, er würde es nicht irgendetwas erlauben, über ihn Macht zu haben (siehe 1. Korinther 6,12; EÜ). Das ist eine gute Einstellung, die man jedoch mit Entschlossenheit aufrechterhalten muss. Sogar die »geistlichsten« Menschen können nach Dingen süchtig werden. Ihre Süchte haben vielleicht nichts mit den Dingen zu tun, an die wir für gewöhnlich denken, wenn wir das Wort *Süchtiger* hören, doch nichtsdestotrotz handelt es sich um richtige Süchte.

Wie wir bereits gesehen haben, besteht dann eine Sucht, wenn jemand meint, ohne eine bestimmte Sache nicht leben zu können, oder wenn sich jemand gezwungen fühlt, etwas Bestimmtes zu tun, um sich von einem Druck, Schmerz oder Unbehagen jeglicher Art zu befreien. Ein Drogenabhängiger beispielsweise wird alles tun, was nötig ist, um an einen neuen »Fix« zu kommen, wann immer er sich nicht mehr gut fühlt. Ein Alkoholiker spürt einen Zwang zu trinken, insbesondere dann, wenn er mit den Problemen des Lebens konfrontiert wird. Die Substanz, von der jemand abhängig ist, hilft ihm, den Schmerz vorübergehend zu verringern, doch in seinem Leben beginnt ein Kreislauf des Beherrschtwerdens, der zerstörerisch ist.

Ich habe jahrelang geraucht und war nikotinabhängig. Ich habe die oben beschriebenen Dinge ebenso erlebt, wenn auch glücklicherweise nicht so stark. Wenn ich zum Beispiel angespannt war, griff ich erst einmal nach einer Zigarette. Wenn ich wütend war oder unter Stress stand, rauchte ich mehr als normalerweise. Ich rauchte, um die Spannungen abzubauen, anstatt mich so mit den Problemen des Lebens auseinanderzusetzen, wie Gott es von mir gewollt hätte. Ich hätte mich mit Sicherheit nicht als Süchtige bezeichnet, doch irgendwann musste ich der Tatsache ins Auge blicken, dass ich nicht nur süchtig nach Zigaretten war, sondern dass es in meinem Leben auch noch andere Dinge gab, die mich beherrscht haben. Ich war süchtig nach Anerkennung, dem Bedürfnis, alles unter Kontrolle haben zu wollen, nach Arbeit, danach, alles wissen zu müssen und nach anderen Dingen. Weil ich wie der Apostel Paulus sagen können wollte: »Nichts soll Macht haben über mich«, musste ich bereit sein, der Wahrheit ins Auge zu blicken und Gott zu erlauben, mich zu verändern.

SÜCHTIG DANACH, ALLES WISSEN ZU MÜSSEN

Gott offenbarte mir, dass ich süchtig danach war, alles wissen zu müssen. Ich fühlte mich einfach nicht wohl und hatte keinen Frieden, solange ich nicht den Eindruck hatte, alles in meinem Leben ergründet zu haben. Ich wollte wissen, was geschehen würde, und wann und wie es sich ereignen würde. Wenn ich das nicht wusste, wurde ich unruhig, rastlos, nervös, besorgt und griesgrämig. Ich hatte ähnliche Symptome wie ein Drogenabhängiger, der einen »Fix« braucht, nicht so heftig, aber die Symptome waren an sich gleich.

Leute, die sich allzu sehr sorgen, zeigen deutlich, dass sie in Bezug auf das Lösen ihrer Probleme auf sich selbst vertrauen, und nicht auf Gott.

Zu jener Zeit war ich bereits Christ und Teil der »Glaubensbewegung«, was heißt, dass ich vermeintlich im Glauben wandelte. Doch in Wahrheit stimmte dies nicht. Was meine Errettung betraf, vertraute ich auf Jesus, doch ansonsten vertraute ich oft darauf, selbst die Antworten für die Fragen des täglichen Lebens zu finden.

Leute, die sich allzu sehr sorgen, zeigen deutlich, dass sie in Bezug auf das Lösen ihrer Probleme auf sich selbst vertrauen, und nicht auf Gott. Sich zu sorgen ist eine Sünde und darüber sollte genau so Buße getan werden wie über jede andere Sünde.

In meinem Fall war es genauso, es gab entweder in meinem eigenen Leben oder dem Leben eines anderen immer etwas, an dem ich »arbeitete« oder was ich ergründen wollte. Ich erdachte mir verschiedene Lösungen, die einen Sinn zu machen schienen, und eine gewisse Zeit lang spendeten diese mir Trost, doch am Schluss kam bei den Dingen nicht das dabei heraus, was ich mir »ausgerechnet« hatte. Ich erinnere mich daran, wie der Heilige Geist zu meinem Herzen sprach und sagte: »Joyce, du meinst, du hättest das Leben vollständig ergründet. Du meinst, du wüsstest, was ich tun werde, und wie ich es tun werde. Aber im Grunde weißt du nicht viel. Joyce, du bist nicht halb so klug, wie du denkst.«

Die Bibel sagt uns, wir sollen uns nicht selbst für weise halten (siehe Sprüche 3,7). Mit anderen Worten: »Glaube nur nicht, dass du intelligent genug wärst, dein Leben selbst in die Hand zu nehmen und Antworten auf alle Fragen zu haben.«

Ich weiß, Herr, dass der Mensch seinen Weg nicht zu bestimmen vermag, dass keiner beim Gehen seinen Schritt lenken kann. (Jeremia 10,23; Einheitsübersetzung)

Das Leben wäre so viel leichter, wenn wir dem Wort Gottes glauben und entsprechend handeln würden, doch die meisten von uns müssen auf die »harte Tour« herausfinden, was funktioniert und was nicht. Sein Wort sagt, dass wir nicht die Macht haben, unser Leben selbst in die Hand nehmen zu können, aber wir versuchen es dennoch.

Aufgrund dessen, dass ich immer alles wissen wollte und über alles nachsann, habe ich keinen Frieden gehabt, doch weil dies schon immer so gewesen war, konnte ich es mir gar nicht anders vorstellen. So sind Süchtige. Ihnen gefällt ihr Leben nicht, doch gleichzeitig ist es für sie undenkbar, anders zu leben. Sie hassen es, aber sie brauchen es so.

Als ich aufwuchs, musste ich mich schon früh um mich selbst kümmern. Meine Eltern gaben mir ein Dach über dem Kopf, Kleidung und solche Dinge, aber ich hatte eher das Gefühl, benutzt als geliebt zu werden. Ich vertraute niemandem, weil die Leute, die behaupteten, dass sie mich liebten, mich missbrauchten und enttäuschten. Mein Vater missbrauchte mich, und meine Mutter ließ mich im Stich. Sie verließ zwar nicht das Haus, aber sie tat so, als wüsste sie nicht, was mir widerfuhr, obwohl sie es in Wahrheit sehr gut wusste. Sie war aus Furcht nicht in der Lage, irgendetwas zu unternehmen, um mir zu helfen, sie fürchtete sich davor, welchen Skandal ein Fall von Kindesmissbrauch auslösen könnte. Die Ablehnung und Verlassenheit, die ich während meiner Kindheit erfahren habe, war die Wurzel meiner Sucht nach Anerkennung. Ich hatte das tiefe Gefühl, minderwertig zu sein, und weil ich mich selbst nicht akzeptieren konnte, hatte ich die Befürchtung, dass mich auch sonst niemand akzeptieren würde.

Ich fühlte mich als Kind niemals sicher. Ich hatte nie das Gefühl, ich könnte meinen Eltern gegenüber ein Bedürfnis oder einen Wunsch äußern, damit sie sich darum kümmerten. Ich wollte sie um nichts bitten, insbesondere nicht meinen Vater, weil ich für erfüllte Bitten immer einen Preis bezahlen musste. Ich machte es mir zur Angewohnheit, innerlich vorauszuschauen, um möglichst immer vorgesorgt zu haben, um nicht in die Situation zu kommen, etwas von irgendjemandem zu brauchen. Ich wollte unabhängig sein. Ich beschloss, mich um mich selbst zu kümmern, was für ein Kind eine riesige Aufgabe ist. Ich beschloss sogar, mich um andere zu kümmern, insbesondere um meine Mutter. Sie schien nicht in der Lage zu sein, sich um mich zu kümmern und mich zu beschützen, also wurde ich zur »Retterin« in der Familie. Ich wuchs mit einem falschen Verantwortungsbewusstsein auf. Selbst heute noch muss ich der Versuchung widerstehen, mich für Dinge verantwortlich zu fühlen, um die sich andere selbst kümmern sollten.

Ich wurde auch süchtig danach, alles unter Kontrolle haben zu wollen. Ich fürchtete mich davor, andere irgendwelche Entscheidungen treffen zu lassen, weil ich nicht darauf vertraute, dass sie sich um mich Gedanken machen würden. Ich war daran gewöhnt, ausgenutzt zu werden. Sobald ich mein Zuhause verlassen und mein eigenes Leben führen konnte, war ich entschlossen, es nicht zuzulassen, irgendwann wieder verletzt zu werden. Ich schwor mir: »Niemand wird mich je wieder ausnutzen, niemand wird mir sagen, was ich zu tun habe.«

Ich wurde jeder Autorität – insbesondere männlicher Autorität – gegenüber rebellisch. Ich war nicht böse – ich war ängstlich! Sobald ich nicht die Kontrolle hatte, war ich außer mir und versuchte, die Umstände so zu beeinflussen, dass ich immer das bekam, was ich wollte.

Es gibt zahllose Süchte, aber wir wollen jetzt einmal über die »Sucht nach Anerkennung« sprechen.

DAS BEDÜRFNIS NACH ANERKENNUNG

Wenn wir unseren Selbstwert davon abhängig machen, wie Menschen uns behandeln, oder davon, wie sie möglicherweise über uns denken, führt dies dazu, von ihrer Anerkennung abhängig zu werden. Wir brauchen keine Anerkennung und Bestätigung von irgendwelchen Leuten, um mit uns selbst zufrieden zu sein. Wenn wir meinen, wir bräuchten sie doch, haben wir eine falsche Auffassung, die Tür und Tor für viel Kummer in unserem Leben öffnen wird. Vielleicht verwenden wir dann viel Zeit und Energie darauf, zu versuchen, es den Leuten recht zu machen und ihre Anerkennung zu erhalten. Doch wenn nur ein Hauch von Missfallen oder ein undankbares Wort ausreicht, um unser Selbstwertgefühl zunichtezumachen, leben wir in Knechtschaft. Ganz gleich, wie hart wir arbeiten, um anderen zu gefallen und von ihnen akzeptiert zu werden: Es wird immer jemanden geben, dessen Missfallen wir ernten.

In Galater 4 spricht die Bibel von zwei Bündnissen und beschreibt zwei verschiedene Weisen, auf die wir leben können. Sehen wir uns diese näher an:

1. DURCH WERKE DES FLEISCHES

Die erste Lebensweise, die wir für uns wählen können, ist die durch die Werke unseres Fleisches. Wir können uns um selbst kümmern, unsere eigenen Pläne schmieden und darum kämpfen, dass die Dinge so geschehen, wie wir es gerne hätten – und wann wir es gerne hätten. Das ist die natürliche normale Art und Weise, wie die meisten Leute leben. Dadurch entsteht aller möglicher Kummer. Wir kämpfen, werden frustriert, versagen, und am Ende sind wir die meiste Zeit über erschöpft und ausgelaugt. Wir sind verwirrt und geschlagen und haben weder Frieden noch Freude.

2. DURCH GLAUBEN

Die zweite mögliche Lebensweise ist eine übernatürliche durch die Kraft Gottes. Wir können aus Glauben leben und Gott vertrauen, dass er das tun wird, was in unserem Leben getan werden muss. Diese Lebensweise wird in der Bibel als »neuen und lebendigen Weg« bezeichnet (siehe Hebräer 10,20), den wir im Verlauf dieses Buches noch näher betrachten werden. Dieser neue Weg bringt Frieden, Freude, innere Ruhe und Erfolg hervor.

Wir können entweder versuchen, auf weltliche Art und Weise die Anerkennung der Menschen zu erlangen, oder wir können den Weg Gottes wählen.

Die Sucht nach Anerkennung überwinden

ÜBERNATÜRLICHE GUNST

Wenn der HERR an den Wegen eines Menschen Wohlgefallen hat, so lässt er selbst seine Feinde mit ihm Frieden machen. (Sprüche 16,7; z. T. LU)

Gott wird uns bei den Menschen Gunst geben, wenn wir ihn bitten, dies zu tun, und auf ihn vertrauen. Er kann sogar unsere Feinde dazu bringen, mit uns Frieden zu schließen.

Als ich anfing zu predigen, wollte ich natürlich von den Leuten gemocht und akzeptiert werden, und so ist es auch noch heute. Zu jener Zeit wusste ich nicht viel darüber, wie man Gott dafür vertrauen konnte, durch ihn übernatürliche Gunst zu erhalten, und so fühlte ich mich ziemlich unter Druck, ja auch immer die richtigen Dinge zu tun in der Hoffnung, von den Leuten akzeptiert zu werden und ihre Anerkennung zu erhalten.

Das Problem mit dieser Art von Denkweise ist, dass jeder etwas anderes erwartet, und ganz gleich, wie sehr wie uns bemühen, wir können es nie jedem allezeit recht machen. Manche fanden meine Konferenzen zu lang, während andere wiederum wollten, dass ich sogar noch mehr Zeit damit verbringen würde, zu ihnen zu predigen. Einige fanden die Musik zu laut, während andere sie hingegen lieber lauter gehabt hätten. Die meisten Teilnehmer mochten meinen Predigtstil, doch hin und wieder fühlte sich jemand aufgrund meiner Direktheit angegriffen und schrieb mir, wie ich Dinge anders formulieren könne. Jede Missfallensäußerung machte mich förmlich krank vor Sorge und dem Gefühl der Ablehnung – bis ich lernte, auf Gott zu vertrauen, anstatt die Akzeptanz durch andere zu »verdienen«.

Ganz gleich, wie sehr wie uns bemühen, wir können es nie jedem allezeit recht machen.

In meinen frühen Jahren, bevor ich Gott erlaubte, in mir zu wirken, habe ich den Leuten oft etwas vorgemacht. Ich habe immer versucht, so zu sein, wie die Leute mich meiner Meinung nach haben wollten. Ich trug viele Masken und versuchte, von jedem akzeptiert zu werden. Diese Verhaltensweise kann zu einem echten Problem werden, wenn sie nicht erkannt, benannt und geändert wird. Gott wird uns niemals dabei helfen, irgendjemand anders als wir selbst zu sein.

In *The Mask Behind the Mask* (Die Maske hinter der Maske) schreibt Biograf Peter Evans, der Schauspieler Peter Sellers habe so viele Rollen gespielt, dass er sich manchmal seiner eigenen Identität nicht sicher war[1]. Mit anderen Worten: Sellers hat so viele verschiedene Charaktere gespielt, dass er darüber vergessen hatte, wer er selbst war. Ich kann mich daran erinnern, wie ich zu Gott in meiner Frustration gerufen haben: »Ich weiß nicht, wer ich bin oder wie ich mich verhalten soll.« Manchmal fühlte ich mich wie ein Warenautomat. Jeder, der in meine Nähe kam, drückte einen anderen Knopf und erwartete dementsprechend, etwas anderes zu bekommen. Mein Mann wollte eine gute, devote Frau haben, die zu ihm aufschaut. Meine Kinder wollten eine Mutter, die sich um sie kümmert. Meine Eltern und meine Tante, die inzwischen schon älter sind und meine Fürsorge brauchen, wollten meine Aufmerksamkeit. Die Berufung auf meinem Leben verlangte viele Dinge von mir. Die Leute, denen ich diente, wollten, dass ich ihnen zur Verfügung stehe, wann immer sie mich brauchten. Ich sagte immer zu allem ja, bis ich schließlich vor Stress ganz krank wurde und mir bewusst wurde, wenn ich nicht lernen würde, nein zu sagen, würde ich ernsthafte gesundheitliche Probleme bekommen. Ich wollte von jedem geliebt und akzeptiert werden und sehnte mich nach der Anerkennung der Leute, doch ich versuchte auf die falsche Weise, diese zu bekommen. Der Herr sagte mir, er würde mir bei den Menschen Gunst schenken, wenn ich für sie betete und ihm vertraute. Gott kann Menschen dazu bewegen, uns zu akzeptieren und zu mögen, die uns normalerweise ablehnen würden. Die Bibel sagt, er lenkt die Herzen der Menschen wie Wasserbäche (siehe Sprüche 21,1). Wenn Gott einen Fluss in eine bestimmte Richtung fließen lassen kann, kann er mit Sicherheit auch die Herzenseinstellung von Menschen uns gegenüber verändern. Wir werden völlig ausgelaugt, wenn wir versuchen, das zu tun, was nur Gott tun kann.

Gott kann und wird für Sie die richtigen Türen öffnen und Ihnen zur rechten Zeit Gunst bei den richtigen Leuten geben. Er kann Ihnen beispielsweise eine Arbeitsstelle verschaffen, die bei weitem besser ist als jeder Job, den Sie aus eigener Kraft bekommen könnten. Gott hat mir auf diese Weise einen Job verschafft, für den ich eigentlich gar nicht qualifiziert war, um mich anschließend zu befähigen, ihn zu bewältigen. Ich arbeitete in einer Firma als Geschäftsführerin und kümmerte mich um Dinge, für die man normalerweise einen Hochschulabschluss und jahrelange Erfahrung benötigt. Zu jener Zeit hatte ich beides nicht, doch Gott war auf meiner Seite. Wir können die Gunst Gottes haben, und er wird uns Gunst bei den Menschen geben.

> *Gott kann und wird für Sie die richtigen Türen öffnen und Ihnen zur rechten Zeit Gunst bei den richtigen Leuten geben.*

Ich vertraue darauf, dass Gott mir Gunst schenkt. Wenn er dies tut, gibt er uns Dinge und tut Dinge für uns, die wir eigentlich gar nicht verdienen. Eigentlich habe ich die Arbeit, der ich heute nachgehen darf, gar nicht verdient und bin für sie vom menschlichen Standpunkt aus betrachtet nicht qualifiziert, doch Gott hilft mir täglich dabei, sie zu tun. Jesus sagte, dass ihn die Salbung des Heiligen Geistes für das qualifiziert hat, was er tat (siehe Lukas 4,18-19), und sie qualifiziert auch mich für das, was ich tue. Gott hat mich für diese Arbeit auserwählt. Er hat mich gesalbt.

Er möchte dasselbe für alle seine Kinder tun, wenn sie ihn lassen. Vergessen Sie nicht: Gott fängt da an, wo wir nicht mehr weiter können. Hören Sie auf zu kämpfen in dem Versuch, die Dinge nach Ihren Vorstellungen zum Laufen zu bringen, und bitten Sie Gott, in Ihrem Leben auf dem Fahrersitz Platz zu nehmen.

Solange wir versuchen, Dinge auf fleischliche Weise umzusetzen, wird sich Gott im Hintergrund halten und solange warten, bis wir unser Pulver verschossen haben. Irgendwann werden wir an diesen Punkt kommen, und dann werden wir hoffentlich den Herrn anrufen.

WIR KÖNNEN ES NICHT STÄNDIG ALLEN RECHT MACHEN

Jeder von uns, der im Leben viel erreichen will, muss die Tatsache hinnehmen, dass es Zeiten gibt, in denen einem nicht von jedermann Zustimmung zuteil wird. Der Drang nach Popularität wird uns unserer Bestimmung berauben. Ich beschäftige mich mit und diene sehr vielen unterschiedlichen Menschen. Es gibt nach menschlichem Ermessen keine Möglichkeit, es allen von ihnen gleichzeitig recht zu machen. Wir haben bei Joyce Meyer Ministries mehr als fünfhundert Beschäftigte. Wir treffen fast nie eine Entscheidung, die jedem von ihnen recht ist.

Der Drang nach Popularität wird uns unserer Bestimmung berauben.

Die Bibel sagt, dass Jesus sich selbst zu nichts machte (siehe Philipper 2,7). Dies ist eine wichtige Aussage. Er wurde von vielen Leuten nicht besonders hoch angesehen, doch sein himmlischer Vater schenkte ihm, und dem, was er tat, seine Anerkennung, und das allein zählte für ihn. Solange Sie und ich die Anerkennung und Zustimmung Gottes genießen, haben wir das, was wir am meisten brauchen. Der Apostel Paulus sagte, wenn er versucht hätte, den Leuten zu gefallen, wäre er kein Diener des Herrn Jesus Christus gewesen (siehe Galater 1,10). Paulus sagte, wenn man auf unausgeglichene Weise die Anerkennung und Zustimmung der Leute braucht, kann dies unsere Bestimmung rauben. Wir können nicht immer gleichzeitig Gott und den Leuten wohlgefällig sein.

Beten Sie um Gunst. Bekennen Sie, Gunst bei Gott zu haben, und dass er Ihnen Gunst bei den Menschen schenkt. Bevor Sie sich auf irgendein geschäftliches Wagnis einlassen, bitten Sie um Gunst. Wenn Sie neue Leute kennen lernen, bitten Sie um Gunst.

Die Sucht nach Anerkennung überwinden

Ich bitte Gott sogar um Gunst, bevor ich ein Restaurant betrete. Er kann dafür sorgen, dass ich den besten Tisch des Hauses bekomme, den besten Kellner, den besten Service und das beste Essen. Die Bibel sagt in Jakobus 4,2: »Ihr habt nichts, weil ihr nicht bittet.« Fangen Sie damit an, regelmäßig um Gunst zu bitten, und Sie werden erstaunt darüber sein, wie viel Zustimmung und Segen Ihnen zuteilwerden kann. Sie werden so viele Freunde haben und sogar darüber beten müssen, welche Einladungen Sie annehmen, und welche Sie ausschlagen sollen.

Wir können nicht immer gleichzeitig Gott und den Leuten wohlgefällig sein.

Entwickeln Sie Ihren Glauben im Bereich Gunst. Erwarten Sie sie ständig im alltäglichen Leben. Denken Sie daran, dass Sie es nicht ständig allen recht machen können, doch Gott kann Ihnen Gunst schenken. Legen Sie die Auswahl Ihre Freunde getrost in seine Hand, und vertrauen Sie darauf, dass er die richtigen Türen öffnen und die falschen verschließen wird. Bitten Sie den Herrn um »göttliche Verbindungen« - Freundschaften, die für Sie die richtigen sein werden. Gott kann Sie mit Menschen zusammenbringen, die Ihr Leben bereichern werden, anstatt es ärmer zu machen.

Obwohl Gott Ihnen Gunst schenkt, wird es Zeiten geben, in denen Leute Ihnen ihre Zustimmung versagen. Streben Sie danach, Gott wohlgefällig zu sein, und überlassen Sie es ihm, sich mit ihnen auseinanderzusetzen.

KNECHTSCHAFT ODER FREIHEIT

Wie ich bereits erwähnt habe, gibt es zwei unterschiedliche Lebensweisen. Wir können aus Glauben leben, also durch die Gunst und mit der Hilfe Gottes, oder wir können durch Werke leben, also durch unsere eigenen Bemühungen, indem wir versuchen, die Arbeit Gottes zu übernehmen. Die eine Lebensweise bringt Knechtschaft hervor, die andere Freiheit.

Nachfolgend ein paar Beispiele: Es gibt zwei Arten von Gerechtigkeit: eine, die wir uns durch unsere eigenen durchweg guten Taten zu verdienen versuchen, und eine, die Gott uns durch unseren Glauben an Jesus Christus gibt.

Wir können zwei verschiedene Arten von Liebe bekommen: die Liebe, die wir uns zu verdienen versuchen, und diejenige, die wir ohne unser Dazutun als Geschenk Gottes erhalten.

Wir können zwei verschiedene Arten von Liebe geben: Zum einen die gewöhnliche Liebe, die sich andere verdienen müssen und wenn wir finden, andere haben unsere Liebe nicht verdient, enthalten wir sie ihnen vor. Wir können aber auch die Liebe Gottes weitergeben, die er uns geschenkt hat. Wir können seine Liebe durch uns hindurchfließen lassen. Die Liebe Gottes ist eine bedingungslose Liebe. Wir können sie von ihm empfangen und an andere weitergeben.

Man kann im Leben auf zwei Arten zu Wohlstand kommen: Man kann versuchen, seine eigenen Wege zu verfolgen und sich nach weltlichem System durchkämpfen, oder das tun, was Gott sagt, indem man den Zehnten von allem gibt, was man erworben hat und Opfer gibt, so wie Gott einen führt. Wenn wir beschließen, durch unseren Zehnten und unsere Opfer Gott zu ehren, wird er stets unseren Bedarf decken.

Es gibt zwei Arten des beruflichen Aufstiegs: Wir können versuchen, uns selbst in eine höhere Position hineinzubringen und ständig danach trachten, nach oben zu kommen, oder wir können Gott vertrauen, dass er uns aufsteigen lässt und uns Gunst schenkt.

Es gibt zwei Arten von Anerkennung: Die eine kommt von Menschen, und die andere von Gott. Wir möchten die Anerkennung der Leute haben, doch wenn wir von ihrer Anerkennung abhängig werden, wenn wir sie unbedingt haben müssen und bereit sind, alles zu tun, was sie wollen, um sie zu bekommen, verlieren wir unsere Freiheit. Wenn wir Gott vertrauen, dass er uns Anerkennung schenkt, sind wir von der Sucht der Anerkennung befreit.

GRENZEN UND AUSGEGLICHENHEIT ODER AUSGEBRANNT SEIN

Diejenigen, die süchtig nach Anerkennung sind, sind regelmäßig »ausgebrannt«. Für sie gibt es immer die Gefahr, zu viel zu wollen. Sie wollen so sehr anderen gefallen, und tun alles, von dem sie meinen, man erwarte es von ihnen, und sogar noch mehr. Vielleicht haben sie sich geschworen, »nett« zu sein. Manchmal sagen sie ja, weil sie einfach nicht nein sagen können, nicht, weil sie glauben, es würde dem Willen Gottes zu entsprechen. Sie sind irgendwann ausgebrannt aufgrund mangelnden Urteilsvermögens oder aufgrund unnötiger Schuldgefühle. Und auf diese Weise wächst auch ihr Zorn.

Wir werden zornig, wenn wir uns verbraucht fühlen und meinen, in alle möglichen Richtungen gezerrt zu werden. Ein »Ausgebranntsein« oder »Burnout« macht uns wütend, weil wir im tiefsten Inneren erkennen, dass dies nicht normal ist. Wir werden wütend auf die Menschen, die uns unter Druck setzen, obwohl wir doch selbst zulassen, unter Druck gesetzt zu werden. Um Druck von anderen und uns selbst zu vermeiden, müssen wir unser Leben unter der Führung des Heiligen Geistes in die Hand nehmen.

Als ich mich einmal über meine straffe Terminplanung beschwerte, hörte ich, wie der Heilige Geist sagte: »Joyce, du kümmerst dich doch selbst um deine Terminplanung; wenn sie dir nicht gefällt, dann ändere doch etwas daran.«

Häufig sind wir am Jammern und leben stumm und verärgert vor uns hin, während wir gleichzeitig genau die Dinge tun, die uns ärgerlich machen. Es stimmt schon, andere Menschen sollten uns nicht unter Druck setzen, aber es stimmt auch, dass wir selbst es nicht zulassen sollten, unter Druck zu geraten. Wir können anderen keine Vorwürfe für etwas machen, was letzten Endes unsere eigene Verantwortung ist.

Das normale Leben als Christ sollte innerhalb der Grenzen eines ausgeglichenen Lebens geführt werden. Sobald jemand von einem ernsten Burnout betroffen ist, kann man dies nicht so leicht in Ordnung bringen. Keiner von uns, nicht einmal diejenigen, die »von Gott berufen sind«, können diese natürlichen Gesetze brechen, ohne dafür die Konsequenzen tragen zu müssen. Selbst wenn wir vielleicht für Gott arbeiten, können wir nicht ohne Grenzen leben. Jesus ruhte sich aus. Er entzog sich den Massen, die ihn in Anspruch nehmen wollten, und gönnte sich eine Zeit zur Erneuerung.

Viele der wertvollsten und bekanntesten Heiligen Gottes haben unter Ermüdungserscheinungen und Burnout mit einer Tendenz zur Depression gelitten. Wir müssen lernen, dass nicht all unsere Probleme geistlich sind, manche von ihnen sind physisch. Wir machen oft den Teufel für Dinge verantwortlich, die unsere eigene Schuld sind. Wir müssen lernen, nein zu sagen und uns nicht davor zu fürchten, wenn deswegen Beziehungen zerbrechen. Ich bin zu dem Ergebnis gekommen, falls eine Beziehung deshalb kaputt geht, weil ich zu jemandem nein sage, diese Beziehung nie wirklich eine solche gewesen ist.

BEZIEHUNGEN

Beziehungen sind ein wichtiger Bestandteil des Lebens. Gott möchte, dass wir erfreuliche und gesunde Beziehungen unterhalten. Eine Beziehung ist dann nicht gesund, wenn eine der beiden Parteien die Kontrolle hat, während die andere Partei um Anerkennung kämpft, und diese nur dadurch bekommt, indem sie bereit ist, alles zu tun, was der andere will, ganz gleich, was dies auch immer sein mag oder was sie persönlich davon hält. Wenn wir gegen unser eigenes Gewissen handeln müssen, nur um jemandes Anerkennung zu erlangen, sind wir nicht im Willen Gottes.

Ich habe bereits erwähnt, dass man sich Freunde dadurch kaufen kann, indem man ihnen erlaubt, einen zu kontrollieren, aber man behält sie auch ausschließlich auf die gleiche Weise, wie man sie bekommen hat. Irgendwann werden Sie es leid werden, keinen Frieden mehr zu haben. Es ist wirklich besser, einsam zu sein, als manipuliert und kontrolliert zu werden.

Seien Sie vorsichtig, wie Sie eine neue Beziehung aufbauen. Was Sie am Anfang erlauben, wird ständig erwartet werden. Wenn wir mit Leuten, mit denen wir noch nie zusammengearbeitet haben, geschäftliche Verträge abschließen, legt Dave immer bestimmte Grenzen fest. Wenn eine Auftragsarbeit für uns erledigt wird, die minderwertig ist, oder wir ein bestelltes Produkt erhalten, das nicht den vereinbarten Qualitätsstandards entspricht, lassen wir den Lieferanten sofort wissen, dass wir erstklassige Arbeit und Produkte erwarten. Wenn Geschäftspartner damit beginnen, zu spät zu Geschäftstreffen zu kommen, ohne telefonisch Bescheid zu sagen, lässt er sie wissen, dass diese Art des Benehmens inakzeptabel ist. Es gab Zeiten, in denen ich der Auffassung war, er sei ein wenig zu hart zu ihnen, doch er sagt immer: »Wenn wir nicht von Anfang an klar machen, was wir erwarten, werden wir später ausgenutzt werden.«

Man kann sich Freunde dadurch kaufen, indem man ihnen erlaubt, einen zu kontrollieren, aber man behält sie auch ausschließlich auf die gleiche Weise, wie man sie bekommen hat.

Denken Sie daran, am Anfang einer Beziehung das zu erlauben, womit Sie auf lange Sicht zufrieden sein können. Lassen Sie andere durch Ihre Handlungen wissen, dass Sie, obwohl Sie gerne ihre Zustimmung und Anerkennung hätten, auch ohne diese auskommen, wenn es denn sein muss. Respektieren Sie andere, und lassen Sie sie wissen, dass Sie auch von ihnen Respekt erwarten.

Manchmal gehen die Leute in der frühen Phase einer Beziehung Kompromisse ein, um etwas zu bekommen, das sie haben wollen, oder um jemandes Freund zu werden, mit dem sie befreundet sein möchten. Sie denken, sie könnten den anderen später ändern, doch dies ist oft ein Trugschluss. Ich kenne viele Frauen, die Ungläubige geheiratet haben in der Hoffnung, ihren Partner später für Jesus gewinnen zu können. Die meisten von ihnen haben schließlich ein sehr unglückliches Leben, weil sie sich »mit Ungläubigen unter das gleiche Joch« gebeugt haben (2. Korinther 6,14; EÜ).

Während ich neulich eine Freundin in Minnesota besuchte, traf ich eine Frau, die mich bat, näher darauf einzugehen, was es bedeutet, »mit Ungläubigen unter das gleiche Joch« gebeugt zu sein.

Sie traf sich mit einem Mann, der vorgab, ein Christ zu sein, sein Leben aber nicht wirklich Jesus übergeben hatte. Sie selbst war in einem christlichen Elternhaus aufgewachsen und unterhielt eine aktive, persönliche Beziehung zum Herrn. Ihr Vater hielt rein gar nichts davon, dass sie die Beziehung zu diesem Mann aufrecht erhielt, und sagte zu ihr, sie würde »mit einem Ungläubigen am gleichen Joch ziehen«.

Wenn wir an jemanden emotional gebunden sind, müssen wir sehr aufpassen, dass unsere Gefühle nicht über unseren Verstand siegen und die Stimme Gottes übertönen. Ich sagte dieser Frau einfach, sie würde einen Fehler machen, diesen Mann in der Hoffnung zu heiraten, dass er sich später noch ändern würde. Falls er wirklich Christ war, würde er dies verbindlich durch einen christlichen Lebensstil an den Tag legen.

Viele Christen behaupten, sie seien Christen, bringen aber keine entsprechende Frucht hervor. Die Bibel sagt: »An den Früchten werdet ihr sie erkennen« (Matthäus 7,16). Viele Leute akzeptieren intellektuell die Existenz Gottes, doch dies bedeutet nicht, dass sie ihm auch wirklich verbindlich dienen. Genau genommen ist die Welt voll von Menschen, die zwar an Gott glauben, aber in Sünde leben.

Diese Frau erzählte mir, dass der Mann, mit dem sie sich traf, inzwischen öfter mit ihr zum Gottesdienst ging und sie die Hoffnung hatte, er würde eine ernsthafte Entscheidung für Jesus treffen. Ich sagte ihr, bevor sie ihn heiratete, müsste sie sicher sein, dass er dies wirklich getan hätte. Ich sagte ihr, sie solle nicht schon am Beginn der Beziehung Kompromisse eingehen, sondern sich ihrer Erwartungen bewusst sein.

Wer klug ist, entscheidet sich heute für das, womit er später glücklich sein wird. Leben Sie nicht so, als gäbe es kein Morgen, denn das Morgen kommt stets auf uns zu.

Wenn wir die Menschen auswählen, zu denen wir unserer Meinung nach eine Beziehung haben wollen – ob nun geschäftlich oder privat – wird uns oft später klar, dass unsere Wahl häufig nicht sehr klug war. Bitten Sie Gott, Ihnen »göttliche Verbindungen« zu schenken. Vielleicht wählt er Beziehungen für Sie aus, die Sie selbst nie in Betracht gezogen hätten, weil sie eine vorgefasste Meinung darüber haben, was Sie wollen. Lernen Sie, hinter die Fassaden der Menschen zu blicken und schauen Sie auf deren Herz. Es könnte sein, dass jemand zwar äußerlich blendend aussieht, aber eine Beziehung zu dieser Person einem Albtraum gleicht. Jemand anderer mag Ihnen auf den ersten Blick nicht gefallen, doch wenn Sie diese Person kennen lernen, stellt sich vielleicht heraus, dass sie der beste Freund oder die beste Freundin ist, den – beziehungsweise die – Sie je hatten.

Leben Sie nicht so, als gäbe es kein Morgen, denn das Morgen kommt stets auf uns zu.

Ich war unsicher und wollte immer mit den »beliebten Leuten« befreundet sein, doch oft war ich am Ende verletzt. Ich suchte Anerkennung durch solche Leute, weil ich voller Unsicherheit war.

UNSICHERHEIT UND SUCHT NACH ANERKENNUNG

Wie wir im ersten Teil des Buches bereits gesehen haben, werden unsichere Menschen sehr leicht süchtig nach Anerkennung. Sie wollen und brauchen die Anerkennung durch andere Menschen so sehr, dass sie fast alles tun, um sie zu bekommen. Doch Sicherheit ist ein Teil unseres Erbes von Gott durch Jesus. Er möchte, dass wir uns fortwährend sicher und behaglich fühlen. Er möchte, dass wir frei dazu sind, wir selbst zu sein, und uns angenommen fühlen. Gott gibt uns diese Freiheit und Annahme durch Jesus Christus, wenn wir sie bei ihm suchen.

Wenn Sie süchtig nach Anerkennung waren oder jemanden kennen, dem es so ergeht, wissen Sie, dass dies ein erbärmlicher Lebensstil ist. Man weiß nie, wann man von Leuten Anerkennung oder Missbilligung erntet. Sobald man meint, herausgefunden zu haben, was sie wollen, ändern sie vielleicht ihre Meinung. Man hat nicht die Freiheit, seinem Herzen oder der Leitung des Heiligen Geistes zu folgen, weil man immer darüber nachdenken muss, was die Leute wollen, und was sie zufrieden stellt.

Mein Vater hat als Vater völlig versagt, das heißt, er hat seine Rolle als Vater in keiner Weise so ausgefüllt, wie er es hätte sollen. Er hat nicht nur auf jeder erdenklichen Weise Missbrauch betrieben, sondern man konnte ihm auch nichts recht machen. Oh, manchmal zeigte er durchaus seine Anerkennung bezüglich etwas, das ich getan hatte – aber wenn ich dieselbe Sache ein anderes Mal tat, konnte es sein, dass ich dafür Ärger bekam. Die Atmosphäre war schrecklich unbeständig und furchtgeladen. Ich fühlte mich dadurch furchtbar unsicher. Ich hatte immer Angst davor, Missbilligung zu ernten und Ärger zu bekommen oder bestraft zu werden. Ich versuchte mein Möglichstes, um alles richtig zu machen, doch man wusste nie, wie er es gerade haben wollte, und deshalb war es unmöglich, herauszufinden, was gerade »das Richtige« war. Indem ich diese Erfahrung durchmachte, wurde ich schließlich irgendwann zu einer »Anerkennungssüchtigen« – ich wollte so sehr den Schmerz der Missbilligung vermeiden, dass ich bereit war, fast alles zu tun, um von den Menschen Anerkennung zu bekommen.

Ich musste lernen, dieser Sucht in meinem Leben entgegenzutreten sowie den Menschen, die versuchten, mich zu kontrollieren.

Er möchte, dass wir frei dazu sind, wir selbst zu sein, und uns angenommen fühlen.

Die Sucht nach Anerkennung überwinden

KONFRONTATION

Gesunde Beziehungen aufrecht zu erhalten verlangt manchmal eine Konfrontation. Das bedeutet, Sie müssen auch dann nein sagen, wenn die andere Partei ein »ja« hören will. Es bedeutet, dass Sie eventuell etwas tun müssen, von dem Sie wissen, Ihr Gegenüber wird es nicht gutheißen, weil es für Sie die richtige Entscheidung ist.

Wenn Sie bisher nie irgendwem entgegengetreten sind, und merken, dass Sie jetzt kontrolliert und manipuliert werden, wird es nicht leicht sein, dies zu ändern. Sobald Sie ein gewisses Muster entwickelt haben, den Leuten aus Angst heraus immer zu Gefallen zu wollen, ist ein echter Glaubensschritt nötig, um dieses Muster zu durchbrechen.

Ich habe vor meinem Vater wirklich Angst gehabt, und es schien mir nicht wirklich möglich zu sein, ihm gegenüber nein zu sagen. Als ich mein Elternhaus verließ, verfiel ich bei anderen Leuten, die einen ähnlichen Charakter wie er hatten, in denselben Trott. Ich hatte Probleme damit, im Frieden zu bleiben, insbesondere, wenn ich es mit willensstarken Leuten zu tun hatte. Wenn ich mit Menschen zusammen war, die dies zuließen, übernahm ich die Kontrolle. Wenn ich es jedoch mit jemandem zu tun hatte, der eine dominante Persönlichkeit war, wurde am Ende immer ich kontrolliert. Wahre Freiheit war mir fremd. Ich wusste nicht, wie ich anderen Menschen Freiheit gewähren konnte, und ich wusste ebenso wenig, wie ich für mein Recht nach Freiheit aufstehen konnte.

> *Gesunde Beziehungen aufrecht zu erhalten verlangt manchmal eine Konfrontation.*

Wenn Menschen es nicht gewohnt sind, dass man ihnen entgegentritt, reagieren sie vielleicht solange sehr aggressiv, bis sie sich an die Veränderung gewöhnt haben. Vielleicht müssen Sie sogar erläutern, dass Sie erkannt haben, dass es ein Fehler gewesen ist, sich in der Vergangenheit immer in allem dem Willen Ihres Gegenübers untergeordnet zu haben. Erklären Sie, dass

Sie unsicher gewesen sind und die Zustimmung und Anerkennung der anderen gebraucht haben, aber dass Sie jetzt etwas ändern müssen. Es wird für Sie und die anderen nicht leicht sein, doch wenn Sie gesunde Beziehungen haben wollen, ist es unabdingbar.

Verbringen Sie einige Zeit im Gebet, bevor Sie irgendjemandem gegenübertreten. Bitten Sie Gott, Ihnen Mut zu schenken. Bitten Sie ihn, dass er Ihrem Gegenüber hilft, zur Veränderung bereit zu sein. Was bei den Menschen unmöglich ist, ist bei Gott möglich (siehe Markus 10,27).

Mit einer Sucht zu brechen verursacht immer Leid, doch am Ende steht der Sieg.

Das Wichtige an der Sache ist, jetzt die Entscheidung zu treffen, mit der Hilfe Gottes diesen Teufelskreis der Sucht nach Anerkennung zu durchbrechen. Anfänglich werden Sie sich vielleicht nicht sehr wohl fühlen bei dem Gedanken, dass jemand über Sie nicht glücklich ist, doch Sie dürfen nicht vergessen, Ihre einzige andere Möglichkeit ist die, Ihr Leben lang unglücklich zu sein. Mit einer Sucht zu brechen verursacht immer Leid, doch am Ende steht der Sieg. Wir können auf dem Weg zum Sieg leiden, oder wir können in einem nie endenden Teufelskreis der Süchte leiden. Wenn Sie schon leiden müssen, dann doch lieber aus einem Grund, für den es sich zu leiden lohnt.

Im nächsten Kapitel möchte ich mich mit den ersten Hindernissen beschäftigen, denen wir gegenüberstehen, wenn wir die Entscheidung treffen, die Sucht nach Anerkennung zu überwinden und die emotionalen Verletzungen der Vergangenheit hinter uns zu lassen.

Kapitel

Den Gefühlsschmerz *7* überwinden und hinter sich lassen

Missbrauch, Ablehnung, Verlassensein, Betrug, Enttäuschung, Gericht, Kritik und so weiter - all diese Dinge verursachen Schmerz in unserem Leben. Eine Schmerztablette oder andere Medizin kann vielleicht physischen Schmerz lindern, doch emotionaler Schmerz ist nicht so leicht zu handhaben. Den meisten Menschen fällt es leichter, über einen körperlichen Schmerz als über einen seelischen zu reden. Es scheint so, als würden die Leute meinen, sie müssten ihren seelischen Schmerz verstecken und so tun, als gäbe es ihn nicht, oder vielleicht fühlen sie sich sogar dafür schuldig, ihn zu haben. Die Menschen haben vielfach die Vorstellung, Menschen mit »emotionalen Problemen« seien zweitklassige Mitmenschen. Wenn wir körperlich krank sind, tun wir allen Leuten Leid, doch wenn wir emotionale Probleme haben, werden wir misstrauisch betrachtet. Unsere Emotionen sind Teil unseres Ganzen, und auch in diesem Bereich können wir verschleißen und krank werden, genau so wie im körperlichen Bereich.

Wenn Sie eine emotionale Wunde im Leben haben, möchte Jesus Sie heilen. Begehen Sie nicht den Fehler zu denken, dass er nur an Ihrem geistlichen Leben interessiert ist. Jesus kann Sie in jedem Bereich, in dem Sie verletzt sind, heilen! Der primäre Grund für eine Sucht nach Anerkennung ist in der Regel eine emotionale Verletzung. Die Bibel lehrt uns, dass Jesus gekommen ist, um unsere Wunden zu heilen und unsere gebrochenen Herzen zu verbinden und zu heilen, uns Schmuck statt Asche zu

Jesus kann Sie in jedem Bereich, in dem Sie verletzt sind, heilen!

geben, und Freudenöl statt Trauer (siehe Jesaja 61,1-3). Gemäß dieser Schriftstelle ist er auch dazu gekommen, um die Gefängnistür und die Augen derer zu öffnen, die gefangen sind. Süchtig nach Anerkennung zu sein ist ein Gefängnis, und ich bete, dass dieses Buch Ihnen langsam die Augen öffnet.

Wir können uns nicht mit Dingen beschäftigen, die wir nicht erkennen und verstehen, doch sobald unsere Augen geöffnet sind, können wir lernen, den Frieden zu genießen, den Jesus für jeden von uns bereithält.

DIE RICHTIGEN ENTSCHEIDUNGEN TREFFEN

Wir müssen damit beginnen, die richtigen Entscheidungen zu treffen, während wir noch immer verletzt sind, was schwierig und schmerzhaft ist. Weil dem so ist, werden manche Menschen niemals frei. Oft müssen wir über einen langen Zeitraum das Richtige tun, bevor wir die richtigen Ergebnisse bekommen. Wir müssen das Richtige wieder und immer wieder tun, und unsere Gefühle darüber hinter uns lassen. Es ist beispielsweise emotional und mental schmerzhaft, jemanden, der uns in der Vergangenheit verletzt hat, richtig zu behandeln. Es kommt uns völlig ungerechtfertigt und sogar dumm vor, dies zu tun. Warum sollten wir schließlich gut zu jemandem sein, der uns verletzt hat? Also, wenn wir keinen anderen Grund finden können, können wir uns immer noch dafür entscheiden, so zu handeln, wie Jesus es sagt, eben weil er es sagt (siehe Matthäus 5,38-44).

Wenn mich jemand verletzt hat und ich darüber verbittert bin, verletzt diese Person mich eigentlich immer noch. Verbitterung ist ein Schmerz in sich selbst. Sie ist eine negative Einstellung, die uns unsere Freude und unseren Frieden raubt. Wenn ich jedoch willens bin, diesen Schmerz zu überwinden und hinter mir zu lassen und mich dafür entscheide, zu vergeben, werde ich frei sein.

Wenn mein Ehemann Dave meine Gefühle verletzt oder mich auf irgendeine Weise enttäuscht, tut das weh. Solange ich mich weigere, ihm zu vergeben, tut es weiterhin weh. Sobald ich mich entschließe, das zu tun, was mich die Bibel lehrt – und zwar ihm zu vergeben und ihn so zu behandeln, als wenn nichts geschehen wäre (siehe Matthäus 6,14-15) – bin ich frei. Um vom Schmerz frei zu werden, muss ich ihn hinter mich lassen, ich muss mich dazu entschließen, das Richtige zu tun, *während* ich noch verletzt bin.

> *Oft müssen wir über einen langen Zeitraum das Richtige tun, bevor wir die richtigen Ergebnisse bekommen.*

Ich möchte Ihnen eine Geschichte erzählen, die diesen Punkt veranschaulicht. Die Szene spielt während einer Gerichtsverhandlung in Südafrika:

Eine gebrechliche, etwa siebzig Jahre alte schwarze Frau steht langsam auf. Über den Raum verteilt befinden sich mehrere weiße Polizisten und haben den Blick auf sie gerichtet. Einer von ihnen ist Herr van der Broek, der gerade eine Gerichtsverhandlung hinter sich hat, in der er der Verwicklung in die Morde am Sohn und am Ehemann dieser Frau vor einigen Jahren für schuldig befunden worden war. Van der Broek war zum Haus dieser Frau gekommen, hatte ihren Sohn mitgenommen, ihn aus kürzester Entfernung erschossen und seinen Leichnam anschließend angezündet, während er und seine Kollegen danebenfeierten.

Ein paar Jahre später waren van der Broek und seine Männer zurückgekommen, um ihren Mann zu holen. Monatelang hatte sie nicht gewusst, was mit ihm geschehen war. Dann, fast zwei Jahre nach dem Verschwinden ihres Mannes, war van der Broek noch einmal gekommen, um schließlich auch sie zu holen. Sie erinnert sich noch sehr lebhaft daran, dass sie an diesem Abend an einen Platz an einem Fluss gebracht wurde, wo man ihr ihren Mann zeigte, der gefesselt und zusammengeschlagen, aber noch immer stark im Geist, auf einem Holzstapel lag. Die letzten Worte, die sie aus seinem Mund hörte, während die Polizisten Benzin über ihn schütteten und ihn anzündeten, waren: »Vater, vergib ihnen ...«

Jetzt steht die Frau im Gerichtssaal und hört sich das Geständnis van der Broeks an. Ein Mitglied der südafrikanischen Wahrheits- und Versöhnungskommission wendet sich ihr zu und fragt sie: »Was ist Ihr Wunsch? Wie soll das gerechte Urteil über diesen Mann lauten, der auf so brutale Weise Ihre Familie zerstört hat?«

»Ich möchte drei Dinge«, beginnt die Frau ruhig, aber bestimmt zu antworten. »Ich möchte als Erstes an den Ort gebracht werden, an dem der Körper meines Mannes verbrannt wurde, damit ich seine Asche aufsammeln und seine sterblichen Überreste ordentlich beerdigen kann.«

Sie hält für einen Moment inne, und fährt dann fort: »Mein Mann und mein Sohn waren meine einzigen Familienmitglieder. Aus diesem Grund möchte ich zweitens, dass Herr van der Broek den Platz meines Sohnes einnimmt. Ich wünsche mir, dass er zweimal im Monat in unser Getto kommt und einen Tag mit mir verbringt, damit ich ihm den Überrest der Liebe zuteil werden lassen kann, der noch in mir ist.« Dann wollte sie noch eine dritte Sache: »Das ist auch der Wunsch meines Mannes, also möchte ich freundlich darum bitten, dass jemand an meine Seite kommt, um mich auf die andere Seite des Gerichtssaals zu geleiten, damit ich Herrn van der Broek in meine Arme schließen und ihm sagen kann, dass ihm aufrichtig vergeben wurde.« Als die Gerichtsdiener kamen, um die ältere Dame durch den Gerichtssaal zu führen, fiel Herr van der Broek, völlig überwältigt von dem, was er gerade gehört hatte, in Ohnmacht. Als dies geschah, begannen diejenigen, die sich im Gerichtssaal befanden – Verwandte, Freunde und Nachbarn – allesamt Opfer jahrzehntelanger Unterdrückung und schlimmem Unrechts – zu singen, sanft, aber voller Gewissheit: »Amazing grace, how sweet the sound, that saved a wretch like me[1].«

Obwohl es einem so erscheint, als hätte die ältere Dame, die einen so schmerzhaften Verlust zu beklagen hatte, Herrn van der Broek einen riesigen Gefallen getan – was in der Tat auch der Fall ist -, tat sie mehr für sich selbst als für ihn. Wegen dem, was sie tat, hatte ihre Vergangenheit keine Macht über ihre Zukunft. Sie erlaubte dem Schmerz der Vergangenheit nicht, ihre Gesinnung zu vergiften. Ihre Gesinnung gab Gott die Ehre.

Gott wird nicht durch unser Leiden Ehre zuteil, doch ihm wird Ehre zuteil, wenn wir während des Leidens die richtige Einstellung haben. Ich bin sicher, dass diese Frau ihre Gefühle unter Kontrolle bringen musste. Sie musste eine Entscheidung treffen, die nicht leicht war, doch die Belohnung hierfür war jede Mühe wert. Sie traf eine richtige Entscheidung, während sie noch immer verletzt war, und diese Entscheidung trug dazu bei, ihren Schmerz zu beenden. Solange wir zornig bleiben, behalten wir unseren Schmerz. Wenn wir damit anfangen, für die zu beten und diejenigen zu segnen, die uns wehgetan haben, wird der Schmerz von der Liebe verzehrt. Wie Mahatma Gandhi einst sagte: »Der Schwache kann nicht vergeben. Vergebung ist das Merkmal der Starken.«

Solange wir zornig bleiben, behalten wir unseren Schmerz.

WAS UNBEDINGT NÖTIG IST: DISZIPLIN

In der Bibel heißt es, dass keine Züchtigung uns für die Gegenwart Freude zu sein scheint; später aber denen, die durch sie geübt sind, die friedvolle Frucht der Gerechtigkeit gibt (siehe Hebräer 12,11). Gerechtigkeit, oder das zu tun, was richtig ist, ist eine Frucht, die Frieden in unserem Leben hervorbringt. Nichts gibt uns ein besseres Gefühl als das Wissen, das Richtige getan zu haben. Für mich gibt es nichts Schlimmeres als Schuldbewusstsein.

Wenn wir mit Schmerz konfrontiert werden, gibt es nur drei Möglichkeiten: 1. Den Schmerz gleich zu überwinden und hinter sich zu lassen, 2. den Schmerz später zu überwinden und hinter sich zu lassen, oder 3. den Schmerz für immer zu behalten.

In der Bibel heißt es, dass Disziplin manchmal schmerzhaft

ist. Das Wort *Disziplin* bedeutet im Grunde, dass wir beschließen müssen, etwas zu tun, das wir nicht wirklich tun wollen. Wenn wir etwas tun wollen, benötigen wir keine Disziplin.

Ich brauche keine Disziplin, um neue Kleidung einkaufen zu gehen, weil ich das gerne tue. Ich kenne aber eine Frau, die äußerst ungern einkaufen geht, und sie wartet mit dem Einkaufen so lange, bis all ihre Kleidung hoffnungslos veraltet oder aufgetragen ist. Sie muss die Disziplin zum Einkaufen aufbringen, weil ihr eigentlich gar nicht danach ist. Mir ist sehr danach, deswegen brauche ich keine Disziplin aufbringen, um einkaufen zu gehen. Manchmal muss ich Disziplin aufbringen, um *nicht* einkaufen zu gehen!

Mein Mann Dave liebt Fitnesstraining. Er hat trainiert, seitdem er sechzehn Jahre alt ist. Ich kann Fitnesstraining nicht ausstehen. Mein Motto ist: »Kein Schmerz! Kein Schmerz!« Mir gefallen die positiven Auswirkungen des Fitnesstrainings, aber ich möchte nicht trainieren. Ich fühle mich nicht danach, und so muss ich mich überwinden, trotz des Muskelkaters durchzuhalten, wenn ich trainiere. Fitnesstraining verlangt von mir Disziplin.

Wir müssen den emotionalen Schmerz des Mangels an Verlangen, Dinge zu tun, die wir nicht mögen, überwinden und hinter uns lassen. Auf gleiche Weise müssen wir auch den emotionalen Schmerz des Missbrauchs, der Ablehnung, der Missbilligung, des Hintergangenwerdens, der Verurteilung und der Kritik überwinden und hinter uns lassen, wenn wir davon freikommen wollen.

Erlauben Sie Ihrer Vergangenheit nicht, Ihre Zukunft zu ruinieren. Warum sollten Sie weiterhin verbittert, zornig und verletzt sein, während diejenigen, die Sie verletzt haben, ihr Leben genießen und entweder nicht einmal wissen oder sich nicht darum kümmern, dass Sie verletzt sind?

Gott zeigt uns in seinem Wort, wie wir frei sein können, doch nichtsdestotrotz müssen wir Entscheidungen treffen, die nicht immer leicht sind oder sogar ungerechtfertigt erscheinen.

Den Gefühlsschmerz überwinden und hinter sich lassen

ANDEREN GEHT ES GENAUSO

Die Bibel erinnert uns in 1. Petrus 5:9 daran, den Angriffen des Teufels standhaft zu widerstehen, weil wir wissen, dass unsere Brüder in der ganzen Welt die gleichen Leiden ertragen müssen!

Wir alle werden von Zeit zu Zeit verletzt, und wir alle haben dieselben Möglichkeiten, entweder deswegen ver*bittert* oder ver*bessert* zu werden. Wie können uns Ungerechtigkeiten besser machen? Zunächst einmal helfen sie uns dabei, Charakter zu entwickeln. Das zu tun, was richtig ist, wenn uns überhaupt nicht danach ist, bildet einen starken Charakter in uns aus. Intelligenz und Begabungen sind Gaben Gottes, doch der Charakter entwickelt sich. Viele Menschen haben Gaben, die sie ganz nach oben bringen könnten, doch sie haben nicht die charakterlichen Qualitäten, um dort oben zu bleiben, sobald sie den Gipfel erreicht haben.

Wir werden nicht nur einmal, sondern immer und immer wieder verletzt. Das hört sich nicht sehr ermutigend an, ist aber die Wahrheit. Ich kann mich an einen Anlass erinnern, bei dem Gott sich wirklich mit mir auseinandergesetzt hat, dass ich meinem Mann und seinen Entscheidungen mehr als bisher vertrauen sollte. Dave liebt mich und würde mich nie absichtlich verletzen, aber er ist auch nur ein Mensch, und deshalb nicht unfehlbar. Deshalb sagte ich zu Gott: »Was ist, wenn er mich verletzt?«

Intelligenz und Begabungen sind Gaben Gottes, doch der Charakter entwickelt sich.

Der Herr antwortete mir: »Das wird er vielleicht ab und zu tun, doch ich bin dein Heiler. Ich lebe in dir, und ich stehe immer bereit, um deine Wunden zu heilen.«

Wir verbringen so viel Zeit damit zu versuchen, nicht verletzt zu werden, dass wir zu anderen Menschen keine guten Beziehungen entwickeln können. Wir sollten nicht die ganze Zeit damit verbringen, uns schützen zu wollen. Wir sollten bereit dazu sein, uns selbst zu verschenken und unser Leben für andere hinzugeben (siehe Johannes 15,13).

Vielleicht blicken wir auf andere Leute und meinen, diese hätten nie etwas Schwieriges durchmachen müssen, aber jeder von uns macht unterschiedliche Dinge durch. Manche Menschen haben verheerende Dinge durchgemacht, über die niemand etwas weiß. Sie gehen mit ihren Problemen zu Gottes Thron anstatt zum Telefon. Manche Menschen haben die Kunst erlernt, still zu leiden. Sie wissen, nur Gott kann ihnen helfen, und deshalb müssen sie nicht jedem, dem sie begegnen, mitteilen, was sie durchmachen.

Es ist nichts Falsches daran, unsere Probleme einem Freund oder Seelsorger mitzuteilen, aber wir können nicht davon ausgehen, andere würden in ihrem Leben keinen Herausforderungen begegnen, nur weil sie nicht bedrückt aussehen oder nicht über ihre Probleme reden.

Mein Mann spricht fast nie über das, was ihn bedrückt. Manchmal hatte ich mir irgendeinen Virus eingefangen und erzählte Dave jedes Mal, wie schlecht ich mich fühlte, wie weh mir alles tat, wie furchtbar übel mir war und so weiter. Wenn ich ihm so etwas erzählte, sagte er manchmal: »Genau dasselbe hatte ich vor drei Wochen. Ich habe mich eine Woche lang wirklich mies gefühlt.« Wenn ich ihn fragte, warum er mir nicht gesagt hat, dass er krank war, antwortete er: »Warum sollte ich dir erzählen, wie schlecht ich mich fühle? Du kannst ja doch nichts daran ändern.«

Manche von uns reden recht viel, andere wiederum nicht. Begehen Sie nicht den Fehler zu meinen, manche Leute machen keine schmerzhaften Dinge durch, nur weil sie Ihnen nichts davon erzählt haben. Ich glaube, es ist wichtig für uns, nicht zu meinen, wir wären die Einzigen, die verletzt sind. Petrus erinnert diejenigen, denen er schrieb, daran, dem Teufel zu widerstehen, weil er wusste, dass jeder dieselben Dinge wie sie durchmacht (siehe 1. Petrus 5,8-9).

> *Es ist wichtig für uns, nicht zu meinen, wir wären die Einzigen, die verletzt sind.*

Wenn wir diese Wahrheit im Hinterkopf behalten, fühlen wir uns nicht so allein und eingekapselt in unserem eigenen Schmerz. Sie hilft mir in Zeiten, in denen ich verletzt bin, daran zu denken, dass irgendwo irgendjemand noch viel mehr verletzt ist als ich, und dass ich dankbar dafür sein sollte, nicht noch größere Probleme zu haben. Ich bin nicht allein, und mit der Hilfe Gottes werde ich meine Notlage überstehen. Auch dieses Problem wird vorübergehen!

DIE VERHEISSENE BELOHNUNG

Die Verheißung, dass wir eine Belohnung erhalten werden, hilft uns dabei, den Schmerz des Gehorsams zu überwinden und hinter uns zu lassen:

Dafür, dass mein Volk doppelte Schmach trug und Schande ihr Teil war, sollen sie doppelten Anteil besitzen in ihrem Lande und ewige Freude haben. Denn ich bin der HERR, der das Recht liebt. (Jesaja 61,7-8a; LU)

Und ich werde euch die Jahre erstatten, die die Heuschrecke, der Abfresser und der Vertilger und der Nager gefressen haben, mein großes Heer, das ich gegen euch gesandt habe. Und ihr werdet genug essen und satt werden und werdet den Namen des HERRN, eures Gottes, loben, der Wunderbares an euch getan hat. Und mein Volk soll nie mehr zuschanden werden. (Joel 2,25-26)

Dies sind zwei von vielen wunderbaren Verheißungen in der Bibel. Gott ist der Belohner derer, die ihn ernstlich und mit Eifer suchen (siehe Hebräer 11,6). Wenn wir eifrig sein wollen, müssen wir das tun, was richtig ist – ganz gleich, ob uns danach ist oder nicht. Das Wort Gottes berichtet von vielen Männern und Frauen, die vom Herrn schwierige Anweisungen erhalten hatten. Doch sollten sie auch, wenn sie gehorsam waren, eine Belohnung erhalten.

Esther wurde um etwas gebeten, das nicht leicht war, doch als Belohnung für ihren Gehorsam wurde ihr die Rettung einer ganzen Nation verheißen (siehe Buch Esther). Abraham wurde angewiesen, Heim und Familie zu verlassen und an einen Ort zu gehen, den Gott ihm später zeigen wollte. Gott versprach ihm, dass seine Belohnung sehr groß sein würde (siehe 1. Mose 12,1-4; 15,1). Josef träumte, dass er ein großer Herrscher sein würde, doch er musste darüber hinwegkommen, von seinen Brüdern abgelehnt und gehasst zu werden. Er ertrug dreizehn Jahre im Gefängnis, die er für eine Tat absaß, die er nicht begangen hatte, und behielt die ganze Zeit über die richtige Einstellung. Sogar im Gefängnis half Josef weiterhin anderen Menschen. Schließlich erhielt er seinen verheißenen Lohn. Ihm wurde die zweithöchste Position in Ägypten – direkt nach dem Pharao selbst – übertragen. Während einer Hungersnot konnte er seinen Einfluss nutzen, um viele Menschen zu retten – einschließlich seiner eigenen Familie, die ihn verletzt hatte. Josef legte eine grandiose Einstellung an den Tag, und Gott belohnte ihn dafür (siehe 1. Mose 37-50).

Viktor Frankl hat einmal Folgendes gesagt:

> Wir, die wir in Konzentrationslagern gelebt haben, können uns an die Männer erinnern, die durch die Baracken gegangen sind, und hier ein tröstendes Wort und dort ein letztes Stück Brot übrig hatten für einen ihrer Kameraden. Es waren vielleicht nicht viele, doch sie erbrachten den hinlänglichen Beweis dafür, dass man dem Menschen alles außer einer Sache nehmen kann: Die letzte menschliche Freiheit – zu wählen, welche Einstellung man hat, egal wie die Umstände auch sein mögen[2].

Es besteht keine Gefahr, seine Augen überzustrapazieren, wenn man die Dinge von der positiven Seite her betrachtet, also warum sollte man dies nicht einmal versuchen?

Es besteht keine Gefahr, seine Augen überzustrapazieren, wenn man die Dinge von der positiven Seite her betrachtet, also warum sollte man dies nicht einmal versuchen? Eine negative Einstellung zu haben macht eine schwierige Reise nur noch schwieriger. Vielleicht hat man Ihnen einen Kaktus geschenkt, aber das bedeutet nicht, dass Sie darauf sitzen müssen.

Das Richtige zu tun – den emotionalen Schmerz loszulassen – wenn man sofort entsprechende Resultate sieht, ist keine große Herausforderung, aber es weiterhin zu tun, wenn es den Anschein hat, als würde uns nur Schlechtes widerfahren, ist durchaus eine große Herausforderung. All die oben genannten Personen aus der Bibel mussten einiges durchstehen, um schließlich ihren verheißenen Lohn empfangen zu können.

DER SCHMERZ DER MISSBILLIGUNG

Diejenigen, die süchtig nach Anerkennung sind, spüren emotionalen und seelischen Schmerz, wenn ihnen Missbilligung zuteil wird. Um von der Sucht nach Anerkennung loszukommen, müssen sie den Schmerz, den sie fühlen, wenn ihnen Missbilligung widerfährt, überwinden. Wer süchtig nach Anerkennung ist, versucht den Schmerz, der durch Missbilligung entsteht, zu vermeiden oder ihm aus dem Weg zu gehen, indem man das tut, was andere wollen. Ich möchte Ihnen hierfür ein Beispiel geben:

Ich kenne eine junge Frau – nennen wir sie einmal Jenny –, die süchtig nach Anerkennung ist. Ihre Mutter war immer sehr schwer zufrieden zu stellen, und Jenny hat oft in ihrem Leben schmerzhaft erfahren müssen, was es heißt, abgelehnt zu sein. Wie alle Kinder streckt sie sich nach der Anerkennung ihrer Mutter aus, was ein ganz normales Verlangen ist.

Jenny ist in der Beziehung zu ihrer Mutter, die eine sehr kontrollierende Person ist, in die »Wohlgefällig-Sein«-Falle geraten. Ihre Mutter erwartet von Jenny, all ihre Pläne fallen zu lassen, um sich um ihre Launen zu kümmern. Sie wird wütend, wenn Jenny schon etwas geplant hat und sie nicht irgendwo hinfahren oder ihr bei anderen Dingen helfen kann. Jennys Mutter ist ziemlich unvernünftig, doch Jennys Sucht nach Anerkennung sorgt nicht nur dafür, sich selbst elend zu fühlen, sie nährt auch die Kontrollsucht ihrer Mutter.

Wenn sie wahre Freiheit, ihr Leben und die Gemeinschaft mit ihrer Mutter genießen können will, wird sich Jenny dafür entscheiden müssen, das zu tun, von dem sie weiß, dass es das Richtige für sie ist, auch wenn dies die Missbilligung ihrer Mutter hervorrufen sollte. Sie muss dazu bereit sein, den Schmerz der Ablehnung zu ertragen. Jedes Mal, wenn sie ihren Schmerz dadurch lindert, indem sie ihrer Mutter gegenüber nachgibt, nährt sie sowohl ihre eigene Sucht als auch die ihrer Mutter.

Man kann eine Sucht schlichtweg dadurch aushungern, indem man sie nicht nährt. Kämpfen Sie nicht gegen Süchte an, sondern weigern Sie sich einfach, sie zu nähren.

Die Entscheidung, nicht nachzugeben, wird für Jenny emotional schwierig sein, weil sie immer klein beigegeben hat und ihrer Mutter ihren Willen ließ. Für Jennys Mutter wird es auch nicht leicht werden, weil sie süchtig danach ist, das zu bekommen, was sie will. Sie muss die Kontrolle haben, um sich gut zu fühlen.

Kämpfen Sie nicht gegen Süchte an, sondern weigern Sie sich einfach, sie zu nähren.

Erkennen Sie die Falle, die Satan für die Menschen aufstellt? Jenny braucht Anerkennung, und ihre Mutter braucht Kontrolle. Das Problem von Jennys Mutter kontrolliert Jenny, und Jennys Problem nährt das ihrer Mutter. Jedes Mal, wenn Jenny nein sagt und bei ihrer Entscheidung bleibt, werden ihr Schmerz und ihr Unbehangen geringer werden. Man könnte dies mit einer Diät vergleichen. Wenn sich jemand zu sehr dem Genuss hingibt und über einen längeren Zeitraum zu viel isst, kann er schließlich einfach mehr essen als vorher. Wenn er sich dann dazu entschließt, weniger zu essen, wird er in den ersten Tagen, in denen er weniger isst, ein unangenehmes Hungergefühl verspüren. Doch wenn er Tag für Tag an seiner Entscheidung, seine Nahrungsaufnahme einzuschränken, festhält, wird er immer weniger Unbehagen verspüren, bis er schließlich weniger essen können wird, ohne sich in irgendeiner Weise unbehaglich zu fühlen.

Dasselbe Prinzip trifft auf jeden Lebensbereich zu, der in

Den Gefühlsschmerz überwinden und hinter sich lassen

Zucht und Ordnung genommen werden muss. Alles, an das wir uns gewöhnt haben, wollen wir auch haben. Wenn wir diese bestimmte Sache nicht bekommen, fühlen wir uns so lange unwohl, bis wir uns daran gewöhnt haben, ohne sie auskommen.

Jenny wird eine gewisse Zeit lang einige Schwierigkeiten ertragen müssen. Sie wird manchmal das Gefühl haben, sie nicht mehr ertragen zu können, doch wenn sie es nicht zulässt, wieder von ihrer Mutter kontrolliert zu werden, wird sie schlussendlich frei sein. Dann werden Jenny und ihre Mutter hoffentlich in der Lage sein, eine neue und gesunde Beziehung zueinander aufzubauen. Wenn sowohl Jenny als auch ihre Mutter dazu bereit sind, kann es wirklich einen Neuanfang geben.

DEN TEUFELSKREIS DER SUCHT DURCHBRECHEN

Ich möchte Sie dazu ermutigen, eine Sucht durch eine andere zu ersetzen. Sie werden sich vielleicht fragen: »Was ergibt das denn für einen Sinn?« Im Grunde möchte ich gerne, dass Sie alle bisherigen Süchte durch eine einzige andere Sucht ersetzen. Ich möchte, dass Sie süchtig nach Jesus werden! Sie sollten ihn mehr brauchen als alles andere.

Ich habe bereits erwähnt, dass es für Jenny Zeiten geben mag, in der sie das Gefühl haben wird, ihren Schmerz und ihr Unbehagen nicht mehr ertragen zu können. Was soll sie in solchen Situationen tun? Sie muss schnell zum Herrn laufen – zu seinem Wort und seinen Verheißungen. Wenn sie sich mit bestimmten Bibelstellen befasst, die sie stärken und ermutigen, wird sie in der Lage sein, das Richtige zu tun.

Im Wort Gottes steckt Kraft. Wenn wir unseren Glauben auf sein Wort setzen, wird diese Kraft in unserem Leben und den Situationen, in denen wir uns befinden, freigesetzt, um uns zu helfen.

Jenny sollte in diesen Zeiten auch beten. Sie sollte spezifisch um Kraft bitten, damit sie nicht den Forderungen ihrer Mutter nachgibt, sondern fest im Willen Gottes bleibt. Sie sollte nicht nur während dieser Zeiten beten, sondern bereits im Vorfeld in diesen Bereichen.

Gebet setzt Kraft in unserem Leben frei.

Ich habe gelernt, regelmäßig für Bereiche zu beten, von denen ich weiß, dass sie Schwachstellen für mich sind. Zu oft warten wir ab, bis wir mitten in einer Versuchung stecken, und stellen fest, dass wir ihr nicht widerstehen können, weil der Druck zu hoch ist. Jesus sagt in Lukas 22,40, wir sollen darum beten, nicht in Versuchung zu geraten. Wir werden versucht werden, doch wenn wir regelmäßig sowohl im Vorfeld von Zeiten der Versuchung beten, als auch dann, wenn wir gerade solche Zeiten erleben, werden wir häufiger den Sieg davontragen. Gebet setzt Kraft in unserem Leben frei.

Entschlossenheit und Disziplin sind wichtig, wenn es darum geht, den Kreislauf der Süchte zu durchbrechen, doch der wahre Schlüssel zum Erfolg ist, von Gott übernatürliche Kraft zu empfangen. Lernen Sie, zu ihm zu kommen, anstatt sich auf das falsche Verhalten, das Sie in die Abhängigkeit führt, zu stützen.

Ich habe so viele Jahre damit verbracht, jeden Morgen die Gegenwart Gottes zu suchen, dass ich mich einfach nicht mehr wohlfühle, bis ich meine tägliche Zeit mit ihm gehabt habe. Ich bin sogar den ganzen Tag über griesgrämig und ungeduldig mit anderen, wenn ich mich nicht von seinem Wort nähre und Zeit in seiner Gegenwart verbringe. In den siebziger Jahren, in denen ich es mir zur Angewohnheit machte, täglich eine gewisse Zeit mit Gott zu verbringen, fiel es mir schwer. Es gab ständig andere Dinge, die dazwischen kamen. Ich konnte mich nicht konzentrieren. Ich langweilte mich sogar. Doch nachdem ich Gott über einige Jahre hinweg die Priorität in meinem Zeitplan eingeräumt hatte, bin ich süchtig danach. Heute fühle ich mich nicht wohl, wenn ich diese Zeit mit Gott nicht habe.

Jede ungesunde Sucht in Ihrem Leben kann gebrochen werden. Sie können ein ausgeglichenes, freud- und friedvolles Leben verbringen, wenn Sie sich in allem und für alles auf Gott verlassen. Er ist Ihre Stärke. Sie können nicht die »Goliaths« in Ihrem Leben ohne seine Hilfe besiegen. Als David gegen den Riesen Goliath antrat, wusste er, dass er im Namen des Herrn antreten musste. Er sagte zu Goliath: »Heute wird der HERR dich in meine Hand ausliefern« (1. Samuel 17,46). David wusste, dass er es selbst nicht schaffen konnte, und so setzte er sein Vertrauen auf Gott. Genau dasselbe müssen auch Sie tun, insbesondere dann, wenn sie dem Riesen Ihrer Sucht gegenüberstehen.

RICHTEN SIE IHREN SINN AUS – UND BLEIBEN SIE DABEI

Die Bibel lehrt uns, unseren Sinn auf das Himmlische und nicht auf das Irdische zu richten (siehe Kolosser 3,2). Da ich selbst süchtig nach Anerkennung war, weiß ich, wie schwierig es ist, nicht daran zu denken, wenn wir den Eindruck haben, jemand sei mit uns nicht zufrieden. Der Gedanke daran, dass diese Person böse auf uns ist und uns ablehnt, erfüllt jeden wachen Augenblick.

Anstatt zu versuchen, nichts Falsches zu denken, denken Sie einfach das Richtige. Füllen Sie Ihren Verstand mit positiven Gedanken. Sinnen Sie über das Wort Gottes und seinen Plan für Sie nach, und falsche Gedanken werden bei Ihnen keinen Eingang mehr finden.

Wir alle haben uns über irgendetwas schon einmal schreckliche Sorgen gemacht. In einem solchen Fall dreht sich unser Verstand permanent und unaufhörlich um eine bestimmte Sache. Wenn wir von etwas anderem abgelenkt werden, das unser Interesse weckt, hören wir für einen Moment lang auf, uns zu sorgen. Wenn es ruhig ist und wir alleine sind, oder wenn wir nichts anderes zu tun haben, fangen wir wieder an, uns zu sorgen. Ich habe festgestellt, einer der besten Verbündeten im Kampf gegen falsche Gedanken ist, sich damit zu beschäftigen, etwas für jemand anderen zu tun. Ich habe keine Zeit, über »mich« nachzudenken, wenn ich mich mit der Not eines anderen Menschen

> *Wir müssen mit dem richtigen Denken bewaffnet sein, sonst werden wir in schwierigen Zeiten aufgeben.*

auseinandersetze. Auf diese Weise ist mein Sinn auf das Himmlische, und nicht auf das Irdische gerichtet. Ich richte meinen Sinn auf die Anweisung Gottes, in Liebe zu wandeln (siehe Epheser 5,2).

Wir müssen mit dem richtigen Denken bewaffnet sein, sonst werden wir in schwierigen Zeiten aufgeben:

> *Da nun Christus im Fleisch gelitten hat, so wappnet auch ihr euch mit derselben Gesinnung [lieber geduldig zu leiden, als Gott zu missfallen] – denn wer [im Geiste Christi] im Fleisch gelitten hat, hat mit der [vorsätzlichen] Sünde abgeschlossen [und damit, sich selbst und der Welt zu Gefallen zu leben. Er ist vielmehr nun Gott wohlgefällig]. (1. Petrus 4,1a)*

Erkennen Sie (richten Sie Ihren Sinn darauf aus) und sein Sie sich völlig dessen bewusst, dass der Übergang vom Opfer zum Sieger nicht schnell vonstattengeht. Es wird Zeit in Anspruch nehmen, doch die Investition wird sich letztlich lohnen. Vergessen Sie nicht: Sie können entweder den Schmerz der Befreiung durchmachen, der nur eine Zeit lang andauert, oder Sie können den Schmerz der Gebundenheit behalten, der so lange nicht endet, bis man ihm gegenübertritt.

TROTZ ALLER FURCHT – TU ES

Die Sucht nach Anerkennung hat etwas mit Furcht zu tun, der Furcht vor Ablehnung, Zurückweisung, Einsamkeit, und davor, was andere über einen denken oder sagen könnten. Furcht ist nicht von Gott:

> *Denn Gott hat uns nicht einen Geist der Furchtsamkeit [der Feigheit, der ängstlichen und schreckhaften und kriecherischen Furcht]*

gegeben, sondern [er hat uns einen Geist gegeben] der Kraft und der Liebe und eines ruhigen und ausgeglichenen Sinns und der Disziplin und der Selbstbeherrschung. (2. Timotheus 1,7; z. T. wörtl. a. d. Engl.)

Sich zu *fürchten* bedeutet, vor etwas wegzulaufen. Gott möchte nicht, dass wir vor Dingen davonlaufen. Er möchte, dass wir ihnen in dem Wissen gegenübertreten, dass er uns verheißen hat, mit uns zu sein und uns nie allein oder im Stich zu lassen (siehe Hebräer 13,5).

Es gibt Zeiten in unsrem Leben, in denen wir Dinge trotz aller Furcht tun müssen. Anders ausgedrückt: Wir müssen die Dinge tun, von denen wir wissen, dass sie richtig sind, auch wenn wir uns fürchten. Furcht ist ein Geist, der Gefühle hervorbringt und physiologische Veränderungen verursacht. Furcht kann unser Herz schneller und stärker schlagen lassen. Sie kann Schweißausbrüche, Zittern, irrationales Denken und andere physische Erscheinungen auslösen. Die Bibel spricht nie davon, dass wir keine von diesen Dingen im Zusammenhang mit Furcht verspüren sollen, sie spricht schlicht und einfach davon, sich nicht zu fürchten. Wenn Gott zu Menschen »fürchte dich nicht« gesagt hat, meinte er damit, sie sollten voranschreiten, Gehorsamsschritte machen und seine Anweisungen ausführen. Im Wesentlichen sagte er ihnen: »Das wird nicht leicht, aber lauf' nicht vor der Sache davon.« Mark Twain sagte: »Mut ist der Widerstand gegen die Furcht, die Herrschaft über die Furcht, nicht die Abwesenheit von Furcht.« Mit anderen Worten: Zu viele Menschen beten darum, dass die Berge der Schwierigkeiten hinweggenommen werden, wenn sie eigentlich dafür beten sollten, den Mut zu bekommen, sie zu erklimmen. Der Mut allein weiß, dass Sie sich fürchten.

Eines unserer größten Probleme ist, schwierigen Dingen davonzulaufen. Wir versuchen, den Schmerz und das Unbehagen der Furcht zu vermeiden. Die Furcht verursacht Pein (siehe 1. Johannes 4,18; Schlachter) und ist eine schmerzhafte Sache. Wir müssen den Schmerz überwinden, hinter uns lassen und das tun, vor dem die Furcht uns davonlaufen lassen möchte. So wie es der französische Autor Michel de Montaigne einmal sagte: »Wer sich fürchtet zu leiden, leidet schon unter dem, was er fürchtet.«

Wer süchtig nach Anerkennung ist, fürchtet sich vor dem Schmerz der Ablehnung. Man verbringt sein Leben damit, Andere bei Laune zu halten, während man die eigene Freude verliert, bis man endlich irgendwann die Entscheidung trifft, den Teufelskreis der Sucht zu durchbrechen. Dies muss man »trotz aller Furcht« tun. Man muss sich der Leitung des Heiligen Geistes und des eigenen Herzens anvertrauen, anstatt dem Willen und den Wünschen anderer Leute zu folgen.

Als mir dieses Prinzip bewusst wurde, das ich das »Trotz aller Furcht«-Prinzip nenne, veränderte dies mein Leben. Ich wollte immer, dass die Gefühle der Furcht verschwinden, doch mein Wunsch war unrealistisch.

Satan setzt regelmäßig die Furcht als Werkzeug ein, um uns davon abzuhalten, Fortschritte zu machen. Er wird nicht damit aufhören, uns mit Angstgefühlen zu attackieren, doch wir können uns an die Worte »fürchte dich nicht« halten. Wir können »trotz aller Furcht« weitergehen. Der einzige Ausweg ist der Weg mitten hindurch!

Der einzige Ausweg ist der Weg mitten hindurch!

Auf meiner Reise zur Heilung war es irgendwann an der Zeit, meinen Vater mit den Jahren des Missbrauchs zu konfrontieren, den ich durch ihn erlitten habe. Ich hatte so viel Angst davor, dass ich dachte, ich würde weiche Knie bekommen oder vielleicht sogar in Ohnmacht fallen, doch ich wusste, ich musste den Anweisungen Gottes gegenüber, meinen Vater mit der Sache zu konfrontieren, gehorsam sein. Niemand hatte je den Missbrauch in unserer Familie angesprochen. Wir hatten alle einfach so getan, als wären wir eine völlig normale, ausgeglichene, liebevolle Familie. Niemand hatte je darüber gesprochen, wir versteckten uns einfach vor der Wahrheit, und das zerstörte uns alle.

Den Gefühlsschmerz überwinden und hinter sich lassen

Gefühle, die lebendig begraben werden, sterben nie, sie fressen einfach unsere mentale, emotionale, physische und geistliche Gesundheit auf. Sie haben außerdem verheerende Auswirkungen auf die Entwicklung gesunder Beziehungen. Wir können schmerzhafte Erinnerungen verstecken, doch unterschwellig tun sie noch immer ihre schmutzige Arbeit.

Als ich vor meinem Vater stand und versucht habe, mit ihm über das zu sprechen, was er mir während meiner Kindheit angetan hat, hatte ich wirklich schreckliche Angst. Er reagierte zunächst mit Wut und leugnete alles. Er fing sogar an, mich zu beschuldigen. Gleichzeitig kreischte und weinte meine Mutter und hatte eine ausgewachsene Panikattacke.

Ich danke Gott für die Kraft, die er mir gab, dran zu bleiben, anstatt wegzulaufen und mich wieder zu verstecken. Seit diesem Tag sind viele Jahre vergangen, doch dies hat die Tür für wahre Heilung geöffnet. Es war ein Prozess, der viele Stufen hatte. Die letzte Stufe war die Errettung meines Vaters. Er ist für viel Schmerz in meinem Leben verantwortlich gewesen, doch ich hatte die Freude, ihn zu taufen, nachdem ich ihn zu einer persönlichen Beziehung mit Christus geführt habe. Wenn ich nicht »trotz aller Furcht« gehorsam gewesen wäre, als Gott mir den Auftrag gab, ihm gegenüberzutreten, wären wir noch immer an dem Punkt, an dem wir damals waren. Ohne Konfrontation gibt es keine Fortschritte.

Ich kannte einen Mann, der starke Schmerzen im Brustbereich hatte. Er hatte Angst davor, zum Arzt zu gehen, weil dieser vielleicht Probleme mit dem Herzen feststellen könnte, deshalb ignorierte er die Schmerzen und hoffte, sie würden von alleine verschwinden. Kurze Zeit später verstarb er! Das, was er gefürchtet hatte, hatte ihn getroffen.

Das Wort Gottes sagt uns, wir können das erhalten, wofür wir Glauben haben (siehe Markus 11,22-24), aber wir können auch das erhalten, was wir fürchten.

DER SCHMERZ DER EINSAMKEIT

Der Schmerz der Ablehnung ist mit dem Schmerz der Einsamkeit verbunden. Einsamkeit ist heutzutage eines der größten Probleme im Leben der Menschen. Sie ist die primäre Ursache von vielen Selbstmorden wie auch von sehr viel persönlichem Kummer.

Mit Menschen zusammen zu sein bewahrt uns nicht vor Einsamkeit. Wir können mit anderen zusammen sein, und uns immer noch einsam fühlen, weil wir uns missverstanden fühlen und deshalb keine wirkliche Verbindung zu den Menschen um uns herum aufbauen. Wir können im selben Raum mit anderen sein und uns dennoch außerhalb der Gruppe fühlen.

Wir müssen den Schmerz der Einsamkeit und des Gefühls, missverstanden zu werden, überwinden und hinter uns lassen. Wir müssen auf Gott vertrauen, dass er uns die richtigen Beziehungen schenkt und keine emotionalen Entscheidungen treffen, die schließlich unser Problem nur noch schlimmer machen. Die Angst vor der Einsamkeit kann uns dazu bringen, es immer allen recht machen zu wollen, und es kann uns passieren, dass wir am Ende kein eigenes Leben mehr führen, verbittert sind und uns aufgrund anderer Leute völlig aufgebraucht fühlen.

Allein zu sein ist nicht mit Einsamkeit gleichzusetzen. Wenn Sie wissen, wer Sie in Christus sind und sich selbst mögen, können Sie es genießen, allein zu sein. Ich verbringe gerne Zeit mit mir selbst, weil ich mich mag. Einige Leute haben mich dafür kritisiert, dass ich sage: »Ich mag mich«, weil sie mich für furchtbar stolz halten. Dies stimmt jedoch überhaupt nicht. Ich mag mich nicht, weil ich mich für wunderbar halte. Ich mag mich, weil Jesus wunderbar ist und mich liebt! Ich mag mich, weil ich mich dazu entschlossen habe, und nicht, weil ich mich stets für liebenswürdig halte. Wie ich in Kapitel 5 bereits erwähnt habe, habe ich irgendwann beschlossen, wenn Jesus mich so sehr liebt, sogar für mich gestorben ist,

Einsamkeit wird nicht durch einen Mangel an Menschen hervorgerufen.

ich allermindestens damit aufhören sollte, mich selbst zu hassen und abzulehnen.

Als ich diese Entscheidung traf, begann ich die Zeit, in der ich allein war, zu genießen. Vor dieser Entscheidung kam ich mir ziemlich einsam vor - ganz gleich, wie viele Menschen ich um mich hatte. Ich glaube, Einsamkeit ist mehr eine Folge dessen, dass wir uns selbst nicht mögen, als dass wir keine Menschen um uns herum haben.

Jeder von uns, der mit anderen Menschen zusammen sein möchte, kann dies tun. Alles, was wir tun müssen, ist, Menschen zu finden, die Hilfe brauchen, und ihnen dann helfen. Es gibt überall verletzte Menschen. Jeder kann jemanden finden, für den er etwas tun kann, wenn er dies wirklich möchte. Einsamkeit wird nicht durch einen Mangel an Menschen hervorgerufen, sondern vielmehr durch unsere Ängste über uns selbst sowie unsere Furcht vor Missbilligung und Ablehnung.

Vielfach verbringen wir mehr Zeit mit dem Versuch, Zurückweisung zu vermeiden, als dass wir versuchen, gute Beziehungen aufzubauen. Wir können uns so sehr davor fürchten, verletzt zu werden, dass wir sämtliche Mauern um uns herum aufrechterhalten, um uns selbst zu schützen und Gefühlsschmerz zu vermeiden.

Manche Menschen isolieren sich selbst. Sie denken, dass sie nicht verletzt werden können, wenn sie auf Distanz bleiben, doch als Ergebnis dessen sind sie einsam. Viele Menschen haben Angst davor, anderen zu vertrauen. Sie haben Angst davor, ehrlich und verletzlich zu sein, Angst davor, andere könnten sie verurteilen und kritisieren oder möglicherweise ihre Geheimnisse verraten, falls sie ihnen etwas von vertraulicher oder persönlicher Natur mitteilen würden. All diese Ängste und Bedenken tragen nur noch mehr zu dem Gefühl der Einsamkeit bei, das viele Menschen erleben. Diese Ängste sind im Prinzip die Grundursache für Einsamkeit.

Als menschliche Wesen haben wir ein tiefes Bedürfnis danach, verstanden zu werden. Wenn dieses Bedürfnis nicht befriedigt wird, fühlen wir uns einsam. Ich habe festgestellt, wenn Menschen mir von ihren Verletzungen und ihrem Schmerz berichten, haben die Worte »Das verstehe ich« eine beruhigende Wirkung. Ich habe zu meinem Mann gesagt: »Selbst wenn du nicht den blassesten Schimmer hast, über was ich gerade rede, sage mir trotzdem, dass du es verstehst, und schon fühle ich mich wesentlich besser.« Ein Mann kann das prämenstruelle Syndrom nicht im Geringsten verstehen, doch es ist günstiger für ihn, wenn er den Eindruck erweckt, er würde die Misere, in der sich seine Frau befindet, verstehen. Sie braucht Verständnis. Sie möchte sich in ihrem Schmerz und ihrem Kampf nicht allein fühlen.

Als menschliche Wesen haben wir ein tiefes Bedürfnis danach, verstanden zu werden.

Eines Tages kam mein Mann nach dem Versuch, Golf zu spielen, nach Hause. Es war ihm nicht gut ergangen, weil sein Bein schmerzte und angeschwollen war. Er war darüber gar nicht glücklich. Sein Golfsport ist ihm wirklich wichtig, und deshalb sagte ich: »Ich kann verstehen, wie du dich fühlst.« Ich bot ihm jede körperliche Hilfe an, die ich ihm geben konnte, doch mein Verständnis schien ihm mehr zu helfen als alles andere.

Es gab Zeiten, in denen meine Einstellung war: »Was ist das große Problem? Es geht doch nur um eine Runde Golf. Du spielst doch sowieso andauernd.« Diese Einstellung hatte Streitereien zur Folge und trieb einen Keil zwischen uns. Er möchte, dass ich seine Bedürfnisse verstehe, und ich möchte, dass er die meinen versteht.

Einer meiner Lieblingsverse in der Bibel ist Hebräer 4,15. In diesem Vers wird ausgesagt, dass Jesus ein Hohepriester ist, der unsere Schwachheit und Unzulänglichkeiten kennt, weil er wie wir in jeder Weise versucht worden ist, und doch niemals gesündigt hat. Einfach zu wissen, dass Jesus mich versteht, bewirkt schon, dass ich mich ihm näher fühle. Auf diese Weise fühle ich mich nicht mehr einsam, sondern mit ihm verbunden.

Dringen Sie von Ihrem Schmerz zum Sieg durch. Seien Sie zielstrebig! Hören Sie damit auf, sich nur zu wünschen, die Dinge

Den Gefühlsschmerz überwinden und hinter sich lassen

wären anders, und tragen Sie das Ihre dazu bei, sie zu verändern. Es gibt zwei Gruppen von Menschen in der Welt: Diejenigen, die darauf warten, dass etwas geschieht, und diejenigen, die dafür sorgen, dass etwas geschieht. Ohne Gott können wir nichts tun, aber wir können beschließen, mit ihm zusammenzuarbeiten. Wir können der Wahrheit ins Antlitz blicken. Wir können damit aufhören, unsere Süchte zu nähren und den Schmerz durchstehen, sie aufgrund von Unterversorgung sterben zu sehen.

Es ist Zeit für eine Veränderung! Fangen Sie an, über Ihre Zukunft begeistert zu sein und erkennen Sie, wenn Sie bestimmte Dinge durchstehen müssen. Die gute Nachricht ist die, dass Sie sie *durch*stehen, und das bedeutet, auf der anderen Seite mit einem Sieg herauszukommen, der Ihnen nicht mehr genommen werden kann. Ihre Erfahrung wird Sie stärker machen und Sie in die Lage versetzen, anderen zu helfen, die denselben Kämpfen gegenüberstehen.

Wir wollen uns im folgenden Kapitel damit beschäftigen, was es bedeutet, alle Schande unserer Vergangenheit, die unsere Sucht nach Anerkennung nährt, loszulassen.

Kapitel 8

Schuldgefühle und Scham überwinden und hinter sich lassen

Im Alter von dreiunddreißig Jahren fand Christine Caine plötzlich heraus, dass sie adoptiert worden war. Das war für sie ein ziemlicher Schock, weil sie davon nicht die geringste Ahnung hatte. In ihrer Familie war nie etwas erwähnt worden, das auch nur im Entferntesten darauf hingedeutet hätte, sie sei adoptiert worden.

Als sie von der Regierung die Papiere über ihre Adoption erhielt, entdeckte sie darin eine gewisse Terminologie, die sie innerlich verletzte. Sie fand heraus, dass sie »namenlos« gewesen war. In einem Brief hieß es sogar, sie sei »ungewollt« gewesen. Ihre leibliche Mutter hatte sie nicht gewollt und ihr keinen Namen gegeben. Zur selben Zeit versuchte sie, in der Jugendarbeit zu arbeiten, und die Universität, bei der sie sich bewarb, um sich noch weiter fortzubilden, schrieb ihr, sie sei »unqualifiziert«.

Viele Menschen, die plötzlich herausfanden, dass sie adoptiert worden sind, namenlos und ungewollt waren und für eine bestimmte Position, die sie haben wollen, unqualifiziert sind, wären aufgrund dessen am Boden zerstört und würden Schuld und Scham verspüren, doch bei Christine war das anders. Sie war im Wort Gottes unterricht worden und wusste, wer sie in Christus war. Sie sagte: »Bevor mich Gott im Mutterleib geformt hat (wessen Mutterleib das auch immer gewesen sein mag), kannte er mich schon und bestimmte mich zu seinem auserwählten Werkzeug« (siehe Jeremia 1,5). Sie entschloss sich, ihre Gefühle hinter sich zu lassen und nach dem zu leben, was sie als die Wahrheit des Wortes Gottes erkannt hat. Inzwischen ist sie eine bekannte Evangelistin mit einem wachsenden, weltweiten Dienst.

Christine hätte sich anders entscheiden können. Sie hätte sich dafür entscheiden können, ihren Gefühlen nachzugeben, was sie nach unten gezogen hätte. Sie hätte sich genauso fühlen können, wie es jene Worte ausgedrückt haben: ungewollt, unqualifiziert, ungeliebt! Sie hätte sich dafür schämen können, dass ihre leibliche Mutter gesagt hat, sie wolle sie nicht. Sie hätte ihr ganzes Leben damit zubringen können, süchtig nach Anerkennung zu sein und anderen zu Gefallen zu leben, nur weil ihre leibliche Mutter sie abgelehnt hat. Sie hätte sich schuldig fühlen können, so wie es die meisten Menschen tun, die keine Bestätigung durch die Menschen erhalten, die sie eigentlich lieben sollten. Gott sei Dank, dass sie sich dazu entschloss, all die negativen Gefühle zu überwinden und hinter sich zu lassen und den Verheißungen Gottes zu glauben. Der Psalmist sagt im Wort Gottes: »Wenn mich auch Vater und Mutter verlassen, der Herr nimmt mich auf [und adoptiert mich als sein Kind]« (Psalm 27,10; EÜ).

Es ist leicht, im Gottesdienst zu sitzen und »Amen« zu sagen, wenn ein Bibellehrer oder Prediger sagt, wir sollen in allen Situationen zuversichtlich bleiben, es ist jedoch etwas ganz anderes, diese Botschaft auch auf eigene Notsituationen anzuwenden. Es ist leicht, der Botschaft zuzustimmen, wenn es keine Gefühle gibt, die uns in die falsche Richtung schieben. Um Gottes Wort umzusetzen, müssen wir unsere Gefühle hinter uns lassen und auf der Grundlage des Wortes Gottes aktiv werden.

Es nützt gar nichts, wenn man weiß, was zu tun ist, solange man es nicht auch tut!

Christine hatte viele Jahre in der Gemeinde Jesu verbracht. Sie kannte sich gut in der Bibel aus und war als Bibellehrerin aktiv. Sie beschloss, das Wort Gottes auf ihre eigene Situation anzuwenden. Als ich einmal ein ernstes Problem hatte, fragte ich Gott, was ich tun solle, und er sagte, ich solle genau das tun, was ich jemand anderem raten würde, der dasselbe Problem hätte und mich um Rat fragen würde. Es nützt gar nichts, wenn man weiß, was zu tun ist, solange man es nicht auch tut!

Christine handelte nach dem Wort Gottes und so konnten die Nachrichten, die für sie niederschmetternd hätten sein können, bei ihr nichts anrichten. Ihre Adoptiveltern waren ihr gegenüber nicht ehrlich gewesen. Sie beschloss, verständnisvoll zu sein, das Beste anzunehmen, und ihnen ihr Schweigen über die Adoption nicht zu verübeln. Sie fand ihre leibliche Mutter und entdeckte, dass diese in ihrer Nachbarschaft wohnte – nur ein paar Wohnblocks von dem Haus entfernt, in dem Christine die meiste Zeit ihres Lebens verbracht hatte. Sie versuchte, zu ihr Kontakt aufzunehmen, aber ihr wurde gesagt, ihre leibliche Mutter wolle nicht das Geringste mit ihr zu tun haben. Das war eine echte Zeit der Prüfung in Christines Leben. All das, was sie gelernt hatte, wurde auf die Probe gestellt, und sie stellte fest, dass Gott treu war.

Christine bekam Kraft vom Heiligen Geist und konnte zuversichtlich bleiben. Sie wusste, dass sie einen Wert hatte, weil Gott sie liebte. Ihre Mutter hatte ihr vielleicht keinen Namen gegeben, doch Gott sagt in seinem Wort: »Fürchte dich nicht, denn ich habe dich erlöst [freigekauft, indem ich einen Preis für dich bezahlt habe, anstatt dich in Gefangenschaft zu belassen]! *Ich habe dich bei deinem Namen gerufen,* du bist mein« (Jesaja 43,1b; Hervorhebungen vom Autor).

Gott hatte einen Plan für Christine. Sie war kein Irrtum, sie war von ihm auserwählt. Seine Salbung befähigte sie dazu, alles zu tun, zu dem er sie berufen hatte.

Die Leute sind mehr von unseren Taten beeindruckt als von unseren Worten.

Weil sie dem Wort Gottes glaubte, war der Teufel mit seinem zerstörerischen Plan besiegt. Er hatte gehofft, dass die Nachrichten über ihre Vergangenheit sie zerstören und in ihr ein unkontrolliertes Verlangen nach Annahme und Anerkennung erzeugen würden, doch in Wahrheit wurde sie dadurch stärker – und auch diejenigen, denen sie die Geschichte erzählte, wurden dadurch gestärkt[1].

Die Leute sind mehr von unseren Taten beeindruckt als von unseren Worten. Christine bezeugte durch ihre Taten, dass sie das, was sie lehrte, auch tatsächlich glaubte. Ihre Stabilität in Zeiten der Prüfung ermutigt noch immer andere, dass sie keine Niederlage erleiden müssen durch Enttäuschungen, die die Welt als »schlechte Nachrichten« bezeichnen würde. Das Evangelium von Jesus Christus ist eine gute Nachricht. Diese Nachricht ist so gut, dass sie sämtliche schlechten Nachrichten, die je irgendjemand hören mag, überwinden wird.

SCHAM UND SCHULD

Weil mich mein Vater sexuell missbraucht hat, habe ich mich geschämt, und habe das total verinnerlicht. An einem bestimmten Punkt hat sich in meinem Denken ein ungesunder Wandel vollzogen. Ich schämte mich nicht mehr dafür, was er mir angetan hat, vielmehr schämte ich mich für mich selbst wegen dieser Sache. Ich gab mir selbst die Schuld und hatte das Gefühl, mit mir könne etwas nicht stimmen, wenn mein Vater mir solche Dinge antat, von denen ich wusste, dass sie absolut falsch und unnatürlich waren. Über Jahre hinweg habe ich ständig gedacht: »Was ist mit mir nicht in Ordnung? Was ist mit mir nicht in Ordnung?« Dies ist einer der Gründe, warum ich so begeistert war, als ich las, dass ich die Gerechtigkeit Gottes in Christus bin (siehe 2. Korinther 5,21). Über vierzig Jahre lang habe ich mich schlecht und verkehrt gefühlt, doch das ist jetzt endlich vorbei. Es ist der Wille Gottes, dass wir uns selbst positiv und nicht negativ betrachten.

Mein Leben war buchstäblich von Scham vergiftet. Sich zu schämen kann in manchen Fällen als irritiert, enttäuscht oder verstört sein definiert werden. Verstört zu sein kann bedeuten, dass man geschlagen, entmachtet oder verdammt ist. Verdammt zu sein bedeutet natürlich, dass man dazu verurteilt ist, Strafe zu erhalten. Wenn das Wesen eines Menschen also auf Scham gegründet ist, ist er deshalb dazu verurteilt, Strafe zu erhalten. Die negativen Gefühle, die solch ein Mensch gegen sich selbst hat, wirken wie eine Strafe in sich. Wenn wir uns an keinem Tag unseres Lebens selbst mögen, sind wir schon gestraft, wobei wir uns die Strafe selbst auferlegen.

So wie Christine war auch ich irgendwann in der Lage, Gottes Wort zu begreifen und auf meine Situation anzuwenden. Doch bis es soweit war, ging es mir erbärmlich. Ich ließ die schreckliche Lage in meinem Elternhaus hinter mir, als ich achtzehn Jahre alt war, in der Annahme, dass nun alles vorbei und die Situation abgeschlossen wäre. Wie ich bereits erwähnt habe, habe ich anfangs nicht erkannt, dass sich, obwohl ich die Situation, die das Problem verursacht hat, hinter mir gelassen hatte, das Problem sich dennoch in meiner Seele festgesetzt hat.

Das, was im Leben zählt, ist das, was in uns vorgeht: unsere Gedanken, Vorstellungen, Einstellungen und innersten Gefühle. Das, was in uns ist, wird irgendwann auf die eine oder andere Weise ans Tageslicht kommen. Vielleicht denken wir, wir hätten diese Dinge an einem Ort versteckt, wo sie niemand finden kann, doch das stimmt nicht.

Ich hatte die Auswirkungen des Missbrauchs, unter dem ich während meiner Kindheit zu leiden hatte, stets vor Augen, mir war nur nicht bewusst, dass ich da die Folgen des Missbrauchs sah. Ich machte oftmals andere Menschen oder Situationen für meine Probleme verantwortlich. Ich rannte mit achtzehn Jahren vor meinen Problemen weg, und durch die Scham hatte ich einen neuen Weg gefunden, weiter vor ihnen wegzulaufen.

DIE SCHULD AUF ANDERE SCHIEBEN

Laß dich nicht vom Bösen überwinden, sondern überwinde das Böse mit Gutem. (Römer 12,21; LU)

Anderen dafür, dass wir unglücklich sind, die Schuld in die Schuhe zu schieben, hindert uns nur daran, das eigentliche Problem anzugehen. Der Autor Dr. Wayne Dyer schreibt:

Jedes Beschuldigen anderer ist Zeitverschwendung. Ganz gleich, wie viele Fehler ein anderer auch hat und gleichgültig, wie sehr Sie ihn beschuldigen, es wird Sie selbst nicht verändern. Anschuldigungen sorgen lediglich dafür, den Blick von uns selbst abzuwenden und nach externen Gründen dafür zu suchen, warum wir unglücklich und frustriert sind. Vielleicht wird es Ihnen gelingen, dass sich jemand anders aufgrund Ihrer Anschuldigung für etwas schuldig fühlt, doch Sie werden keinen Erfolg damit haben, wenn Sie dadurch versuchen, das zu ändern, was Sie unglücklich macht[2].

Ich habe schließlich erkannt, dass niemand für meine persönliche Freude verantwortlich ist. Ich habe versucht, die Verantwortung hierfür meinem Mann in die Schuhe zu schieben – und die Schuld dafür, wenn ich dann und wann keine Freude hatte. Ich schob die Schuld auf die Umstände, auf meinen Vater und meine Mutter, auf den Teufel, und sogar auf Gott. Das Resultat dessen war, dass ich unglücklich blieb. Wie der britische Autor Douglas Adams einmal sagte: »Wenn Sie die Schuld auf andere schieben, verlieren Sie damit die Kraft, sich zu ändern.« Wenn Sie demjenigen in den Hintern treten wollten, der für den Großteil Ihrer Schwierigkeiten verantwortlich ist, würden Sie nicht lange auf Ihrem sitzen bleiben können. Sobald Sie anfangen, für Ihr Tun und Ihre Reaktionen die Verantwortung zu übernehmen, werden Sie damit beginnen, sich zu verändern.

Indem ich die Schuld auf andere geschoben habe, vermied ich es, mich mit den wahren Problemen in meinem Leben auseinanderzusetzen, denen ich mich hätte stellen sollen. Ich hatte eine innerliche Infektion – nicht eine Infektion an meinem physischen Körper, sondern eine in meiner Seele. Diese breitete sich aus und beeinträchtigte mehr und mehr meine Gedanken, Einstellungen, Gespräche und Entscheidungen. Sie beeinträchtigte im Grunde meine gesamte Lebensperspektive.

Es war an der Zeit, die Flucht einzustellen. Als Christ sprach ich über das »gelobte Land«, doch ich lebte in der »Wüste«. Ich war wie die alten Israeliten, die mit Mose zusammen ständig in der Wüste umherwanderten. Sie verbrachten vierzig Jahre damit, eine Reise zu beenden, für die sie eigentlich nur elf Tage hätten benötigen sollen (siehe 5. Mose 1,2). Warum? Neben anderen Dingen machten sie permanent Mose und Gott für ihre Schwierigkeiten verantwortlich. Sie übernahmen nie selbst die Verantwortung für ihre Taten. Für alles, was falsch lief, war jemand anders verantwortlich. Sie akzeptierten nie ihre eigene Schuld.

Ich bin missbraucht worden, und das ist nicht meine Schuld gewesen. Tatsächlich war es so, dass ich einige Probleme hatte, die eine direkte Folge des Missbrauchs, unter dem ich gelitten habe, waren, doch musste ich damit aufhören, diese Tatsache als eine Entschuldigung dafür zu verwenden, mich nicht zu verändern. Wenn wir andere beschuldigen, bleiben wir in unseren Problemen gefangen. Es wird mit uns nicht besser werden, wenn wir verbittert sind. Ich dachte ständig darüber nach, was mir andere angetan haben, anstatt damit beschäftigt zu sein, darüber zu beten, was ich für diese oder andere Menschen tun könnte. Das Wort Gottes sagt, dass wir das Böse mit Gutem überwinden sollen.

Verletzte Menschen verletzen andere. Jemand hatte meinen Vater verletzt, und daraufhin verletzte er mich, an dieser Tatsache hätte sich durch meine Anschuldigungen nichts geändert. Er war für seine Taten verantwortlich, doch das musste er mit Gott klären. Es war nicht meine Aufgabe zu versuchen, ihn für seine Fehler zur Rechenschaft zu ziehen.

Verletzte Menschen verletzen andere.

Die Schuld auf andere zu schieben ist ein krankes Spiel, dass der Teufel mit unseren Gedanken und Gefühlen spielt. Aber wenn wir mitmachen und das Spiel mitspielen, ist der Teufel der einzige Gewinner – wir werden niemals gewinnen! Wenn wir kurz davor sind, uns mit einem Problem auseinanderzusetzen, versucht er uns einen anderen Menschen oder einen gewissen Umstand zu zeigen, den wir verantwortlich machen können. Er möchte, dass wir unsere Aufmerksamkeit ablenken und vorübergehend den Druck von uns nehmen, indem er uns immer neue Gründe dafür gibt, warum nichts unsere Schuld ist. Spielen Sie nicht sein Spiel!

Menschen mit einem Wesen, das auf Scham gegründet ist, schieben gerne die Schuld auf andere. Das lenkt sie für eine gewisse Zeit davon ab, wie sie sich selbst sehen. Die Schande der Vergangenheit ist schmerzhaft, und man möchte am liebsten seinen Blick davon abwenden. Doch wenn man sich vor der Wahrheit dieser Schande versteckt, ist sie deswegen noch lange nicht verschwunden. Sie ist immer noch vorhanden und wird auch weiterhin so lange Probleme verursachen, bis man ihr ins Auge blickt und sich mit ihr auseinandersetzt. Packen Sie es an und sehen Sie der Realität ins Gesicht, dies wird der Anfang vom Ende Ihrer Probleme sein.

Ich war verbittert darüber, dass mir meine Kindheit geraubt worden war. Ich habe nie das Privileg gehabt, einfach ein unbeschwertes Kind sein zu dürfen. Ich kann mich nicht daran erinnern, dass ich mich je sicher gefühlt hätte. Wut und Anschuldigungen konnten mir meine Kindheit nicht zurückgeben. Die einzige Antwort war, den Tatsachen ins Auge zu blicken und darauf zu vertrauen, dass Gott mir einen doppelten Segen für meine einstige Schande zurückgeben würde (siehe Jesaja 61,7). Ich konnte meine Kindheit nicht zurückerhalten. Es war ausgeschlossen, dass ich je auf dem Schoß meines Vaters sitzen und mich sicher fühlen würde, doch Gott konnte mir etwas noch Besseres geben, wenn ich die Vergangenheit hinter mich lassen und ihm vertrauen würde.

Wenn wir damit aufhören, die Schuld auf andere zu schieben, kann Gott mit der Arbeit beginnen. Er ist ein Spezialist darin, Dinge wieder in Ordnung zu bringen, die Satan zu zerstören versucht hat. Er kann uns sogar besser machen, als wir je gewesen wären, wenn uns niemals irgendjemand verletzt hätte.

SCHAM UND DEPRESSION

Sehr oft leiden Menschen, deren Wesen auf Scham gegründet ist, an Depressionen. Es ist unmöglich, dass man glücklich ist, ohne sich so zu mögen, wie man ist, oder wenn man sich schämt. Es gibt Medikamente, die die Symptome einer Depression lindern, doch keine Medizin aus der Apotheke kann einen Menschen von Scham heilen. Nur die Medizin des Wortes Gottes ist hierzu in der Lage. Das Wort Gottes hat mich geheilt, und es wird auch Sie heilen, wenn Sie es regelmäßig anwenden.

Das Wort Gottes anzuwenden bedeutet, es zu lesen, zu studieren und es im Leben umzusetzen. Das bedeutet, das zu tun, was Gott uns in seinem Wort aufgetragen hat anstatt nach unserem eigenen Denken, Wollen und Fühlen zu handeln. Wir folgen den Wegen Gottes, nicht denen der Welt. Wir wenden sein Wort auf unsere Situationen an und beobachten, wie es genauso wirkt, wie er es verheißen hat. Die Bibel zu lesen und sie nicht in unserem Leben anzuwenden wäre so, wie wenn man sich in der Apotheke ein Medikament besorgt und es dann nicht einnimmt. Wir können einiges über das Medikament wissen, doch solange wir es nicht eingenommen haben, werden wir nie erfahren, ob es uns hilft oder nicht. Wir würden krank bleiben, obwohl das Medikament, das wir benötigen, in unserem Schrank steht. Studieren Sie das Wort Gottes nicht nur – handeln Sie danach (siehe Jakobus 1,22)!

Obwohl ich aufgrund meiner Vergangenheit Scham verspürte, beschloss ich, dass ich keinen Grund dafür hatte, mich zu schämen. Ich bin damals ein Kind gewesen und hätte das, was mir widerfahren ist, nicht verhindern können. Es ist nicht meine Schuld gewesen. Ich musste mir das immer wieder sagen. Ich hatte über Jahre hinweg ein falsches Verantwortungsgefühl mit mir herumgetragen und die Schuld auf mich genommen, doch ich beschloss, dem Wort Gottes mehr zu glauben als meinen Gefühlen. Indem ich dies tat, überwand ich Schuld und Scham.

Mein Denken musste erneuert werden (siehe Römer 12,2). Ich lernte, über mein Leben und mich selbst völlig neue Gedanken zu entwickeln.

Sie und ich können etwas Bestimmtes fühlen und doch in unserem Herzen wissen, dass das, was wir fühlen, falsch ist. Man kann sich nicht auf die Wahrheit von Gefühlen verlassen. Sie sind wechselhaft. Sie ändern sich regelmäßig. Wenn die

Dinge im Leben schwierig werden, sagen mir meine Gefühle vielleicht, ich solle aufgeben, doch ich weiß und erkläre, dass ich dies nicht tun werde. Es gibt Zeiten, in denen ich mich einsam und ungeliebt fühle, und doch weiß ich, meine Gefühle spiegeln nicht die Wahrheit wider. Ich erkenne, dass meine Gefühle versuchen, über mich zu herrschen, doch ich weigere mich, ihnen dieses Vorrecht zuzugestehen. Als ich erkannte, dass, obwohl ich mich jahrelang geschämt hatte, es in Wahrheit nichts gab, für das ich mich hätte schämen müssen, begann diese Wahrheit mich von einem Leben voller Gefühlsschmerz, Unsicherheit, Angst und Schuld freizusetzen.

Man kann sich nicht auf die Wahrheit von Gefühlen verlassen.

SÜCHTIG NACH SCHULD

Den größten Teil meines Lebens habe ich mich wegen irgendetwas schuldig gefühlt. Ich begriff, dass ich »schuldsüchtig« war. Ich habe mich nicht *gut* gefühlt, wenn ich mich nicht wegen irgendetwas *schlecht* fühlen konnte. Ich bin sicher, dass es Ihnen in der Vergangenheit auch schon so ergangen ist oder sogar immer noch tut.

Wenn ich während meiner Konferenzen die Leute, die Schuldgefühle mit sich herumtragen, bitte, ihre Hände zu heben, tut dies oft ein überwältigender Teil der Konferenzteilnehmer. In der Bibel wird Satan der »Verkläger unserer Brüder« genannt (Offenbarung 12,10). Er versucht, uns Schuldgefühle und Verdammnis einzureden. Wenn wir uns schuldig und verdammt fühlen, liegt das nicht daran, dass Gott für diese Gefühle sorgen würde. Er möchte, dass wir uns geliebt fühlen und seine Vergebung erfahren. Schuld bedrückt uns und gibt uns ein Gefühl, als läge eine Last auf uns. Jesus ist gekommen, um uns aufzurichten und uns die gute Nachricht zu bringen, dass unsere Sünden vergeben sind und die Strafe für diese aufgehoben wurde:

Also gibt es jetzt keine Verdammnis für die, die in Christus Jesus sind, die nicht im Fleisch, sondern im Geist wandeln (Römer 8,1; z. T. wörtl. a. d. Engl.)

Wer wird gegen Gottes Auserwählte Anklage erheben? Gott ist es, der rechtfertigt [der uns in die rechte Beziehung zu sich selbst bringt. Wer sollte vortreten und diejenigen beschuldigen oder anklagen, die Gott erwählt hat? Sollte Gott, der uns freispricht, dies tun?]. Wer ist, der [uns] verdamme? Christus Jesus [der Messias] ist es, der gestorben, ja noch mehr, der auferweckt, der auch zur Rechten Gottes ist, der sich auch für uns verwendet. (Römer 8,33-34; z. T. wörtl. a .d. Engl.)

Tausende von Menschen sind dazu verurteilt, in ihren Beziehungen, so wie in vielen anderen Bereichen, zu scheitern, und zwar ganz einfach deshalb, weil sie auf Scham gegründete, von Schuldgefühlen getriebene Menschen sind. Selbst wenn sie überhaupt nichts Falsches getan haben, meinen sie, es wäre so. Sehr wahrscheinlich sind sie süchtig nach Anerkennung, und sind Menschen, die keinen Frieden haben können, solange sie nicht das Gefühl haben, jederzeit jedermanns Zustimmung zu erhalten. Sie können das Leben nicht genießen, denn sogar Vergnügen erzeugt bei ihnen Schuldgefühle.

Sie blicken auf andere, um von ihnen das zu erhalten, was nur Gott ihnen geben kann: Selbstwertgefühl. Sie sind süchtig nach Anerkennung. Sie brauchen ständig eine neue Dosis an Komplimenten, Kopfnicken und zustimmenden Blicken, um auch nur den Tag überstehen zu können. Sie stellen an andere unmögliche Anforderungen, weil es niemandem gelingt, dass sie sich in ihrer eigenen Haut wohlfühlen, solange sie innerlich durch Schuld und Scham vergiftet sind.

Leute, die eine Beziehung zu »Anerkennungssüchtigen« unterhalten, fühlen sich manipuliert statt geliebt, weil das Hauptaugenmerk dieser »Anerkennungssüchtigen« darauf liegt, sich selbst gut zu fühlen. Alles dreht sich um sie, und so fühlt sich die jeweils andere Partei in einer solchen Beziehung schon recht bald ausgenutzt. Diese verletzten Menschen sind meist leicht beleidigt und empfindlich. Jeder muss wie auf Eiern gehen, wenn er in ihrer Nähe ist. Man kann sie mit nichts konfrontieren oder sie korrigieren, weil sie sich ohnehin schon so schlecht fühlen, dass sie es nicht ertragen können, wenn jemand auch nur eine ihrer Schwächen beim Namen nennt oder einen Wesensbereich anspricht, in dem sich etwas ändern sollte.

Fragen Sie sich einmal, wie Sie auf Korrektur oder Kritik reagieren. Versuchen Sie, in Ihrer Beurteilung ehrlich zu sein. Sichere Menschen, die sich selbst als wertvoll einschätzen, können Korrektur annehmen, ohne zornig zu werden oder eine Verteidigungshaltung einzunehmen. Gott sagt, dass nur ein Dummkopf Zurechtweisung verachtet (siehe Sprüche 15,5). Warum? Weil er weise genug sein sollte, um alles lernen zu wollen, was er über sich selbst lernen kann. Sichere Menschen können sich einen anderen Standpunkt objektiv anhören, sie können darüber beten, was gesagt wurde und es gemäß dessen, was Gott ihnen aufs Herz legt, entweder annehmen oder zurückweisen.

Leute, die eine Beziehung zu »Anerkennungssüchtigen« unterhalten, fühlen sich manipuliert.

Während der Jahre, in denen ich voller Scham und Schuld war, konnte ich nicht einmal das kleinste Wort der Korrektur von meinem Mann annehmen. Sobald er irgendetwas sagte, das auch nur im Entferntesten erahnen ließ, er habe den Eindruck, ich solle bei mir an einem bestimmten Punkt etwas ändern, regte ich mich auf, wurde zornig und abwehrend. Dave sagte immer wieder: »Ich versuche nur, dir zu helfen.« Doch ich konnte nicht darüber hinwegkommen, wie ich mich fühlte, wenn ich seine Hilfe oder die eines anderen Menschen bekam. Wenn ich ihn fragte, ob ihm das Kleid, das ich angezogen hatte, gefallen würde, nahm ich sofort eine abwehrende Haltung ein, falls er dies verneinte. Ich konnte ihm nicht einmal gestatten, mir seine ehrliche Meinung zu sagen. Wenn seine Meinung nicht mit meiner übereinstimmte, fühlte ich mich abgelehnt.

Ich bin dankbar, dass diese Tage vorüber sind. Es muss heute nicht jeder das mögen, was ich mag, damit ich mich sicher fühle. Es ist absolut wunderbar, wenn wir in der Lage sind, uns selbst zu akzeptieren, weil wir glauben, dass Gott uns auch dann akzeptiert, wenn andere dies nicht tun. Es ist gut, wenn man einerseits demütig genug ist, um Korrektur anzunehmen, andererseits aber auch sicher genug ist, um nicht zuzulassen, durch die Meinungen anderer kontrolliert zu werden. Gott sei Dank für seinen Heiligen Geist in uns, denn er wird uns zeigen, was für jeden Einzelnen von uns richtig ist.

ÜBERTRIEBENE SELBSTBEOBACHTUNG

Ich weiß ganz genau, wie auf Scham gegründete, von Schuldgefühlen getriebene Menschen denken, fühlen und handeln, weil ich selbst einer war.

Eines der Probleme, welches durch Scham entsteht, ist eine Art verdrehter Egozentrik. Auf Scham gegründete Menschen denken die meiste Zeit über sich selbst nach, doch obwohl sie sich auf das konzentrieren, was bei ihnen nicht stimmt, sind ihre Gedanken weiter mit der eigenen Person befasst. Sie können in ihrer Selbstprüfung leicht übertreiben. Obwohl uns die Bibel lehrt, dass wir uns selbst prüfen sollen, um nicht von Gott gerichtet zu werden (siehe 1. Korinther 11,28 und 2. Korinther 13,5), können wir auf diesem Gebiet auch übertreiben.

Auf Scham gegründete Menschen denken die meiste Zeit über sich selbst nach.

Das Wort Gottes gibt uns die Anweisung, dass wir von allen Dingen den Blick abwenden sollen, die uns von Jesus, dem Anfänger und Vollender unseres Glaubens, ablenken (siehe Hebräer 12,2). Hören Sie damit auf, auf alles zu schauen, was mit Ihnen nicht in Ordnung ist, und fangen Sie damit an, auf all das Gute und Richtige zu blicken, das Jesus verkörpert. Lernen Sie, sich mit ihm zu identifizieren. Erkennen Sie, dass er Ihr Stellvertreter ist. Er nahm Ihren Platz ein und bezahlte die Schuld, die Sie hatten. Er hat das Gefängnis der Schuld geöffnet, und Sie können herauskommen und frei sein. Wenn Sie dies tun wollen, müssen Sie den Schmerz der Schuld und der Scham, den Sie vielleicht verspüren, überwinden und hinter sich lassen.

Die Wahrheit macht uns frei, wenn wir sie auf unser Leben anwenden. Das Wort Gottes ist Wahrheit (siehe Johannes 17,17). Es sagt uns, dass wir ohne Tadel leben können. Wir können in seinen Augen als untadelig erscheinen:

Denn in ihm [Christus] hat er uns [in seiner Liebe] erwählt [für sich selbst als Eigentum auserwählt] vor der Erschaffung der Welt, damit wir heilig [geweiht und für ihn abgesondert] und untadelig in Liebe leben vor Gott. (Epheser 1,4; EÜ; z. T. wörtl. a. d. Engl.)

Seien Sie offen für alles, was der Heilige Geist Ihnen gegenüber über Sie offenbaren möchte, unabhängig davon, ob diese Offenbarung durch einen anderen Menschen, ein Buch, das Sie lesen, eine Predigt, die Sie hören, oder direkt von Gott kommt. Gehen Sie jedoch nicht auf »Entdeckungstour«. Wir müssen nicht versuchen, die Offenbarungen selbst irgendwo »auszugraben«. Der Heilige Geist leitet uns in die ganze Wahrheit (siehe Johannes 16,13). Dies geschieht Schritt für Schritt, seien Sie also geduldig und überlassen Sie Gott die Führung.

Genießen Sie den gesamten Weg zu Ihrem Ziel.

Bitten Sie den Herrn, Sie von jeder Gebundenheit in Ihrem Leben zu befreien, und überlassen Sie ihm den Zeitpunkt und die Methode. Schreiten Sie in der Zwischenzeit einfach voran und haben Sie Freude am Leben. Genießen Sie den gesamten Weg zu Ihrem Ziel. Vielleicht sind Sie noch nicht da angekommen, wo Sie hinsollen, doch Gott sei Dank, Sie sind auch nicht mehr da, wo Sie einmal waren. Sie machen Fortschritte!

»ABER ICH FÜHLE MICH SCHULDIG«

Legen Sie diese Zeit als eine Zeit des Neuanfangs fest. Beschließen Sie, dem Gott der Bibel zu glauben anstatt dem Gott Ihrer Gefühle. Die Gefühle versuchen, in unserem Leben Gott zu sein. Sie wollen die Kontrolle. Gefühle wurden auch schon der größte Feind des Gläubigen genannt[3]. Satan arbeitet durch sie, um Christen zu täuschen.

Je mehr Sie Ihr Denken durch das Lesen des Wortes Gottes erneuern, umso mehr werden sich Ihre Gefühle ändern. Gott sagt, dass sein Volk wegen des Mangels an Erkenntnis umkommt (siehe Hosea 4,6).

Ich möchte Ihnen von einem Mann erzählen, den ich einfach einmal Jake nenne. Jakes Vater war ein zorniger Mann. Er war Alkoholiker und wurde, wenn er betrunken war, regelmäßig gewalttätig. Seine Mutter war extrem furchtsam und hatte Angst vor seinem Vater. Sie gab stets allem, was dieser sagte, nach. Jakes Vater redete ihm ständig Schuldgefühle ein. Er war wie ein Reiseveranstalter für Schuldreisen. Obwohl Jake die Anerkennung seines Vaters suchte, konnte er ihm scheinbar nie etwas recht machen, ganz gleich, wie sehr er sich auch bemühte. Jake verbrachte seine Jugend und die Zeit als junger Erwachsener damit, anderen gefallen zu wollen. In seinem Leben gab es eine Wurzel der Ablehnung, die bewirkte, dass er sich nie angenommen fühlte. Er fühlte sich einsam und missverstanden. Er lebte mit einer verschwommenen Vorstellung von Schuld.

Nachdem Jake im Alter von zweiunddreißig Jahren Jesus als seinen Erlöser angenommen hatte und damit anfing, das Wort Gottes zu lesen, wurde ihm bewusst, dass seine Schuldgefühle ein Problem darstellten. Er konnte sich im Grunde an keine Zeit erinnern, in der er sich nicht für irgendetwas schuldig gefühlt hätte. Oftmals war ihm nicht einmal irgendetwas Bestimmtes bewusst, was er falsch gemacht hätte, er fühlte sich einfach nur schuldig und unter Verdammnis.

Jake konnte das Leben nicht genießen. Er war ein Workaholic, der hoffte, durch seine Leistungen Annahme und Anerkennung zu erhalten. Wenn es jemals Augenblicke gab, in denen er mit sich zufrieden war, dann in den Momenten, nachdem er gerade eine große Leistung vollbracht hatte und dafür Bewunderung und Applaus erntete.

Jake hatte auch ein falsches Verantwortungsgefühl. Wenn irgendwo irgendetwas schief ging, hatte er das Gefühl, es sei seine Verantwortung, den Fehler auszubügeln. Selbst dann, wenn es ihn nicht direkt betraf, hatte er immer das Gefühl, etwas unternehmen zu müssen. Als er nach und nach erkannte, was wirklich seine Probleme waren, wurde Jake immer depressiver. Er war wütend darüber, wie sich sein Leben entwickelt hatte. Er war seinem Vater gegenüber verbittert und machte seiner Mutter Vorwürfe, weil sie ihn nicht in Schutz genommen hatte.

Unseren Verstand könnte man vielleicht mit einem Computer vergleichen, in dem ein Leben lang falsche Informationen abgespeichert sind.

Auch wenn Jake in Gottes Wort die Wahrheit erkannte, hatte er noch immer dieselben Gefühle. Er konnte in der Bibel lesen, dass Jesus ihn von Sünde und Schuld befreit hatte, doch dies änderte zunächst nichts an seinen Gefühlen.

Unseren Verstand könnte man vielleicht mit einem Computer vergleichen, in dem ein Leben lang falsche Informationen abgespeichert sind. Es dauert seine Zeit, bis alle alten Dateien gelöscht und neue Informationen abgespeichert sind. Die Bibel sagt, dass unser Denken vollständig erneuert werden muss (siehe Römer 12,2). Wir sind wie jemand, der beschlossen hat, Anwalt werden zu wollen. Ihm wird sofort bewusst, jahrelang studieren zu müssen, was man hierfür an Wissen benötigt.

Jake fing damit an, das Wort Gottes zu studieren, und nach und nach wurde sein Denken erneuert, und er lernte, anders zu denken. Seine brandneuen Gedanken übernahmen nach und nach die Kontrolle über seine alten Gefühle. Die Gefühle verschwanden über einen gewissen Zeitraum hinweg nie völlig, doch war er in der Lage, sie zu kontrollieren. Schließlich erkannte er, dass seine Gefühle Reaktionen auf sein vergangenes Leben waren. Er begann zu lernen, nach dem Wort Gottes zu handeln und nicht gemäß seiner alten Erinnerung.

Jake lernte zu verstehen, wie wichtig es ist, wie man über sich selbst spricht. Wie wir zu und über uns selbst reden, ob es nun im Stillen oder gut hörbar ist, ist von immenser Wichtigkeit. Stimmen Sie mit Gott überein. Sagen Sie das, was er über Sie sagt. Wenn Gott sagt, dass Ihnen vergeben und Ihre Schuld hinweggenommen wurde, sollten Sie dasselbe tun. Sagen Sie nicht, was Sie fühlen, sondern sagen Sie, was Sie wissen!

Jake fühlt sich heute nicht mehr ständig schuldig. Ab und zu hat er noch immer eine »Schuld-Attacke«, aber er kann damit vernünftig umgehen und lässt nicht zu, von seinen Gefühlen kontrolliert zu werden. Er macht sein Selbstwertgefühl nicht mehr von seiner Arbeit abhängig. Er mag seine Arbeit, doch er ist in der Lage, die Arbeit von dem zu trennen, wer er als Kind Gottes ist. Er ist nicht süchtig nach Anerkennung. Er wünscht sie sich, doch weiß er, solange er die Anerkennung und Bestätigung Gottes hat, hat er bereits alles, was er für ein erfolgreiches Leben braucht.

Jake konnte seinem Vater vergeben. Sein Vater trinkt noch immer sehr viel und übt die meiste Zeit über Kritik, doch Jake erfährt von ihm keine Verdammnis mehr. Er hat endlich erkannt, dass sein Vater derjenige ist, der ein Problem hat, und nicht er. Er fühlt sich nicht mehr dafür verantwortlich, seinen Vater bei Laune zu halten. Er weiß jetzt, dass das Problem seines Vaters in dessen Inneren zu suchen ist; es ist nichts, was von irgendjemand von außen behoben werden könnte. Jake betet für seinen Vater und erweist ihm soviel Liebe, wie dieser anzunehmen bereit ist. Er hofft, seinen Vater eines Tages in eine persönliche Beziehung mit Christus leiten zu können. Er macht auch seine Mutter nicht mehr für ihre Versäumnisse verantwortlich. Er weiß, dass sie getan hat, was ihr in ihrer Lage möglich war. Sie hat in ihrem Leben sehr gelitten, und Jake hat Mitleid mit ihr.

Jake hat die Bekanntschaft einer Frau gemacht und sich in sie verliebt. Interessanterweise hat sie ähnliche Probleme wie die, die

Jake mit der Hilfe Gottes überwunden hat. Er wird in der Lage sein, ihr dabei zu helfen, so wie er Wiederherstellung durch Christus zu erleben.

Verschwenden Sie Ihre Zeit nicht mit Scham und Schuld. Benutzen Sie das, was Sie gelernt haben, um anderen zu helfen. Wenn Sie diese Dinge hinter sich lassen konnten, können Sie jemand anderem dabei helfen, dasselbe zu tun. Was Jake widerfahren ist, wurde nur durch das Wort Gottes, den Opfertod Jesu und das Wirken des Heiligen Geistes in seinem Leben möglich. Dieselbe Hilfe steht jedem zur Verfügung, der sie in Anspruch nehmen will. Welchen Problemen Sie sich in Ihrem Leben auch immer zu stellen haben, lassen Sie sich nicht von Ihren Gefühlen kontrollieren. Vergleichen Sie sie mit dem Wort Gottes, und erheben Sie sein Wort über Ihre Gefühle. Denken Sie daran: Sie können das tun, was richtig ist – auch wenn Ihnen überhaupt nicht danach zumute ist. Treffen Sie die richtigen Entscheidungen, ganz gleich, wie Sie sich fühlen, und Sie werden schon bald größere Freiheit erleben als je zuvor. Die richtige Entscheidung zu treffen, auch wenn Ihnen nicht danach ist, ist so, als wenn Sie einer Sucht die Nahrungsquelle abschneiden. Wenn Sie sie nicht füttern, wird sie bald ihre Kraft verlieren und keine Macht mehr über Sie haben.

Nachdem wir nun die Sucht nach Scham und Schuld angesprochen haben, wollen wir uns ein andere Art von Gefühl ansehen, über das wir in unserem Kampf mit der Anerkennung Herr werden müssen.

Wenn Sie diese Dinge hinter sich lassen konnten, können Sie jemand anderem dabei helfen, dasselbe zu tun.

Kapitel

Zorn und Unversöhnlichkeit überwinden und hinter sich lassen

Werden Sie jemals zornig? Selbstverständlich, so ergeht es uns allen. Gott sagt uns nicht, dass wir keinen Zorn verspüren sollen. Er sagt: »Zürnet, und sündigt dabei nicht!« (Epheser 4,26). Wir dürfen zornig sein, und das ist wichtig, doch das Wichtigste ist, wie wir mit unserem Zorn umgehen. Zunächst mag es so erscheinen, als habe Zorn nichts mit der Sucht nach Anerkennung zu tun, doch wenn wir uns ansehen, was die Wurzel von Wutausbrüchen ist, sehen wir, dass ihre Wurzel meist in früheren Problemen zu finden ist. Zorn kann definitiv eine weitere Facette unseres Kampfes mit Anerkennung sein. Ich habe festgestellt, dass viele Leute, die regelmäßig wütend werden, in ihrem Leben eine Wurzel der Unsicherheit haben. Diejenigen, die schnell beleidigt und empfindlich sind, sind unsicher. Sie müssen gut behandelt werden, um sich gut zu fühlen. Manchmal erwarten sie, schlecht behandelt zu werden, weil sie tief in ihrem Inneren eine schlechte Meinung über sich selbst haben. Wenn sie dann jedoch tatsächlich schlecht behandelt werden, macht sie dies wütend, weil das, was sie selbst gefürchtet haben, sich - zumindest in ihrem Denken - bestätigt hat.

Im Englischen wird das Wort für Wut oder Zorn - *anger* - bis auf einen Buchstaben, der fehlt, genauso geschrieben wie das Wort für Gefahr - *danger*. Das Wort Gottes sagt uns, wir sollen die Sonne nicht über unserem Zorn untergehen lassen (siehe Epheser 4,26). Wenn wir zornig bleiben, geben wir dem Teufel Raum in unserem Leben (siehe Vers 27). Wir öffnen ihm eine

Tür, durch die hindurch er wirksam werden kann. Satan gewinnt im Leben von Christen am meisten Raum durch Verbitterung, Feindseligkeit und Unversöhnlichkeit. Leute, die leicht vor Wut in die Luft gehen, haben immer eine unsanfte Landung. Wenn unsere Gefühle außer Kontrolle sind, ist es auch unser Leben. Wenn wir wütend sind, arbeitet unser Mund schneller als unser Gehirn. Wir sagen und tun dann Dinge, die uns später Leid tun.

Gott verheißt seinen Kindern ein gesegnetes Leben in Fülle, wenn sie seinen Geboten gehorchen. Wenn wir zornig bleiben und lieblosen Gefühlen anderen gegenüber in uns Raum geben, sind wir ungehorsam. Wir müssen erkennen, dass anhaltender Zorn Sünde ist. Wenn wir ihn nicht als das betrachten, was er ist, sind wir vielleicht versucht, daran festzuhalten. William Secker, ein Pastor, der im siebzehnten Jahrhundert lebte, sagte: »Wer zornig sein will, ohne Sünde zu begehen, soll auf die Sünde allein zornig sein.« Seien Sie zornig auf die Sünde des Zorns, und Sie werden nicht in Versuchung geraten, Ihren Zorn zu behalten.

In mehreren meiner Bücher gibt es jeweils ein Kapitel über Zorn. Obwohl ich als Autorin versuche, immer etwas Neues zu schreiben, ist dies doch ein Thema, das man nicht auslassen kann. Wir müssen schnell im Vergeben sein. Wir müssen mit dem Gefühl des Zorns richtig umgehen. Wenn wir dies nicht tun, sind die Konsequenzen verheerend.

Jemand, der verletzt ist, kann keine Heilung der Gefühle empfangen, während er noch zornig ist. Gott gebietet uns, uns einander auf dieselbe Weise zu vergeben, wie er uns vergeben hat (siehe Epheser 4,32). Wir müssen in unserem Leben dazu bereit sein, sehr großzügig zu vergeben. Das ist eine Sache, die wir, zumindest bis zu einem gewissen Grad, jeden Tag praktizieren sollten.

»DAS IST NICHT FAIR«

Wenn wir falsch behandelt worden sind, scheint es völlig unfair zu sein, denjenigen, die uns verletzt haben, einfach zu vergeben.

Wir würden gerne jemanden für das, was uns widerfahren ist, bezahlen sehen. Wenn wir verletzt sind, wollen wir jemanden beschuldigen. Wir wollen Gerechtigkeit! Wir dürfen nicht vergessen, dass Gott gerecht ist (siehe 5. Mose 32,4). Sein Wort verheißt uns, dass er uns am Ende alles Schlechte in etwas Gutes verwandeln wird, wenn wir ihm nur vertrauen (siehe Jesaja 61,7-8).

Einmal wachte ich um drei Uhr früh auf und hörte so etwas wie eine deutlich vernehmbare Stimme, die sagte: »Wenn es Gott gibt, dann ist er auch gerecht.« Es war so, als wollte mich Gott auf sehr eindringliche Weise daran erinnern, dass ich mich stets darauf verlassen könnte, seine Gerechtigkeit im Leben zu erfahren. Das war für mich ein echter Trost. In Psalm 37 heißt es, wir sollen uns nicht über die Übeltäter entrüsten, weil Gott sich mit ihnen auseinandersetzen wird (siehe Verse 1 und 2). In Vers 8 heißt steht: »Lass ab vom Zorn und lass den Grimm! Entrüste dich nicht! Es führt nur zum Bösen.«

> *Wenn wir zornig bleiben, wird Gott nicht für uns aktiv werden.*

Wenn uns jemand schlecht behandelt hat, und wir zornig bleiben, sind wir genauso schuldig wie derjenige, der uns etwas angetan hat. Gott hat diese Person angewiesen, andere nicht schlecht zu behandeln, doch er hat auch uns angewiesen, nicht zornig zu bleiben. Wenn wir zornig bleiben, wird Gott nicht für uns aktiv werden. Gott fängt da an, wo es für uns nicht mehr weitergeht. Uns wird im Wort Gottes mehrmals geboten, denen zu vergeben, die uns schlecht behandeln oder missbrauchen, für sie zu beten und sie zu lieben, und auf Gottes Gerechtigkeit zu warten:

Vergeltet nicht Böses mit Bösem oder Kränkung mit Kränkung (Schelte, Beleidigung, Beschimpfung) sondern im Gegenteil segnet [betet für ihr Wohlergehen, Zufriedenheit und Schutz, und habt Mitleid und Liebe für sie], weil ihr dazu berufen worden seid, daß ihr Segen erbt [von Gott – dass ihr Segen als Erben empfangt, der Wohlergehen, Zufriedenheit und Schutz mit sich bringt]! (1. Petrus 3,9; z. T. wörtl. a. d. Engl.)

Aber euch, die ihr hört, sage ich: [Wenn Ihr meinen Worten Beachtung schenken wollt, macht euch Folgendes zur Angewohnheit:] Liebt eure Feinde; tut wohl (handelt gütig und großmütig an) denen, die euch verabscheuen und hassen; segnet, die euch fluchen, und betet für ihre Zufriedenheit; erbittet den Segen (das Wohlwollen) Gottes für die, die euch beleidigen [die euch beschimpfen, tadeln, herabwürdigen, von oben herab behandeln]! (Lukas 6,27-28; z. T. wörtl. a. d. Engl.)

Es ist nicht leicht, diesen Anweisungen Folge zu leisten. Dies zu tun ist ganz offensichtlich unmöglich, solange wir uns nicht dafür entscheiden, unsere Gefühle hinter uns zu lassen. Wir müssen sie wirklich ganz aktiv *unter-werfen.* Wir müssen uns wirklich darum bemühen, zu vergeben und unseren Zorn loszulassen. Es mag uns sogar unfair vorkommen, dass Gott uns darum bittet, so etwas zu tun. Ich muss gestehen, ich halte dies für eines der schwierigsten Dinge, die Gott von uns erwartet. Es ist schwer, aber nicht unmöglich. Der Herr verlangt nie etwas von uns, zu dem er uns nicht auch die Fähigkeit schenkt. Vielleicht wollen wir nicht vergeben, doch sind wir dazu mit Gottes Hilfe in der Lage.

WURDEN SIE WIRKLICH SCHLECHT BEHANDELT?

Unsichere Menschen haben oftmals auch den Eindruck, falsch behandelt zu werden, wenn dies in keiner Weise der Fall ist. Ich erinnere mich daran, wie ich mich schlecht behandelt gefühlt habe und wie wütend ich war, wenn Dave einmal in zweitrangigen Angelegenheiten nicht meiner Meinung war. Seine Meinung, auf die er natürlich ein Anrecht hat, unterschied sich nur geringfügig von meiner, doch ich war so verunsichert, dass ich mich abgelehnt fühlte. Wie es so schön heißt: »Ich habe aus einer Mücke einen Elefanten gemacht.« Ich blähte kleine Vorfälle zu einer riesigen Tragödie auf, weil ich so empfindlich war. Wenn ich nicht meinen Willen bekam, fühlte ich mich schlecht behandelt und wurde wütend. Wenn ich auch nur geringfügig korrigiert wurde, erwiderte ich dies mit Wut und hatte das Gefühl, ungerecht behandelt worden zu sein.

Was ich sagen will, ist Folgendes: Man kann glauben, unfair behandelt worden zu sein, auch wenn dies nicht im Geringsten zutrifft. Die Art und Weise, wie ich die Reaktionen anderer mir gegenüber verarbeitet habe, war wegen des Missbrauchs während meiner Kindheit völlig unausgeglichen. Ich konnte nicht richtig unterscheiden, ob ich nun wirklich falsch behandelt wurde oder ob jemand nur einfach ehrlich mit seinen Gefühlen zu mir war.

In Wahrheit war ich sehr zornig, weil ich sehr unsicher war.

AUF DER SUCHE NACH EINER ENTSCHÄDIGUNG

Menschen, die man verletzt hat, werden nicht nur zornig, sie möchten oft auch für die Ungerechtigkeit, die ihnen widerfahren ist, entschädigt werden. Es ist das Gefühl vorhanden, für den erlittenen Schmerz sei eine gewisse Entschädigung fällig. Gott macht unmissverständlich deutlich, dass die Rache *sein* ist. Er sagt, er wird es unseren Feinden heimzahlen und uns entschädigen, er verheißt uns sogar einen doppelten Segen für unsere frühere Schmach (siehe Römer 12,17-19 und Jesaja, 61,7). Ich habe schließlich gelernt, dass, wenn mich jemand wirklich falsch behandelt hat, ich dafür keine entsprechende Entschädigung brauche. Ich kann heute darauf vertrauen, dass Gott mir die notwendige Gerechtigkeit zuteil werden lassen wird.

Mein Vater hat mir wehgetan, und ich war so wütend, dass ich Jahre damit verbracht habe, zu versuchen, mir von anderen Leuten, die mit der Sache gar nichts zu tun hatten, das zurückzuholen, was mir meiner Meinung nach zustand. Gott hat mich beispielsweise dazu gebracht, zu erkennen, dass ich versuchte, eine Schuld von Dave, meinem Mann, einzutreiben, mit der er gar nichts zu tun hatte. Mein Vater hatte mir wehgetan, und ich vertraute Dave nicht. Mein Vater hatte mich nicht auf rechte Weise erzogen, und so hatte ich Angst davor, Dave unsere Kinder erziehen zu lassen. Mein Vater hatte seine Autorität bei mir missbraucht, und deshalb lehnte ich mich gegen Daves Autorität auf.

Ich weiß, dass dies töricht klingt, doch wir alle haben die Tendenz, genauso zu handeln. Wir wollen jemanden für unseren Schmerz bezahlen sehen, und da wir die Schulden häufig nicht von dem eintreiben können, der uns wehgetan hat, müssen andere dran glauben. Diese anderen sind verwirrt, weil sie keine Ahnung haben, warum wir ihnen gegenüber so reagieren, wie wir es tun. Gott möchte von uns das Vertrauen, dass er uns entschädigen wird. Er hat mir eine wunderbare Belohnung zuteil werden lassen. Er hat mir Gunst geschenkt und mich auf eine Ebene gestellt, von der ich nicht einmal zu träumen gewagt hätte, doch zuerst musste ich »loslassen und Gott Gott sein lassen«.

Eine Frau, die ich hier einfach einmal Janet nenne, hatte dieses Problem. Janets Vater zeigte ihr keine Liebe und Zuneigung. Als sie heiratete, erwartete sie von ihrem Mann John, er würde sie dafür entschädigen. Von ihm konnte man natürlich nicht erwarten, sie für das zu entschädigen, was ihr während ihrer Kindheit vorenthalten wurde. Er verstand ihr Handeln nicht, aber das tat sie nicht einmal selbst. Sie reagierte aus alten Wunden heraus, die noch immer geheilt werden mussten.

Janet brauchte immens viel Aufmerksamkeit von John. Sie drängte ihn dazu, ständig mit ihr zusammen zu sein. Sie war auf all seine Freunde eifersüchtig. Sie hatte von ihrem Vater nie Anerkennung bekommen, und so wurde sie süchtig nach Anerkennung. John musste sich ständig darum bemühen, dass sie sich in ihrer Haut wohlfühlte. Wenn er es versäumte, ihr zu sagen, sie sehe hübsch aus, oder das Abendessen sei großartig gewesen, so fühlte sie sich verletzt und übergangen und wurde zornig. John hingegen fühlte sich kontrolliert und manipuliert und obwohl er Janet liebte, fing er an, sich überfordert zu fühlen und fragte sich,

Loslassen und Gott Gott sein lassen.

ob es ein Fehler gewesen war, sie zu heiraten. Er tat alles, was er konnte, um sie zufrieden zu stellen, aber nichts, was er tat, schien ausreichend zu sein; aus diesem Grunde fühlte er sich die meiste Zeit über sieglos und frustriert.

Als John und Janet geheiratet hatten, war er ein fröhlicher, unbekümmerter Typ gewesen, doch nun war er deprimiert und wütend und fühlte sich entmutigt. Er kam nicht mehr gerne von der Arbeit nach Hause und freute sich nicht auf die Wochenenden. Janet und John brauchten Hilfe!

Traurigerweise lehnte Janet jede Hilfe ab; sie schob die ganze Schuld auf John, und letztendlich wurden sie geschieden. Solche Szenarien kommen in unserer heutigen Gesellschaft regelmäßig vor. Die Scheidungsrate ist höher als je zuvor, und teilweise ist der Grund hierfür, dass Menschen, die in der Vergangenheit verletzt wurden, von den Menschen, mit denen sie es in der Gegenwart zu tun haben, eine Entschädigung erwarten für etwas, mit dem diese Menschen nicht das Geringste zu tun haben. Wegen alter Wunden haben sie das Gefühl, falsch behandelt zu werden, auch wenn dies überhaupt nicht der Fall ist. Sie müssen lernen, so wie auch ich lernen musste, dass, wenn sie sich verletzt »fühlen«, dies nicht unbedingt bedeutet, dass jemand sie auch tatsächlich verletzt.

Wenn die Leute, die in solche Situationen verwickelt sind, Christen sind, wird Gott sie heilen und ihnen im Leben Gerechtigkeit zuteilwerden lassen, wenn sie es ihm erlauben. Wenn sie keine Christen sind, oder sich aber weigern, den Anweisungen Gottes gegenüber gehorsam zu sein, werden sie ihre Beziehung völlig ruinieren oder bestenfalls in einem unglücklichen Zustand »umherhinken«, während ihre Beziehung allmählich immer schlechter wird. Sie werden möglicherweise Auswirkungen auf ihren Körper beobachten und nach und nach alle möglichen Ärzte aufsuchen. Am Ende werden sie Medikamente gegen Kopf- und Gliederschmerzen, gegen Depression, Angstzustände, Schlafstörungen, Magenschmerzen und alle möglichen anderen Erkrankungen einnehmen. Diese Medikamente werden ihnen vielleicht etwas Linderung verschaffen, doch die Wurzel ihres

Problems ist Stress – Stress, der dadurch verursacht wurde, dass diese Menschen versuchen, für vergangene Verletzungen eine Entschädigung zu erhalten, anstatt zu erkennen, dass sie denen vergeben müssen, die sie verletzt haben, und auf Gott zu vertrauen, dass er sie entschädigen wird.

Ich will damit nicht sagen, Medikamente wären manchmal nicht notwendig. Keineswegs. Doch obwohl die Symptome echt sind, sind sie doch oft stressbedingt. Ich rede hier nur über das Grundproblem, dass viele den geistlichen Aspekt nicht erkennen und angehen.

HÖREN SIE DAMIT AUF, KLEIDUNG ZU TRAGEN, DIE IHNEN NICHT PASST

*So zieht nun an als die **Auserwählten Gottes, als die Heiligen und Geliebten**, herzliches Erbarmen, Freundlichkeit, Demut, Sanftmut, Geduld; und **ertrage einer den andern und vergebt euch untereinander, wenn jemand Klage hat gegen den andern; wie der Herr euch vergeben hat, so vergebt auch ihr!** (Kolosser 3,12-13; LU; Hervorhebungen von der Verfasserin)*

Wir wurden geschaffen, um Liebe zu empfangen und zu geben. Wenn wir etwas anderes tun, ist es so, als wenn wir Kleidung tragen, die zu klein für uns ist. Ich kann es wirklich nicht ausstehen, einen Rock zu tragen, der an der Taille spannt oder eine Hose, die zu eng ist. Ich fühle mich dann den ganzen Tag über unwohl. Manche Menschen fühlen sich pausenlos unwohl. Sie spüren, dass auf ihrer Seele eine Last liegt. Sie haben weder Freude noch Frieden. Vielleicht kämpfen sie ständig gegen Depressionen an. Das Traurige ist, man kann sein ganzes Leben damit verbringen, sich so zu fühlen, ohne je dem Grundproblem ins Auge zu blicken.

Menschen zu hassen ist Schwerstarbeit und vergiftet unser Leben. Gott sagt uns in seinem Wort, dass wir »die Liebe anziehen« sollen (siehe Kolosser 3,14). Wir sollen uns als Repräsentanten Gottes, der die Liebe ist, kleiden (siehe Kolosser 3,12 und 1. Johannes 4,4). Wir sollen ein Verhalten anziehen, dass sich durch Barmherzigkeit, Mitgefühl, Freundlichkeit, Sanftmut und unermüdliche Geduld auszeichnet. Wir

Wir wurden geschaffen, um Liebe zu empfangen und zu geben.

sind dazu herausgefordert, Menschen zu sein, die die Kraft besitzen, alles guten Mutes zu ertragen, was da kommen mag, und uns gegenseitig bereitwillig zu vergeben. So, wie uns der Herr aus freien Stücken vergeben hat, so sollen auch wir einander vergeben (siehe Kolosser 3,12-13).

Gott sagt uns, wenn wir uns weigern denen zu vergeben, die uns wehgetan haben, kann er unsere Übertretungen auch nicht vergeben (siehe Matthäus 6,15). Wenn wir uns weigern, unseren Feinden zu vergeben, treibt dies einen Keil zwischen uns und Gott. Es beeinflusst all unsere Beziehungen auf negative Weise. Wenn wir wütend sind, kommt das ans Tageslicht, ganz gleich, auf wen wir wütend sind. Wenn wir uns weigern, anderen zu vergeben, hat dies negative Auswirkungen auf unseren Glauben, es belastet unser Gewissen schwer, und verhindert wahre Anbetung. Genau genommen sagt die Bibel, wenn wir unseren Bruder und unsere Schwester in Christus nicht lieben, können wir auch nicht behaupten, Gott zu lieben.

Wenn jemand sagt: Ich liebe Gott, und hasst (verabscheut, verachtet) seinen Bruder [in Christus], ist er ein Lügner. Denn wer seinen Bruder nicht liebt, den er gesehen hat, kann nicht Gott lieben, den er nicht gesehen hat. Und dieses Gebot (diesen Auftrag, diese Anordnung, diesen Befehl) haben wir von ihm, dass, wer Gott liebt, auch seinen Bruder [Mitgläubigen] lieben soll. (1. Johannes 4,20-21; z. T. wörtl. a. d. Engl.)

Die Liebe ist viel mehr als nur ein gutes Gefühl, dass man einem anderen gegenüber hegt. Liebe ist eine Entscheidung. Wenn wir im Wort Gottes dazu aufgefordert werden, die »Liebe anzuziehen«, bedeutet dies, sich dafür entscheiden zu müssen, andere zu lieben. Das ist etwas, was wir bewusst tun, ganz gleich, ob uns danach ist oder nicht. Ich glaube nicht eine Wahl zu haben, ob ich jemandem vergeben will, der mir wehgetan oder mich ungerecht behandelt hat. Ich habe mein Recht, mein Leben selbst in die Hand zu nehmen, schon lange abgegeben. Ich möchte den Willen Gottes, also muss ich die Dinge auch auf seine Weise tun.

Vor kurzem gab es einige sehr unfreundliche und unfaire Zeitungsberichte über unseren Dienst und unsere Familie. Wir hatten zugestimmt, Interviews zu geben und uns wurde gesagt, auf deren Grundlage würden wohlwollende Artikel geschrieben werden. Wir gestatteten dem Fotografen, der für die Zeitung arbeitete, an unseren Konferenzen teilnehmen zu dürfen, damit er einige Fotos machen konnte. Er muss insgesamt wohl etwa eintausend Fotos gemacht haben. Doch eines der hervorstechendsten Fotos von denen, die in der Zeitung veröffentlicht wurde, war ein großes Bild, auf dem unsere Ordner zu sehen waren, wie sie im hinteren Teil des Raums mit Stapeln von Opferkörben standen. Dadurch wurde natürlich der Eindruck erweckt, dass wir geldgierige und unredliche Prediger wären, die die Leute ausnutzen.

Vier Tage lang waren die Titelseiten unserer örtlichen Tageszeitung voll mit Informationen über uns, die aus dem Kontext gerissen waren und auf eine einseitige Weise präsentiert wurden. Das hat mich tief verletzt. Ich liebe die Menschen in meiner Stadt, und ich wollte nicht, dass sie den Eindruck gewinnen, sie könnten mir nicht trauen. Eine Zeit lang wollte ich nicht einmal das Haus verlassen wegen dem, was die Leute denken könnten. Ich wurde bezüglich allem, was ich je zum Thema »Unseren Feinden vergeben« gesagt oder geschrieben hatte, geprüft. Der Grad meiner Zuversicht und Sicherheit wurde geprüft. Doch ich habe aus eigener Erfahrung gelernt, dass ich auch Situationen überstehen konnte, in denen ich von niemandem Anerkennung erhielt. Gott gab mir die Gnade, durchzuhalten, doch emotional war es wirklich hart.

Am Ende ist es das wert, die richtige Entscheidung zu treffen.

Ich wollte mich unbedingt gegen meine Kritiker verteidigen, doch Gott sagte immer wieder zu uns, wir sollten ihnen vergeben, für sie beten und in keiner Weise schlecht über sie reden, um dann zu sehen, wie er wirkt. Leute in der Stadt, die uns mochten, fingen an, bei der Zeitung anzurufen und uns zu verteidigen. Die Artikel verursachten im Endeffekt einen richtigen Aufruhr in der Redaktion der Zeitung. Viele Leute stornierten ihre Abonnements. Eine Frau rief bei uns im Büro an und sagte: »Ich habe Ihren Dienst nie unterstützt, aber ich werde mein Zeitungs-Abo kündigen und das Geld, das ich monatlich dafür ausgegeben habe, von nun an Ihnen schicken.«

Wir warteten eine Weile, um zu sehen, wie sich die Artikel auf unseren Dienst auswirken würden. Würden die Leute weniger oder gar nichts mehr spenden? Würden die Leute weiterhin zu unseren Konferenzen kommen? Welche Kommentare würden wir bekommen? Die Folgen des Ganzen waren herrlich. Unser Dienst wuchs auf jede erdenkliche Weise. Die finanzielle Unterstützung nahm zu, die Teilnehmerzahlen auf unseren Konferenzen wuchsen, und ganz im Allgemeinen ermutigten und verteidigten die Leute uns. Wir hatten sogar den Eindruck, dass uns diese ganze Sache auf eine neue Ebene des Dienstes katapultiert hatte.

Es war für uns immens wichtig, während dieser Zeit Gott zu gehorchen, und nicht zu versuchen, uns selbst zu verteidigen. In Liebe zu wandeln ist nicht leicht, wenn die Leute nicht liebevoll mit einem umgehen. Ich fand diese Zeitung wirklich sehr unfreundlich, böswillig und teilweise schlicht verlogen, doch Gott benutzte diese Angelegenheit, um uns voranzubringen. In Römer 8,28 steht, dass denen, die Gott lieben und nach seinem Vorsatz berufen sind, alle Dinge zum Guten mitwirken. Wir liebten Gott weiterhin und taten das, zu dem wir uns von Gott aufgefordert fühlten. Anstatt wütend zu reagieren, vertrauten wir darauf, dass er sich um uns kümmert, und das tat er auch.

Ich wollte Ihnen von diesem Beispiel erzählen, weil ich mich noch an den Schmerz erinnern kann, den ich verspürte, als ich diese Artikel las. Ich war gerade von einer auswärtigen Konferenz nach Hause zurückgekommen. Ich war müde und nicht in der Stimmung für einen Schock. Während Sie dieses Buch lesen, spüren Sie vielleicht den Schmerz, abgeurteilt und kritisiert, betrogen, abgelehnt oder zurückgewiesen zu werden. Wenn dem so ist, haben Sie vielleicht versucht, sich durch Gefühle wie gekränkt sein, Unversöhnlichkeit, Bitterkeit, Feindseligkeit und Wut durchzuarbeiten. Ich möchte Sie nur wissen lassen, dass ich wirklich weiß, wie Sie sich fühlen, und ich weiß, wie schwierig es ist, diese Gefühle zu überwinden.

Ich weiß auch, dass es am Ende Wert gewesen ist, die richtige Entscheidung zu treffen. Sie sollten also durch mein Zeugnis ermutigt sein, Zorn und Unversöhnlichkeit zu überwinden und hinter sich zu lassen. Ich glaube, wenn Sie dies tun, werden Sie erleben, wie die Gerechtigkeit Gottes in Ihrem Leben sichtbar wird. Er wird Ihnen für die frühere Schmach doppelten Segen geben. Er wird Sie befreien und Sie voranbringen, wenn Sie in der Liebe bleiben.

Tun Sie das, von dem Sie wissen, dass es richtig ist, und nicht das, was Sie am liebsten tun würden!

WER IST IHR WAHRER FEIND?

Andere zu beschuldigen ist ein Problem, doch anderen ungerechtfertigt die Schuld in die Schuhe zu schieben ist noch schlimmer. Die Bibel sagt uns, dass wir gegen den Teufel und nicht gegen andere Menschen kämpfen (siehe Epheser 6,12). Wir wollen Rache, wenn andere uns verletzen, aber wenn wirklich der Teufel hinter all unserem Schmerz steckt, wie können wir es ihm dann heimzahlen?

In der Bibel steht, dass wir Böses mit Gutem überwinden (siehe Römer 12,21). Satan ist böse, und wir können ihm seine Boshaftigkeit heimzahlen, indem wir strikt jedem gegenüber, den wir treffen, gut sind - einschließlich unseren Feinden gegenüber. Es ist nicht »normal«, für seine Feinde zu beten und sie zu segnen. Das ist nicht die Reaktion, die der Teufel erwartet oder erhofft. Wenn wir wütend und verbittert werden, spielen wir ihm direkt in die Hände. Durch eine unversöhnliche Haltung öffnen wir für ihn eine Tür, durch die er gehen kann, und gestatten ihm, Zugang zu vielen Bereichen unseres Lebens zu bekommen. Dadurch werden unsere Freude, unsere Gesundheit, unser Frieden, unser Gebetsleben, unsere Schlafgewohnheiten und andere Dinge ungünstig beeinflusst. Einheit und Übereinstimmung erzeugen Kraft, woraus man schließen kann, dass Zwietracht und Uneinigkeit Kraftlosigkeit hervorbringen.

HALTEN SIE STREIT VON SICH FERN

Ich glaube, Streit wird von dämonischen Geistern initiiert, die von Satan dazu ausgesandt werden. Ihre Aufgabe ist es, Freude, Frieden, Vorankommen und Wohlergehen zu verhindern. Sie werden geschickt, um Unternehmen, Gemeinden, christliche Dienste, Ehen und ähnliche Institutionen und Beziehungen zu zerstören.

Gott gibt uns die Anweisung, Streit aus unserem Leben herauszuhalten (siehe Philipper 2,3). Wir können dies unmöglich tun, solange wir nicht bereit sind, anderen aus freien Stücken und regelmäßig zu vergeben. Um vergeben zu können, müssen wir eine demütige Haltung einnehmen. Wir müssen erkennen, dass wir selbst auch regelmäßig Vergebung brauchen - sowohl von Gott, als auch von unseren Mitmenschen.

Auseinandersetzungen entstehen durch eine stolze Haltung, und durch nichts anderes. Wo es Neid und Streit gibt, steckt ein überheblicher Geist dahinter, der sich selbst höher achtet als andere (siehe Jakobus 3,14-16). In Römer 2,1 heißt es, dass wir andere wegen genau der Dinge richten, die wir selbst tun. Wir finden Entschuldigungen für unser falsches Verhalten. Wir sind mit uns selbst barmherzig, sind aber nicht bereit, für andere dieselbe Barmher-

> *Um vergeben zu können, müssen wir eine demütige Haltung einnehmen.*

zigkeit aufzubringen. Gott wird uns für diese Art von Haltung zur Rechenschaft ziehen. Er erwartet von uns die Bereitschaft zu vergeben und unseren Zorn zu überwinden.

Paulus schrieb der Gemeinde von Philippi, dass er sehr froh wäre, wenn sie in Einklang leben würden:

Macht meine Freude dadurch vollkommen, daß ihr in Eintracht lebt, eines Sinnes seid und dasselbe Ziel habt, gleiche Liebe habt, einmütig und einträchtig seid und dieselben Vorsätze habt. (Philipper 2,2; LU; z. T. wörtl. a. d. Engl.)

Paulus war sich des wunderbaren Planes Gottes für seine Kinder bewusst. Er wollte für jeden das Beste haben, das Gott für ihn bereithält, und er wusste, dies würde nicht möglich sein, wenn sie nicht in Einklang leben würden. Wir werden in der Heiligen Schrift wiederholte Male dazu aufgerufen, im Frieden zu leben. Jesus selbst wird in der Bibel der »Fürst des Friedens« genannt (Jesaja 9,5).

Gott hat Dave und mir die klare Anweisung gegeben, jeden Streit aus unserem Leben und Dienst herauszuhalten, wenn wir in dem, wozu er uns berufen hat, erfolgreich sein wollen. Um dies tun zu können, müssen wir großzügig darin sein, zu vergeben. Wir müssen uns weigern zuzulassen, dass Wurzeln der Bitterkeit in unseren Herzen aufsprossen (siehe Hebräer 12,15). Wir können uns nicht erlauben, beleidigt zu sein und zornig zu bleiben. Dies bedeutet, nicht unseren Gefühlen folgen zu dürfen; wir müssen uns über die Gefühle hinwegsetzen und das tun, was Gott uns zu tun aufgetragen hat.

Manchmal erwartet Gott von uns, eine bestimmte Sache einfach loszulassen und nicht einmal mehr zu erwähnen, andere Male sollen wir Dingen entgegentreten und offen über eine Situation reden. Kommunikation wirkt oft Verwirrung entgegen und bringt Ausgeglichenheit in Situationen, die Konflikte verursachen. Wenn Menschen Dingen nicht entgegentreten wollen, wollen sie häufig vermeiden, dass jemand mit ihnen unzufrieden ist oder schlecht über sie denkt. Wenn jemand süchtig nach Aner-

Zorn und Unversöhnlichkeit überwinden und hinter sich lassen

kennung ist, wird er direkten Konfrontationen in der Regel aus dem Weg gehen. Dieser Mangel an Auseinandersetzung öffnet Tür und Tor für größere Missverständnisse und Streit.

Es gibt auch Zeiten, in denen Sie einfach geduldig sein und über eine Situation beten müssen. Zu erkennen, wie man mit der jeweiligen Situation umgehen soll, ist ein wirklicher Schlüssel. Ein chinesisches Sprichwort sagt: »Wenn du in einem Augenblick des Zorns die Geduld bewahrst, wirst du einhundert Tagen des Bedauerns entfliehen.« Der Mensch, der Sie zum Zorn reizen kann, hat Macht über Sie. Jedes Mal, wenn Sie sich gestatten, wütend zu bleiben, vergiften Sie Ihren eigenen Körper. Die Bibel macht deutlich, dass der Zorn des Mannes nicht die Gerechtigkeit bewirkt, die Gott haben möchte (siehe Jakobus 1,20).

Widerstehen Sie der Versuchung, den Zorn in Ihrem Herzen Wurzeln schlagen zu lassen.

Trachten Sie danach, nicht in Streit verwickeln zu werden. Bemühen Sie sich darum, mit allen Menschen in Frieden zu leben (siehe Römer 12,18). Widerstehen Sie der Versuchung, den Zorn in Ihrem Herzen Wurzeln schlagen zu lassen. Ich habe herausgefunden, je schneller ich vergebe, desto geringer ist die Wahrscheinlichkeit, ein echtes Problem zu bekommen. Die Bibel lehrt uns, den Angriffen des Teufels zu widerstehen (siehe 1. Petrus 5,8-9). Warten Sie nicht zu lange, bis Sie das tun, von dem Sie wissen, Gott erwartet es von Ihnen. Je länger Sie warten, umso schwieriger wird es, zu gehorchen.

Als der junge David den Riesen Goliath erblickte, lief er rasch zur Schlachtlinie (siehe 1. Samuel 17,48). Ich glaube David war bewusst, wenn er zu lange über Goliath nachdenken würde, würde er vielleicht weglaufen. Er gehorchte Gott sofort, und wir müssen stets genau dasselbe tun. Wenn Gott uns dazu auffordert, etwas zu unternehmen, ist seine Gnade gegenwärtig, um uns dazu zu befähigen. Wenn wir Dinge dann tun, wann wir es für richtig halten, müssen wir sie oft aus eigener Kraft heraus tun.

VIER SCHRITTE ZUM SIEG

Vielleicht haben Sie beschlossen, dem anderen zu vergeben, und stellen trotzdem fest, dass Ihre Gefühle dem Menschen gegenüber, der Sie verletzt hat, noch immer eher von Unversöhnlichkeit geprägt sind. Vergebung ist eine Entscheidung, die Sie treffen müssen, und dann müssen Sie ernsthaft auf dieses Ziel hinarbeiten. Dabei müssen Sie wissen, dass es eine Zeitlang dauern kann, bis Sie am Ziel angekommen sind. Und das ist in Ordnung. Wenn wir das tun, was wir tun können, wird Gott das tun, was wir nicht tun können. Wir können genauso wenig falsche Gefühle verschwinden lassen, wie wir die richtigen Gefühle entstehen lassen können, doch Gott kann und wird dies tun. Wenn wir einfach das tun, wozu die Heilige Schrift uns anleitet, werden wir in der Lage sein, uns durch den ganzen Prozess bis zur Vergebung durchzuarbeiten. Das Erste, was wir tun müssen, ist, denen zu vergeben, die uns verletzt haben. Das Zweite ist, für sie zu beten, so wie Gott es uns aufgetragen hat. Darüber hinaus sollen wir als Drittes unsere Feinde segnen. Jemanden zu segnen heißt, gut über ihn zu reden und das Beste für ihn zu wollen. Reden Sie nicht unfreundlich über diejenigen, die Sie verletzt haben. Reden Sie nicht weiter darüber, was Ihre Feinde getan haben, das Sie verletzt hat. Dadurch brodelt nur der Schmerz weiter in Ihnen.

Ich glaube auch, wir können und sollen unsere Feinde da, wo es angemessen erscheint, auch auf praktische Weise segnen. Einmal hat Gott mich dazu veranlasst, jemandem, der schlecht über mich geredet hatte, einen Geschenkgutschein zu schicken. Sobald ich dies getan hatte, fühlte ich mich von dieser Verletzung befreit, und meine Seele wurde von Freude erfüllt. Ich habe dieser Person nicht das Geschenk geschickt, weil ich der Meinung war, dass sie es verdient hatte. Ich tat es deshalb, weil Gott diejenigen segnet, die es nicht verdient haben, und ich wollte so sein wie er.

Das Vierte, das wir tun müssen, ist warten: »Lasst uns aber im Gutestun nicht müde werden! Denn zur bestimmten Zeit werden wir ernten, wenn wir nicht ermatten« (Galater 6,9). Geben Sie

Zorn und Unversöhnlichkeit überwinden und hinter sich lassen

nicht auf. Halten Sie fest an dem, was richtig ist, und warten Sie darauf, dass Gott Ihre Gefühle ändert.

Ich habe diese vier Prinzipien in meinem Leben angewandt und habe jedes Mal Sieg über ablehnende Gefühle erfahren.

EINE NEUE REAKTION ERLERNEN

Für unsere Niederlagen sind nicht unsere Probleme verantwortlich, sondern vielmehr unsere zornige und rachsüchtige Reaktion auf diese Probleme. Auf Angriffe mit Vergebung zu reagieren ist ein neuer Weg. Wie die meisten Dinge kommt er uns anfänglich unbehaglich und nicht richtig vor. Aus diesem Grunde müssen wir uns fest dazu entschließen, den Schmerz des Zorns zu überwinden und hinter uns zu lassen. Zu lernen, auf der Grundlage des Wortes Gottes anstelle alter Gefühle zu reagieren, ist ein neuer Weg.

Das Christentum wurde einst als »der Weg« bezeichnet (siehe Apostelgeschichte 9,2). Wir haben es mit einem neuen Lebensstil zu tun, der eine neue Reaktion auf dieselben, alten Probleme, mit denen wir schon zuvor zu tun hatten, beinhaltet. Neue Wege und ein neuer Lebensstil sind, wie neue Schuhe, am Anfang oft nicht bequem, was aber nicht bedeutet, sie wären nicht gut oder nützlich. Der alte Weg, auf Angriffe mit Zorn und Unversöhnlichkeit zu reagieren, hat in Ihrem Leben keine gute Frucht hervorgebracht, also probieren Sie doch einen neuen Weg aus. Verbringen Sie Ihr Leben nicht damit, etwas zu tun, das Ihnen nicht zum Guten dient.

Wir müssen uns fest dazu entschließen, den Schmerz des Zorns zu überwinden und hinter uns zu lassen.

Nachfolgend wollen wir uns mit einem der Hauptmerkmale der Sucht nach Anerkennung beschäftigen, das wir überwinden müssen: Die »Es-allen-recht-Macher«-Einstellung.

Kapitel 10

Die »Es-Allen-Recht-Macher«-Einstellung überwinden und hinter sich lassen

Wir sollen Gott wohlgefällig sein, nicht uns selbst oder anderen Leuten. Wenn wir süchtig nach Anerkennung sind, wollen wir es vermutlich auch allen Leuten recht machen. Wir machen wahrscheinlich die Erfahrung, wenn wir es nicht allen recht machen, nicht akzeptiert zu werden, aus diesem Grunde haben wir einen unausgeglichenen Drang nach Anerkennung und haben keine andere Wahl als »Es-Allen-Recht-Macher« zu sein.

Gefallen zu wollen und für andere annehmbar zu sein ist eine ganz natürlich Eigenschaft. Wir könnten sie sogar gottgemäß nennen. Gott möchte, dass wir uns anderen gegenüber gut verhalten und danach streben, ihnen entgegenzukommen. Die Heilige Schrift lehrt uns, es zu einer Angewohnheit werden zu lassen, unserem Nächsten gegenüber wohlgefällig zu sein:

Jeder von uns gefalle (erfreue) dem Nächsten zum Guten, zur Erbauung [stärke ihn und richte ihn geistlich auf]! Denn auch der Christus hat nicht sich selbst gefallen [dachte nicht über seine eigenen Interessen nach]. (Römer 15,2-3a; z. T. wörtl. a .d. Engl.)

Der Apostel Paulus sagt im Brief an die Galater, er würde nicht nach Popularität bei den Menschen streben, und doch macht er im ersten Brief an die Korinther die Aussage, dass er den Menschen wohlgefällig sein und sich an ihre Meinungen und Wünschen anpassen will, damit diese errettet werden:

Denn rede ich jetzt Menschen zuliebe oder Gott? Oder suche ich Menschen zu gefallen? Wenn ich noch Menschen gefiele, so wäre ich Christi [des Messias] Knecht nicht. (Galater 1,10; z. T. wörtl. a. d. Engl.)

Wie auch ich in allen Dingen allen zu gefallen strebe [versuche, mich der Meinung, den Wünschen und Interessen der andern anzupassen und ihnen anzugleichen], dadurch, dass ich nicht meinen Vorteil suche, sondern den der vielen, dass sie errettet werden. (1. Korinther 10,33, z. T. wörtl. a. d. Engl.)

Wenn wir uns diese beiden Bibelverse ansehen, scheinen sie einander beinahe auszuschließen, was sie aber nicht tun, wenn wir näher betrachten, in welcher Herzenshaltung sie geschrieben wurden.

Paulus wollte den Leuten wohlgefällig sein. Er wollte gute Beziehungen zu den Menschen aufrechterhalten, insbesondere aus dem Grunde, um sie dahinzuführen, den Herrn Jesus als ihren Erlöser anzunehmen. Er wollte auch Gott wohlgefällig sein und die Berufung auf seinem Leben erfüllen. Paulus wusste, wie er in diesem Bereich die Ausgeglichenheit bewahren konnte. Er versuchte, den Menschen wohlgefällig zu sein, solange dies nicht bedeutete, dem Herrn zu missfallen. In Apostelgeschichte 5,29 heißt es: »Man muss Gott mehr gehorchen als den Menschen.«

Den Menschen zu gefallen ist gut, doch es ist nicht gut, jedem alles recht machen zu wollen.

Den Menschen zu gefallen ist gut, doch es ist nicht gut, jedem alles recht machen zu wollen. Ich würde solche »Es-Allen-Recht-Macher« als Menschen bezeichnen, die den Leuten um jeden Preis gefallen wollen, selbst dann, wenn sie Zugeständnisse machen müssen, die sie eigentlich nicht mit ihrem Gewissen vereinbaren können. »Es-Allen-Recht-Macher« sind Menschen, die so dringend die Anerkennung anderer brauchen, dass sie es zulassen, von ihnen kontrolliert, manipuliert und benutzt zu werden. Sie werden nicht vom

Heiligen Geist geleitet, so wie es die Heilige Schrift von uns möchte (siehe Römer 8,14).

»Es-Allen-Recht-Macher« sind Menschen, deren Grundlage Furcht ist. Sie haben Angst davor, abgelehnt und verurteilt zu werden, davor, was andere denken oder sagen, und insbesondere vor dem Zorn oder der Missbilligung anderer.

ÜBERPRÜFEN SIE IHRE MOTIVE

Unser Grund oder Motiv, warum wir etwas Bestimmtes tun, ist sehr wichtig. Gott möchte, dass wir reinen Herzens sind. Er möchte, dass wir das, was wir tun, deshalb tun, weil wir glauben, dass er es von uns möchte oder weil es das Richtige ist. Die Liebe sollte dabei unsere Motivation sein. Wir sollten das, was wir tun, Gott und den Menschen zuliebe tun. Wenn wir von Furcht motiviert werden, kann das Gott nicht gefallen.

Wir sollten uns regelmäßig ein wenig Zeit dafür nehmen, uns zu fragen, warum wir das tun, was wir tun. Gott ist nicht beeindruckt von dem, was wir tun, ihn interessiert vielmehr das »Warum« dahinter.

Gott sagt uns in seinem Wort, wir sollen nicht deshalb gute Taten vollbringen, damit diese von den Menschen gesehen werden. Wir sollen nichts deshalb tun, damit es von Menschen anerkannt und respektiert wird. Wenn wir beten, sollen wir es nicht tun, damit es von Menschen gesehen wird, oder um zu versuchen, Gott zu beeindrucken, indem wir viele Worte machen und diese immer wieder wiederholen. Die Länge und kluge Wortwahl unserer Gebete beeindrucken Gott nicht. Er ist mehr an Aufrichtigkeit und Ernsthaftigkeit interessiert. Jedes unserer Werke, das unrein ist, wird am Tage des Gerichts verbrannt werden. Wir verlieren unseren Lohn für jedes unserer Werke, das aus unreinen Motiven heraus geschehen ist (siehe Matthäus 6,1-7 und 1. Korinther 3,13-15).

Wenn wir etwas für die Menschen tun, und unsere Motive unrein sind, sind wir nicht im Willen Gottes. Nicht jedes Werk, das gut zu sein scheint, ist es auch. Ein Werk ist nur dann gut, wenn es im Willen Gottes geschieht. Zwei Menschen können dieselbe »gute Tat« vollbringen, und doch kann es sein, dass Gott nicht für beide die Tat als gute Tat anrechnet. Einer von beiden ist vielleicht im Willen Gottes, der andere vielleicht nicht, was von den Motiven für ihre Taten abhängt.

Alles, was ich tue, versuche ich aus den richtigen Motiven heraus zu tun. Wenn ich gebeten werde, eine Aufgabe zu übernehmen, und ich mich nicht wirklich von Gott dazu geführt fühle, oder ich weiß, ich kann es nicht in meinem Zeitplan unterbringen, ohne dass die Sache in Stress ausartet, übernehme ich die Aufgabe nicht! Wenn die Leute ein »ja« hören wollen, und man »nein« zu ihnen sagt, gefällt ihnen das natürlich nie. Doch diejenigen, die wirklich Ihre Freunde sind, werden Ihnen die Freiheit geben, Ihre eigenen Entscheidungen zu treffen. Sie werden die Entscheidungen, die Sie treffen, respektieren. Sie werden Sie nicht unter Druck setzen oder Ihnen Schuldgefühle einreden, weil Sie nicht das tun, was sie wollen. Ihre wahren Freunde sind nicht diejenigen, die Sie lediglich für ihre eigenen Zwecke benutzen oder diejenigen, die immer ärgerlich werden, wenn Sie nicht das tun, was sie von Ihnen wollen.

Es ist unsere Verantwortung, den Leuten, die uns kontrollieren wollen, entgegenzutreten. Wenn wir dies nicht tun, machen wir uns genauso schuldig wie sie. Wenn Menschen versuchen, uns zu kontrollieren, handeln sie gegen den Willen Gottes, doch wenn wir ihnen nicht entgegentreten, handeln wir ebenso gegen den Willen Gottes.

Es ist unsere Verantwortung, den Leuten, die uns kontrollieren wollen, entgegenzutreten.

Wenn wir ängstlich sind, können wir nicht anderen die Schuld dafür in die Schuhe schieben. Es ist für Gott eine Beleidigung, wenn wir die Menschen mehr fürchten als ihn. Wir sollten Gott nicht in einer falschen Weise fürchten, aber wir sollten ihn respektieren in dem Wissen, dass er meint, was er sagt. Weil Gott uns in seinem Wort gesagt hat, wir sollten nicht darauf aus sein, den Menschen zu Gefallen zu leben, müssen wir dieses Gebot auch ernst nehmen und nicht erlauben, dass sich in uns eine unausgewogene »Es-Allen-Recht-Macher«-Einstellung breit macht.

Leben Sie, um Gott wohlgefällig zu sein, und Sie werden nie »anerkennungssüchtig« sein.

Was Sie über sich selbst denken, ist wichtiger als das, was andere über Sie denken. Sie können sich in Ihrer Haut nicht wohl fühlen, wenn Sie wissen, dass das, was Sie tun, nicht die Zustimmung Gottes findet. Es ist nicht gut, wenn Sie »ja« sagen und sich dabei selbst nicht respektieren, weil Sie es nicht schaffen, »nein« zu sagen.

Gemäß Römer 8,14 sind all diejenigen, die durch den Geist Gottes geleitet werden, Söhne Gottes. Reife Christen werden durch den Geist Gottes geleitet, und nicht durch andere Menschen. Sie haben gelernt, ihrem eigenen Herzen zu vertrauen. Sie jagen dem Frieden nach, nicht den Menschen (siehe Hebräer 12,14).

GEHEN SIE MIT GOTT

Die Bibel lehrt uns in Johannes 12,42-43, dass viele der Obersten an Jesus glaubten, dies jedoch nicht bekannten, weil sie fürchteten, aus der Synagoge ausgeschlossen zu werden, wenn sie dies zugeben würden. »Sie liebten die Anerkennung, das Lob und die Ehre, die von den Menschen kommt mehr als die Ehre, die von Gott kommt« (Vers 43; z. T. wörtl. a. d. Engl.).

In diesem Beispiel sehen wir, wie manche Menschen dadurch von einer Beziehung mit Jesus abgehalten wurden, weil sie süchtig nach Anerkennung waren. Obwohl sie eine Beziehung zum Herrn eingehen wollten, bedeutete ihnen die Anerkennung der Menschen mehr. Das ist traurig, geschieht jedoch andauernd.

Ich kenne eine Frau, die schwere emotionale Probleme hatte. Sie besuchte eine Bibelgruppe, in der sie die Erfüllung mit dem Heiligen Geist erfuhr. Sie war überwältigt vor Freude. Gott hatte sie berührt, und das war ihr bewusst. Als sie dies ihren Brüdern und Schwestern erzählte, sagten diese, sie sei verrückt. Sie sagten zu ihr, sie müsste vorsichtig mit »emotionalen Erfahrungen« sein. Sie sagten ihr, dass das, was sie erlebt hatte, möglicherweise vom Teufel und überhaupt nicht von Gott gewesen sein könnte. Sie machten ihr Angst, und weil sie sich vor dem fürchtete, was die Leute über sie denken könnten, verfolgte sie ihre neu gewonnene Beziehung mit dem Herrn nicht weiter. Diese Frau war Christ und besuchte regelmäßig den Gottesdienst, also war sie einfach still und fuhr damit fort, den vorgeschriebenen Richtlinien ihrer Denomination zu folgen, in denen solche »Erfahrungen« mit Gott keinen Platz hatten. Sie wurde auch wieder depressiv und neurotisch. Gott versuchte, ihr zu helfen, doch ihr war die Anerkennung der Menschen wichtiger als seine Anerkennung.

Ich trete nicht dafür ein, geistliche Erfahrungen zu suchen, doch wenn Gott zu uns kommt und wir ihn erfahren, sollten wir dies bejahen. Ich würde einmal annehmen, dass Paulus auf der Straße nach Damaskus eine ziemlich eindringliche Erfahrung gemacht hat, als Jesus zu ihm sprach, und seine Macht Paulus zu Boden fallen ließ (siehe Apostelgeschichte 9,1-20). Meiner Meinung nach können Menschen Erfahrungen, die sie nicht selbst gemacht haben, häufig auch nicht anerkennen. Die Bibel lehrt uns, dass es Menschen geben wird, die eine Art von Frömmigkeit ausüben, deren Kraft jedoch verleugnen (siehe 2. Timotheus 3,5). Ich habe festgestellt, dass die Lehren der Menschen die Kraft Gottes rauben können.

Folgen Sie Gott nach, nicht den Menschen!

Folgen Sie Gott nach, nicht den Menschen! Die Leute, die in Johannes 12 erwähnt werden, wussten, Jesus war derjenige, für den er sich ausgab. Sie glaubten an ihn, doch weil ihnen Anerkennung so wichtig war, konnten sie keine echte Beziehung zu ihm eingehen. Mich würde interessieren, was aus ihnen geworden ist. Was haben sie verpasst, weil sie zu den Menschen »ja« und zu Gott »nein« gesagt haben? Mich würde interessieren, wie viele von ihnen in der Bibel nie wieder erwähnt wurden. Ich frage mich, ob sie völlig in Vergessenheit geraten sind und niemals ihre Bestimmung erfüllt haben, weil ihnen die Anerkennung der Menschen wichtiger war als die Anerkennung durch Gott. Wie viele von ihnen haben ihr Leben damit verbracht, sich selbst nicht mehr zu respektieren, weil sie den Menschen zu Gefallen gelebt haben?

Nicht jeder wird uns mögen. Vor kurzem habe ich gelesen, dass uns statistisch gesehen zwei Prozent der Bevölkerung nicht mögen werden, und wir können nichts weiter tun, als dies einfach zu akzeptieren und mit unseren Tagesgeschäften fortzufahren. Wenn wir unser Leben damit verbringen, uns Gedanken darüber zu machen, was andere über uns denken, werden wir nie Risiken eingehen und zu neuen Ufern aufbrechen. Wir werden unsere Träume aufgeben.

Satan ist ein Traumdieb, und er wirkt durch Menschen hindurch, die selbstsüchtig genug sind, uns unsere Träume zu rauben, damit ihre eigenen wahr werden. Die Menschen um Sie herum werden vielleicht nicht verstehen oder damit übereinstimmen, wie Sie Ihr Leben führen wollen. Wenn Sie diese Tatsache zu wichtig nehmen, werden Sie eines Tages aufwachen und erkennen, nie wirklich gelebt zu haben und nur manipuliert und von Leuten ausgenutzt worden zu sein, die sich eigentlich nicht wirklich etwas aus Ihnen gemacht haben.

Jeder hat ein Recht auf seine eigene Meinung, und die Informationen und Rückmeldungen, die wir von anderen erhalten, können wertvoll sein. Wir dürfen das, was andere denken, nicht automatisch ablehnen, doch wir dürfen uns davon auch nicht kontrollieren lassen. Wir dürfen nicht vergessen, die Leute sagen lediglich das, was ihre eigene Meinung ist, und das ist nicht notwendigerweise eine Tatsache. Was sie denken, kann für sie richtig und für uns falsch sein.

Sie sind eine Persönlichkeit mit individuellen Rechten. Lassen Sie es nicht zu, dass Ihnen irgendjemand das stiehlt, was Jesus Ihnen durch seinen Kreuzestod geschenkt hat – nämlich die Freiheit, der Führung des Heiligen Geistes für Sie als individuelle Persönlichkeit zu folgen.

PFLICHT ODER WUNSCH

Im Leben von »Es-Allen-Recht-Machern« ist Pflicht die treibende Kraft, und nicht ein Wunsch. Sie tun viele Dinge aus einem Pflichtgefühl heraus. Wenn sie um etwas gebeten werden, können sie schlecht »nein« sagen. Wenn wir etwas Gutes aus Groll und einem Gefühl des Benutztwerdens und des Drucks heraus tun, haben wir daran keine Freude und keinen Gewinn.

Vergessen Sie nicht: Solange wir das, was wir tun, nicht aus den richtigen Motiven heraus tun, verlieren wir unseren Lohn. Wir haben biblische Verpflichtungen. Die Heilige Schrift sagt uns zum Beispiel, dass es unsere Pflicht ist, uns um unsere Familien zu kümmern (siehe 1. Timotheus 5,8). Wenn wir Großeltern haben oder Eltern, die schon älter sind, ist es unsere Pflicht, für sie zu sorgen. Das ist eine Pflicht, der wir nachkommen müssen, ob uns danach ist oder nicht. Vielleicht haben Sie ja hilfsbedürftige ältere Eltern, die sich nie so richtig um Sie gekümmert haben. Vielleicht haben sie Sie sogar missbraucht. Ist es da jetzt wirklich Ihre Pflicht, sich um sie zu kümmern? Ohne Zweifel. Wenn Sie es nicht für sie tun können, dann tun Sie es für Gott, und tun Sie es mit einer vernünftigen Einstellung. Es ist Ihre Pflicht.

Wir haben biblische Pflichten, doch andererseits sollten wir nicht erlauben, dass all die Dinge, von denen es im Leben heißt, man sollte sie tun, die Kontrolle über uns haben. Es gibt einen großen Unterschied zwischen dem Erfüllen unserer Pflichten Gott gegenüber und dem, wozu Menschen uns manchmal verpflichten wollen.

Sie sollten sich beispielsweise nicht vor jedem Weihnachtsfest in Schulden stürzen, weil Sie das Gefühl haben, Sie müssten Geschenke für Verwandte kaufen, die Sie nicht einmal leiden können. Kaufen Sie Geschenke für andere, weil Sie Angst davor haben, was sie über Sie denken könnten, wenn Sie es nicht tun? Oder kaufen Sie sie, weil Sie auf ihre Wertschätzung angewiesen sind? Vielleicht kaufen Sie sogar für andere Geschenke, damit Sie von ihnen auch wiederum etwas geschenkt bekommen. Wenn dem so ist, haben Sie die falschen Motive. Es ist nicht der Wille

Gottes, dass Sie Schulden machen, um Geschenke zu kaufen. Haben Sie den Mut, die Wahrheit zu sagen.

SIE HABEN SELBST LEGITIME RECHTE

Menschen, die jedem alles recht machen wollen, legen ihre eigenen legitimen Rechte schnell und regelmäßig beiseite. Sie hinwegzuleugnen führt irgendwann schließlich in eine explosive Situation. Permanent anderen gefallen zu wollen laugt einen aus, weshalb viele Menschen, die ständig jedem alles recht machen wollen, meist ängstlich, besorgt, unglücklich und müde sind. Sie sind über die Tatsache verärgert, dass andere nicht viel für sie tun, verleugnen jedoch oft die Tatsache, dass sie legitime Rechte haben.

Menschen, die ständig jedem alles recht machen wollen, denken, wenn sie jemanden um Hilfe bitten, würden sie ihm das Gefühl geben, zu etwas verpflichtet zu sein. Obwohl sie selbst das meiste von dem, was sie tun, aus einem gewissen Pflichtgefühl heraus tun, wollen sie nicht, dass andere ihnen gegenüber dieses Gefühl haben. Sie glauben, dass für sie ohnehin niemand etwas tun möchte. Die meisten »Es-Allen-Recht-Macher« haben dieses Gefühl, weil sie ein schlechtes Bild über sich selbst haben. Sie halten nichts von sich selbst, und deshalb glauben sie, es würde auch niemand anders etwas von ihnen halten.

»Es-Allen-Recht-Macher« sind oft in einem Elternhaus aufgewachsen, in dem ihre Bedürfnisse und Gefühle nicht gewürdigt, respektiert oder als wichtig angesehen wurden. Von ihnen wurde schon als Kind erwartet, sich um die Bedürfnisse anderer zu kümmern. Die meisten »Es-Allen-Recht-Macher« richten ihren Blick primär auf andere und kaum auf sich selbst. Manchmal ist ihnen nicht einmal bewusst, was sie fühlen oder denken, ihnen ist nicht ein-

Menschen, die jedem alles recht machen wollen, legen ihre eigenen legitimen Rechte schnell und regelmäßig beiseite.

mal klar, was sie selber wollen. Sie sind im Verleugnen ihrer eigenen Bedürfnisse so gut geworden, dass sie sich nicht einmal die Frage stellen, ob sie überhaupt welche haben.

Eine Frau, die ich einmal Patty nennen möchte, ist in einem gestörten Elternhaus aufgewachsen. Pattys Vater war Alkoholiker und wurde oft ausfallend. Als Folge dessen lernte sie, ihre eigenen Bedürfnisse außer Acht zu lassen und ihre Zeit damit zu verbringen, für andere zu sorgen. Sie entwickelte einen Märtyrerkomplex. Sie tat Dinge für andere, obwohl sie es widerwillig tat. Patty hatte das Gefühl, ausgenutzt zu werden, wollte für sich selbst aber nichts in Anspruch nehmen, selbst wenn es ihr angeboten wurde. Sie fühlte sich wertlos, und deshalb wollte sie auch nichts annehmen.

Patty lebte unter enormem Stress, von dem sie sich aufgrund dessen, wie sie aufgewachsen war, den größten Teil selbst auferlegte. Bei ihr wurde massive Arthritis diagnostiziert, die starke Schmerzen hervorrief. Ihr emotionaler und physischer Schmerz zusammen war mehr, als sie ertragen konnte. Sie wurde sehr depressiv.

Patty fing damit an, zu einem Seelsorger zu gehen, der sie fragte, welche Erwartungen sie vom Leben hätte. Diese Frage konnte sie ihm nicht beantworten, weil sie bisher nicht einmal darüber nachgedacht hatte, was *sie* wollte. Sie musste viel in ihrer eigenen Seele nachforschen und lernen, dass es völlig in Ordnung ist, Bedürfnisse und Wünsche zu haben. Sie hatte sich so daran gewöhnt, nichts von dem, was sie sich im Leben gewünscht hätte, zu bekommen, dass sie sich erst gar nichts mehr wünschte. Sie hatte Angst davor, sich irgendetwas zu wünschen, weil sie glaubte, nicht das Recht dazu zu haben. Sie fühlte sich wertlos und herabgesetzt.

Es war sehr wohltuend zu sehen, wie Patty anfing zu lernen, dass es in Ordnung ist, legitime Bedürfnisse zu haben und zu erwarten, dass sie andere erfüllen. Sie fing an, Hoffnungen und Träume im Leben zu haben, und das gab ihr eine Perspektive. Sie ist auf einem guten Weg, die »Es-Allen-Recht-Macher«-Sucht zu überwinden.

Die »Es-Allen-Recht-Macher«-Einstellung überwinden und hinter sich lassen

Wir alle haben Bedürfnisse, insbesondere emotionale Bedürfnisse. Diese zu verleugnen baut eine explosive Spannung auf. Was brauchen wir in emotionaler Hinsicht? Wir brauchen Liebe, Ermutigung und Freundschaft – jemanden, mit dem wir uns verbunden fühlen und auf den wir uns verlassen können. Wir brauchen Annahme, Anerkennung und Freude.

Wir alle haben Bedürfnisse, insbesondere emotionale Bedürfnisse.

GOTT MÖCHTE, DASS SIE FREUDE AM LEBEN HABEN

Als ich aufwuchs, hatte ich keine Freude am Leben. Ich durfte mich nie wirklich wie ein Kind benehmen. Ich kann mich daran erinnern, wenn ich spielte, wurde ich zurechtgewiesen und bekam Ärger dafür. In unserem Zuhause konnte man keine Freude haben. Es war ein Haus, das Furcht und Angst verbreitete.

Als erwachsener Christ fing ich an zu erkennen, dass ich mich schuldig fühlte, sobald ich anfing, an etwas Freude zu haben. Wenn ich arbeitete, fühlte ich mich sicher, doch ich verwehrte mir selbst, mich an etwas zu erfreuen. Ich hatte nicht das Gefühl, dass dies für mich ein legitimes Recht war. Ich verübelte es anderen Leuten, wenn sie nicht so lange und hart arbeiteten wie ich. Mein Mann genoss sein Leben richtig, und das machte mich wütend. Ich hatte den Eindruck, er könnte so viel mehr im Leben erreichen, wenn er nur ernsthafter wäre.

Heute weiß ich, ich war nicht deswegen wütend, weil Dave sein Leben genoss, vielmehr war ich deshalb wütend, weil ich mein Leben nicht genoss. Doch ich war die Einzige, die daran etwas ändern konnte. Es war töricht von mir, Dave und den anderen Leuten übel zu nehmen, dass sie Freude am Leben hatten, denn diese Freude stand auch mir zur Verfügung, und ich hätte sie nur ergreifen müssen.

Ich mochte mich selbst nicht. Tief im Innern glaubte ich, kein guter Mensch zu sein, und ich bestrafte mich selbst dafür, dass ich schlecht war, indem ich mir jede Freude vorenthielt. Schlechte Menschen haben es schließlich nicht verdient, ihr Leben zu genießen!

Der Heilige Geist arbeitete lange an mir, bis ich schließlich verstand, dass Gott wollte, dass ich mein Leben genieße. Jesus sagte einmal: »Ich bin gekommen, damit ihr Leben habt und es genießt« (Johannes 10,10; z. T. wörtl. a. d. Engl.). Wir brauchen Freude am Leben. Ohne sie ist das Leben unausgeglichen, und Satan wird eine Tür geöffnet, damit er uns verschlingen kann (siehe 1. Petrus 5,8). Die Freude am Herrn ist unsere Stärke (siehe Nehemia 8,10; LU u. EÜ). Es gibt eine Zeit fürs Arbeiten und eine Zeit fürs Spielen, eine Zeit fürs Klagen und eine Zeit fürs Lachen (siehe Prediger 3,1-8).

Lernen Sie, zu empfangen: von Gott, von Menschen, die Sie segnen wollen, und von sich selbst.

Stellen Sie sicher, dass Sie nicht Ihre legitimen Rechte verleugnen. Es ist gut, anderen zu helfen und als Christen sind wir dazu aufgerufen. Doch es ist nicht falsch, etwas für uns selbst zu tun. Stellen Sie sicher, dass Sie sich Zeit für sich selbst nehmen. Nehmen Sie sich die Zeit, um Dinge zu tun, an denen Sie Freude haben.

Lernen Sie, zu empfangen: von Gott, von Menschen, die Sie segnen wollen, und von sich selbst. Die Einzigen, von denen Sie nichts annehmen sollten, sind der Teufel sowie Menschen, die von ihm benutzt werden. Wenn Ihnen jemand ein Kompliment macht, nehmen Sie es dankbar an. Wenn Sie jemand herabsetzt, weisen Sie dies zurück. Wenn Ihnen jemand Liebe und Güte erweist, nehmen Sie dies an. Wenn Sie jemand ablehnt, tun Sie das, was Jesus seinen Jüngern aufgetragen hat: Schütteln Sie die Ablehnung ab und gehen Sie weiter!

Seien Sie entschlossen, Ihr Leben zu genießen. Sie leben nur dieses eine Mal, also genießen Sie es.

»WENN ICH ANDEREN NICHT ZU GEFALLEN LEBE, FÜHLE ICH MICH SCHLECHT«

Fühlen Sie sich schlecht, wenn Sie anderen nicht alles recht machen? Vor vielen Jahren habe ich angefangen zu erkennen, ich versuchte so sehr, anderen alles recht zu machen, weil es für mich wichtig war, und dabei ging es mir weniger um die anderen. Wenn ich ihnen etwas zu Gefallen tun konnte, fühlte ich mich gut. Wie sie sich fühlten, war mir, glaube ich, relativ gleichgültig, mir ging es um *mich*. Ist Ihnen schon einmal in den Sinn gekommen, wenn man es immer allen recht machen will, könnte dies vielleicht mehr ein Ausdruck von Egoismus als von Opferbereitschaft sein?

»Es-Allen-Recht-Macher« fühlen sich schrecklich, wenn ihre Entscheidungen anderen nicht gefallen. Sie übernehmen die Verantwortung für die emotionalen Reaktionen anderer. In meinem früheren Leben war es so: Wenn ich den Eindruck hatte, dass jemand wütend, unglücklich oder enttäuscht war, habe ich mich unwohl gefühlt. Ich konnte mich nicht wieder wohl fühlen, solange ich nicht das meiner Meinung nach Notwendige getan hatte, damit der andere wieder glücklich ist.

Ich erkannte nicht, solange ich dem Willen Gottes für mein Leben folgte, war ich für die Reaktionen anderer nicht verantwortlich. Vielleicht ist es nicht immer möglich, das zu tun, was andere Leute wollen, doch ein geistlich reifer Mensch lernt, mit Enttäuschungen umzugehen und die richtige Einstellung zu bewahren. Wenn Sie das tun, zu dem Sie Gott Ihrer Meinung nach beauftragt hat, und andere nicht damit einverstanden sind, ist das nicht Ihr Problem, sondern deren.

Als ich aufwuchs, war mein Vater die meiste Zeit über zornig. Die meiste Zeit über spielte ich zu Hause die Friedensstifterin. Ich versuchte permanent, ihn bei Laune zu halten. Ich hatte Angst vor seinem Zorn.

Als ich erwachsen wurde, behielt ich diese Praxis bei – nur wandte ich sie nun auf jeden an. Jedes Mal, wenn ich mit jemandem zusammen war, der unglücklich zu sein schien, hatte ich immer den Eindruck, das könnte vielleicht an mir liegen; und auch wenn ich gar nichts dafür konnte, fühlte ich mich dazu gedrängt, das Problem zu beheben. Ich tat, was immer ich konnte, damit sie glücklich und zufrieden werden und bleiben würden, ohne zu merken, dass ihre persönliche Zufriedenheit nicht meine, sondern ihre eigene Verantwortung war.

Wann immer mein Mann unsere Kinder zurechtwies, und sie wütend wurden, sagte Dave, dies sei ihr Problem. Er wusste, er musste sie zurechtweisen, und sie mussten ihre Reaktion darauf mit Gott ausmachen. Doch wenn ich sie zurechtwies, und sie wütend wurden, wollte ich sie sofort, nachdem ich mit ihnen geschimpft hatte, wieder fröhlich stimmen. Auf diese Weise machte ich jede Zurechtweisung gleich wieder zunichte. Ich tröstete sie schon, bevor sie überhaupt die Konsequenzen der Zurechtweisung spüren konnten.

Wenn ich eines unserer Kinder – oder später einen unserer Angestellten – zurechtwies, verbrachte ich übermäßig viel Zeit damit, zu erläutern, warum ich das tat, was ich tat. Ich wusste, eine Zurechtweisung war unumgänglich, doch ich wollte nicht, dass irgendjemand böse ist; deshalb versuchte ich so lange auf die Leute einzureden, bis sie meine Zurechtweisung gut finden würden. Wofür lediglich fünf Minuten oder weniger notwendig gewesen wären, nahm oft fünfundvierzig Minuten oder mehr in Anspruch, weil ich immer sicher sein wollte, dass jeder mit der Art und Weise, wie ich ihn zurechtwies, zufrieden war.

Hüten Sie sich davor, ein falsches Verantwortungsbewusstsein zu entwickeln.

Mein Mann versuchte, mir klar zu machen, was ich da tat, aber ich war in diesem Bereich so verblendet, dass ich die Tatsachen so lange nicht erkennen konnte, bis Gott sie mir offenbarte.

Ich sagte zu mir selbst, dass ich Leute nicht verletzen, irritieren oder aufbringen wollte. In Wirklichkeit wollte ich nur nicht, dass irgendjemand auf *mich* böse ist. Ich wollte nicht, dass irgendjemand schlecht über *mich* denkt. Es ging mir wirklich um *mich*.

Die »Es-Allen-Recht-Macher«-Einstellung überwinden und hinter sich lassen

Wenn Sie nicht in der Lage sind, den Leuten das zu geben, was sie gerne hätten, und sie darüber unglücklich sind, ist das nicht Ihre Schuld. Hüten Sie sich davor, ein falsches Verantwortungsbewusstsein zu entwickeln. Sie haben es in Ihrem Leben mit genügend gerechtfertigter Verantwortung zu tun – übernehmen Sie nicht auch noch die ungerechtfertigte.

Wenn Sie zu ihren Kindern sagen, sie dürften eine bestimmte Sache nicht tun, weil Sie den Eindruck haben, es sei nicht gut für sie, sind Sie nicht dafür verantwortlich, dass Ihre Kinder Ihr »nein« gerne hören. Während sie heranwachsen, werden sie hoffentlich da hineinwachsen; doch manche Leute können ihr ganzes Leben lang schlecht ein »nein« vertragen, egal wie alt sie auch sind. Wir alle müssen ab und zu ein »nein« hören; wenn nicht, werden wir nie mit irgendetwas anderem zufrieden sein, solange wir nicht unseren Willen bekommen.

Ich würde wagen zu sagen, wenn Sie zu Ihren Kindern nie »nein« sagen, erweisen sie ihnen keine rechte Liebe. *Seien Sie Vater, beziehungsweise Mutter!* Vielleicht möchten Sie zu Ihren Kindern ein freundschaftliches Verhältnis haben, so wie ich es wollte, aber Sie können nicht immer gleichzeitig Elternteil und Freund sein.

Einmal kam eine Frau, die für mich arbeitete, zu mir und fragte mich, ob sie mit mir ein freundschaftliches Gespräch führen könnte. Ich bejahte dies. Sie fing damit an, mir zu erzählen, wie unzufrieden sie mit ihrem Gehalt sowie einigen anderen Aspekten, die ihre Arbeit betreffen, sei. Sie konnte nicht nachvollziehen, warum mich ihre Ausführungen aufregten. Immerhin redete sie mit mir doch als Freundin! Schließlich sagte ich ihr, dass ich, obwohl ich ihre Freundin sein wollte, in dieser bestimmten Situation nicht gleichzeitig ihre Chefin und Freundin sein könne. Sie wollte sicherlich kein »nein« von mir hören, doch ich wusste, dies musste meine Antwort an sie sein.

Wenn Sie Autorität ausüben – und ich würde wagen zu behaupten, dass jeder über irgendetwas Autorität hat, und wenn es nur die Katze oder der Hund ist –, müssen Sie erkennen, dass Sie kaum Entscheidungen treffen können, die jedem jederzeit zusagen. Wenn Sie süchtig nach Anerkennung sind, werden Sie eine armselige Autoritätsperson sein.

MIT GRENZEN LEBEN

Menschen, die immer jedem alles recht machen wollen, leben nicht innerhalb irgendwelcher innerer Abgrenzungen. In ihren Bemühungen, den Menschen zu gefallen, überschreiten sie vernünftige Grenzen. Blicken wir den Tatsachen ins Gesicht – oft erwarten die Leute von uns, dass wir Dinge tun, die wir entweder nicht tun sollten oder können.

Es ist schmerzhaft, ein »Es-Allen-Recht-Macher« zu sein. Einige von ihnen haben sich selbst kaum in vernünftiger Weise im Blick. Wenn sie sich wirklich einmal einen Augenblick lang mit sich selbst beschäftigen, kommen sie sich selbstsüchtig vor und halten sich für schuldig und zu nachgiebig, weshalb sie oft auf dem Sprung sind und sich beeilen, um alles zu erledigen, damit jeder glücklich und zufrieden ist. Weil sie so sehr damit beschäftigt sind, Dinge für andere zu tun, arbeiten sie meist härter als die meisten anderen Leute. Weil sie so viel geschafft bekommen und so umgänglich sind, werden sie oft als Erste gefragt, wenn es darum geht, Aufgaben zu verteilen. Die Folge ist, dass sie leicht ausgenutzt werden, weil es ihnen schwer fällt, »nein« zu sagen. Sie ziehen oft nicht einmal in Betracht, dass sie auch »nein« sagen könnten. Sie gehen schlicht und ergreifend davon aus, sie sollten alles tun, um das sie von irgendjemand gebeten werden, ganz gleich, wie unvernünftig das Anliegen auch sein mag. Wenn sie es tatsächlich einmal wagen, zu einer Anfrage »nein« zu sagen, lassen sie oft das »nein« zu einem »ja« werden, wenn die anderen sauer oder verärgert reagieren.

Menschen, die immer jedem alles recht machen wollen, überschreiten die Grenzen der Vernunft, wenn sie glauben, dies würde dazu führen, dass jeder mit ihnen zufrieden ist. Die meisten Leute werden uns ausnutzen, wenn wir sie lassen. Das liegt in der Natur des Menschen. Verlassen Sie sich nicht darauf, von

Die »Es-Allen-Recht-Macher«-Einstellung überwinden und hinter sich lassen

anderen fair und ehrlich behandelt zu werden. Sie müssen selbst die Verantwortung dafür übernehmen, von anderen nicht ausgenutzt zu werden.

Oft sind wir darüber verbittert und aufgebracht, wenn uns andere ausnutzen, und erkennen dabei nicht, dass wir genau so schuldig sind wie sie, wenn nicht noch mehr. Es ist meine Verantwortung, mein Leben unter der Führung des Heiligen Geistes zu meistern. Es ist für andere unmöglich, mich auszunutzen, solange ich sie nicht lasse. Vielleicht werden sie es ein oder zwei Mal schaffen, bevor ich merke, was vor sich geht, doch sobald ich merke, wie der Hase läuft, bin ich dafür verantwortlich, dem Ganzen Einhalt zu gebieten.

Ich hatte einmal einen Chef, der mich ausgenutzt hat. Er verlangte von mir, so viele Überstunden zu machen, dass mich das davon abhielt, genügend Zeit mit meiner Familie zu verbringen. Ich war völlig überarbeitet und hatte nie Zeit für mich. Er zeigte nie irgendwelche Anerkennung, und ganz gleich, was ich auch tat, erwartete er immer noch mehr. Wenn ich auch nur zaghaft andeutete, dass ich eine seiner Anforderung vielleicht nicht erfüllen konnte, kam sein Zorn zutage, und ich zog den Schwanz ein und erklärte mich bereit, das zu tun, was er von mir verlangte.

> *Es ist für andere unmöglich, mich auszunutzen, solange ich sie nicht lasse.*

Im Laufe der Jahre lehnte ich mich mehr und mehr gegen seine Kontrolle auf. Ich fand, er sollte genügend Verantwortungsgefühl besitzen, um sich bewusst zu machen, dass er zu viel von mir erwartet. Ich wollte, dass er sieht, dass mein Leben aus dem Gleichgewicht geraten war und ich es ihm wert war, dass er sagen würde: »Nehmen Sie sich eine Zeit lang frei, Sie haben es sich auf jeden Fall verdient.«

Als ich eines Tages über die Situation betete und mich bei Gott darüber beklagte, wie unfair sie doch sei, sagte er zu mir: »Was dein Chef macht, ist falsch, aber die Tatsache, dass du ihm diesbezüglich nicht entgegentrittst, ist genauso falsch.« Es fiel mir schwer, das zu hören. Wie die meisten anderen Leute auch, wollte ich jemand anderem die Schuld für meinen mangelnden Mut in die Schuhe schieben. Hätte ich nicht zu den Leuten gehört, die anderen immer alles recht machen wollen, und wäre ich nicht so ängstlich gewesen, hätte ich mir fünf Jahre Stress ersparen können, der mich schlussendlich sehr krank machte. Mein Chef war nicht mein Problem, sondern ich selbst. Wie ich bereits schrieb, werden uns viele Leute ausnutzen, wenn wir dies zulassen. Ich ließ zu, dass er mich ausnutzte.

Es ist wichtig zu erkennen, dass Ihnen Gott zuallererst einmal Autorität über Ihr eigenes Leben gegeben hat. Wenn Sie diese Autorität nicht akzeptieren und ausüben, werden Sie vielleicht Ihr Leben damit zubringen, andere für etwas verantwortlich zu machen, um das Sie sich selbst kümmern sollten. Sie sollten Ihre eigenen Entscheidungen in Übereinstimmung mit dem treffen, was Sie als den Willen Gottes für sich ansehen. Am Tage des Gerichts wird Gott von niemand anderem Rechenschaft über Ihr Leben fordern, sondern ausschließlich von Ihnen (siehe Matthäus 12,36 und 1. Petrus 4,5)!

Was werden Sie sagen, wenn Jesus Sie am Tage des Gerichts fragen wird, warum Sie nie dazu gekommen sind, der Berufung auf Ihrem Leben zu folgen? Wollen Sie ihm antworten, dass Leute Sie ausgenutzt haben und Sie nichts dagegen tun konnten? Werden Sie ihm sagen, Sie wären so sehr damit beschäftigt gewesen, anderen Menschen zu Gefallen zu leben, dass Sie nie dazu gekommen sind, ihm zu Gefallen zu leben? Glauben Sie wirklich, dass er derartige Entschuldigungen für akzeptabel halten wird?

RICHTEN SIE GRENZEN EIN

So wie jemand um sein Grundstück herum einen Zaun aufrichtet, um Eindringlinge fernzuhalten, müssen auch Sie Grenzen einrichten – unsichtbare Grenzlinien, die Sie in Ihrem Leben ziehen, damit Sie davor geschützt sind, ausgenutzt und missbraucht zu werden. Wenn Sie Ihren Garten abgezäunt hätten, und an einem sonnigen Nachmittag in Ihren Garten hinausschauen und

Die »Es-Allen-Recht-Macher«-Einstellung überwinden und hinter sich lassen

dabei feststellen würden, dass Ihre Nachbarn in diesem sonnenbaden und deren Kinder dort ohne Erlaubnis spielen würden, wie würden Sie reagieren? Sie würden sicherlich nicht einfach sagen: »Ach ja, ich wünschte, diese Nachbarn würden mich in Ruhe lassen.« Sie würden ihnen vielleicht auf sehr forsche Weise mitteilen, dass sie in Ihrem Garten ohne Ihre Erlaubnis nichts zu suchen hätten.

Genauso klar und deutlich müssen Sie andere wissen lassen, dass Sie von ihnen erwarten, die Grenzen, die Sie um Ihr persönliches Leben herum errichtet haben, zu respektieren.

Wenn Sie nicht wollen, dass Bekannte zu Ihnen zu Besuch kommen, ohne dies vorher mit Ihnen telefonisch vereinbart zu haben, lassen Sie dies nicht einfach zu, um es ihnen anschließend übel zu nehmen. Setzen Sie Ihre Grenze durch, auch wenn Sie dabei am Ende Ihre Bekannten verlieren.

Ein Bekannter, den ich hier einmal Henry nenne, schien nie Geld dabei zu haben, wenn er und James zum Essen oder ins Kino gingen. Henry schaffte es doch jedes Mal irgendwie, sein Portemonnaie zu Hause zu lassen. James durfte am Ende immer die Rechnung bezahlen und hörte sich jedes Mal Henrys Versprechen an, das Geld zurückzuzahlen. Die ersten paar Male, als dies passiert, machte es James nichts aus, doch bald wurde ihm klar, dass es einfach zu häufig vorkam, um ein Missgeschick zu sein. Und selbst wenn es nur eine schlechte Angewohnheit war: Henry musste damit brechen. James erkannte auch bald, dass Henry, obwohl er James versprochen hatte, das Geld zurückzuzahlen, dies auch vergaß.

In James' Herz wuchs die Verärgerung so sehr, dass ihm klar wurde, er würde Henry darauf ansprechen müssen. Auf freundliche Weise sagte James zu Henry: »Du musst deine Sachen jetzt wirklich selber bezahlen und daran denken, dein Geld mitzunehmen.« Er sagte: »Ich kann es mir nicht leisten, immer für uns beide zu bezahlen, und nicht nur das: Ich fühle mich echt ausgenutzt.« Henry wurde sehr wütend. Er sagte zu

Setzen Sie Ihre Grenze durch, auch wenn Sie dabei am Ende Ihre Bekannten verlieren.

James, er sei egoistisch und sollte eigentlich wissen, dass er ihm das Geld schon noch zurückzahlen würde. James fing an, sich schuldig zu fühlen. Er dachte, er sei vielleicht ein schlechter Freund, und entschuldigte sich deshalb bei Henry.

Henry bezahlte die nächsten drei oder vier Restaurant- und Kinobesuche selbst, verfiel jedoch schon bald wieder in das alte Muster. Er vergaß nicht nur wieder regelmäßig sein Geld, sondern er schien auch in seiner Einstellung gegenüber James immer respektloser zu werden. Henry verhielt sich unverkennbar falsch, indem er James gegenüber unehrlich war und ihn ausnutzte. Darüber hinaus behandelte er ihn auch auf respektlose Weise. Doch James traf genau so viel Schuld, weil er dies alles zuließ.

Schließlich zerbrach ihre Freundschaft völlig, und James benötigte in seiner Gemeinde Seelsorge, um die Verbitterung zu überwinden, die er Henry gegenüber verspürte. Henry spielte im weiteren Verlauf dasselbe Spielchen mit jedem, der dies zuließ. Er respektierte nie die Menschen, die sich von ihm ausnutzen ließen. Die Wenigen, die sich ihm entgegenstellten und von ihm verlangten, er solle ihre Rechte achten, waren die Einzigen, die er respektierte.

Vergessen Sie nie, wenn Sie es zulassen, dass andere Sie ausnutzen, ist dies nicht deren, sondern Ihre eigene Schuld.

DELEGIEREN ODER ZUSAMMENBRECHEN

Obwohl es »Es-Allen-Recht-Machern« schwerfällt, ist es doch weise, vernünftige Grenzen zu setzen. Es ist ein Zeichen der Stärke, nicht der Schwäche. Um Hilfe zu bitten, ist ebenso eine gute Sache. Gott hat uns im Leben bestimmte Menschen zur Seite gestellt, damit sie uns helfen. Wenn wir ihre Hilfe nicht in Anspruch nehmen, werden wir irgendwann frustriert und überarbeitet sein, und sie wiederum werden sich unausgefüllt fühlen, weil sie ihre Gaben nicht einsetzen können. Vergessen Sie nicht, Gott hat Sie nicht dazu berufen, in jeder Situation alles für jeden zu tun. Sie

Die »Es-Allen-Recht-Macher«-Einstellung überwinden und hinter sich lassen

können nicht permanent alles für jeden sein. Sie haben legitime Rechte. Es ist nicht falsch, Hilfe zu brauchen und darum zu bitten. Es ist jedoch falsch, Hilfe zu brauchen und zu stolz zu sein, um darum zu bitten.

In 2. Mose 18,12-27 sehen wir, dass Mose ein Mann war, der für viele Dinge verantwortlich war. Die Leute kamen wegen allem zu ihm, und er versuchte, all ihren Bedürfnissen zu begegnen. Sein Schwiegervater sah, was Mose tat und sagte zu ihm: »Was ist das, das du mit dem Volk tust? Warum sitzt du allein da, während alles Volk vom Morgen bis zum Abend bei dir steht?« (Vers 14b). Mose erwiderte seinem Schwiegervater, das Volk käme mit all seinen Fragen zu ihm. Sie wollten ihn als Richter zwischen ihnen und ihren Nächsten, wenn sie ein Problem miteinander hatten. Die Leute wollten, dass Mose ihren Bedürfnissen begegnet, und er wollte es ihnen recht machen.

Es mag scheinen, als wären unsere Opfer gut. Vielleicht sind wir wegen unserer »guten« Werke stolz auf uns, und doch sind sie in keiner Weise gut. Moses Schwiegervater sagte ihm, dass das, was er tat, nicht gut sei. Er sagte Mose, er würde sowohl sich selbst als auch das Volk aufreiben. Wie kann das Volk vom Nichtstun aufgerieben werden? Weil Nichtstun sogar anstrengender sein kann wie wenn man etwas tut. Wenn Gott Sie dazu berufen und zugerüstet hat, etwas Bestimmtes zu tun, und Ihnen diese Aufgabe permanent von jemand anderem abgenommen wird, wird Sie das frustrieren. Wenn Gott jemand anderem den Auftrag gegeben hat, Ihnen zu helfen, und Sie das nicht zulassen, wird diese andere Person ebenso unerfüllt und frustriert sein. Gott hat uns so geschaffen, dass wir voneinander abhängig sind. Wir brauchen einander!

Wir brauchen einander!

Moses Schwiegervater schlug vor, er solle einen Teil seiner Autorität auf andere delegieren. Er sagte, sie sollten die weniger wichtigen Entscheidungen treffen und Mose solle sich nur mit den wirklich schwierigen Fällen beschäftigen. Mose tat das, was ihm sein Schwiegervater vorschlug, und das ermöglichte ihm, seine anstrengende Aufgabe zu bewältigen. Und den anderen kam zugute, beim Treffen von Entscheidungen beteiligt zu sein.

Viele Leute beschweren sich entweder ständig über das, was man von ihnen erwartet, oder sie brechen emotional und körperlich fast zusammen, weil sie sich von niemandem bei nichts helfen lassen. Sie meinen, dass niemand für diese Aufgabe so qualifiziert sei wie sie. Es ist leicht, zu glauben, man sei wichtiger als es eigentlich der Fall ist. Lernen Sie zu delegieren. Lassen Sie sich von so vielen Menschen helfen wie möglich. Wenn Sie das tun, werden Sie viel länger Bestand haben und Ihr Leben mehr genießen.

»ICH HABE DAS GEFÜHL, ICH SOLLTE MEHR TUN KÖNNEN«

Wenn wir uns mit anderen vergleichen, setzen wir uns damit oft unnötig unter Druck. Wenn wir dabei feststellen, andere schaffen mehr als wir, oder haben ein größeres Durchhaltevermögen als wir, haben wir oft das Gefühl, dass wir mehr zu tun in der Lage sein sollten. Weil wir uns schuldig fühlen, überschreiten wir vielleicht unsere vernünftigen Grenzen und werden am Ende schließlich krank und unglücklich.

Jeder von uns ist anders, und wir haben alle unterschiedliche Grenzen. Sie sollten sich selbst kennen und sich nicht schlecht fühlen, wenn Sie das, was ein anderer tun kann, nicht können. Auch unsere gottgegebenen Wesensarten helfen uns zu bestimmen, wo in verschiedenen Bereichen unseres Lebens die Grenzen sind.

Lernen Sie zu delegieren.

Ich kenne eine Frau - nennen wir sie einmal Pat -, die verheiratet war und drei Kinder hatte. Sie war vollzeitig Hausfrau und Mutter, doch solange sie keine Haushaltshilfe hatte, die einmal pro Woche kam, um das Haus zu putzen, kämpfte sie damit, alles zu bewältigen und dabei ruhig zu bleiben.

Pat hatte eine Freundin namens Mary, die ebenso verheiratet

Die »Es-Allen-Recht-Macher«-Einstellung überwinden und hinter sich lassen

war und fünf Kinder hatte. Mary arbeitete zweimal pro Woche außer Haus und kümmerte sich allein um den ganzen Haushalt, das Kochen und die Wäsche, ohne von außerhalb zusätzlich Hilfe zu bekommen. Es hatte den Anschein, als hätte Mary mehr Frieden und sei weniger aufgeregt als Pat, obwohl sie mehr zu tun hatte.

Pat fühlte sich ziemlich schlecht, weil sie einfach nicht alles zu schaffen schien, ohne dabei fremde Hilfe zu bekommen. In Gedanken und Worten verglich sie sich ständig mit Mary. Sie fand, dass sie mehr wie sie sein sollte.

Mary war vom Wesen her eher unbekümmert und diese Art von »Werft-alle-Sorge-auf-ihn«-Typ (siehe 1. Petrus 5,7; Anmerkung vom Übersetzer). Ihre Einstellung war: »Wenn ich heute nicht mit der Arbeit fertig werde, werde ich den Rest morgen erledigen.« Pat andererseits war sehr melancholisch, eine totale Perfektionistin, die sich solange nicht wohlfühlte, bis alles völlig in Ordnung war.

Wir haben keine Kontrolle darüber, mit welcher Wesensart wir geboren wurden, das hat Gott entschieden. Wir können mit dem Heiligen Geist zusammenarbeiten, um eine gewisse Ausgeglichenheit zu erlangen, doch im Grunde sind wir das, was wir eben sind. Ich selbst bin überwiegend ein D-Typ, dominant, mit starkem Willen, ein Leiterschaftstyp. Tatsächlich bin ich meistens ein D-Typ. Dave wird immer unbekümmerter sein als ich, doch dies bedeutet nicht, dass ich darum kämpfen muss, so zu sein wir er. Vielleicht werde ich anhand seines Beispiels einige Dinge lernen, doch sollte ich prinzipiell weiterhin die Persönlichkeit bleiben, die Gott geschaffen hat.

Pat setzte sich selbst so sehr unter Druck, dass es schwierig wurde, mit ihr zurechtzukommen. Sie trug die meiste Zeit über eine Schuldenlast mit sich herum, und dies hatte allmählich Auswirkungen auf ihre Stimmung und ihre Gesundheit. Ein Buch, das sie las, half ihr zu verstehen, dass wir alle unterschiedlich sind, und dass das völlig in Ordnung ist.

Manche Leute erledigen manche Dinge schneller als andere, doch der Langsamere erledigt sie vielleicht sorgfältiger. Jeder von

Süchtig nach Anerkennung

uns muss sich bei dem, was er tut, wohlfühlen. Für Pat war es nicht verkehrt, einmal in der Woche eine Haushaltshilfe im Haus zu haben, obwohl Mary keine Haushaltshilfe brauchte. Ich bin sicher, dass es Bereiche gab, in denen Mary Hilfe brauchte, die Pat nicht nötig hatte.

Seien Sie einfach Sie selbst, und setzen Sie sich nicht unter Druck, genau das Gleiche zu leisten wie andere.

> *Setzen Sie sich nicht unter Druck, genau das Gleiche zu leisten wie andere.*

Pat hatte das Gefühl, mehr schaffen zu müssen, weil sie sah, dass Mary mehr schaffte, doch Tatsache war, dass sie nicht mehr schaffen und gleichzeitig gelassen bleiben konnte. Sie hatte an diesem Punkt keine Schwäche, sie war von Gott einfach so geschaffen worden. Sie musste nicht in der Lage sein, das zu schaffen, was Mary schaffte, um sich selbst zu akzeptieren. Sie hatte das Gefühl, Mary würde sie verurteilen, wobei sie dies doch selber tat, und es Mary gar nicht in den Sinn gekommen wäre, so etwas zu tun.

Die Sorge darüber, was andere über uns denken könnten, hat oft Kontrolle über uns. Wir nehmen an, dass andere bestimmte negative Dinge über uns denken, obwohl sie in Wirklichkeit überhaupt nicht über uns nachgedacht haben!

Wenn wir versuchen, von unseren Kritikern Wohlwollen und Akzeptanz zu ernten, verlieren wir unser Selbstvertrauen oder verlassen den Pfad vernünftiger Entscheidungen. Treten Sie Ihren Kritikern entgegen, sonst werden Sie am Ende von diesen kontrolliert werden. Der Apostel Paulus hatte zahlreiche Kritiker, doch er ließ sich nicht durch ihre Meinungen kontrollieren. Dasselbe trifft auf Jesus zu.

> *Gott hat niemand anders die Aufgabe gegeben, Ihr Leben zu führen – und er wird dies auch niemals tun.*

Tun Sie, was Sie können, seien Sie so gut sie selbst, wie Sie können, und meinen Sie nicht, Sie müssten in der Lage sein, mehr zu tun, nur weil jemand anders mehr tut. Und denken Sie daran, die Gegenmittel sind ein starkes Vertrauen auf Gott und Ihre Fähigkeit, von Gott zu hören und vom Heiligen Geist geleitet zu werden. Gott hat niemand anders die Aufgabe gegeben, Ihr Leben zu führen – und er wird dies auch niemals tun.

UNEHRLICHKEIT IST EIN ANZEICHEN DAFÜR, DASS MAN JEDEM GEFALLEN WILL

Lasst uns aber [in allen Dingen] die Wahrheit ausdrücken [wahrhaftig reden, handeln und leben] in Liebe. (Epheser 4,15a; z. T. wörtl. a. d. Engl.)

Ein Verhalten, das darauf ausgerichtet ist, jedem zu Gefallen zu sein, kann ziemlich unehrlich sein. Die Bibel lehrt uns, in allen Dingen wahrhaftig zu sein; wir sollen die Wahrheit sagen, die Wahrheit lieben und in der Wahrheit wandeln. Doch Menschen, die süchtig nach Anerkennung sind, sagen oft die Unwahrheit, weil sie befürchten, andere würden die Wahrheit nicht akzeptieren. Ihr Mund sagt vielleicht »ja«, während ihr Herz »nein!« schreit. Vielleicht wollen sie etwas Bestimmtes nicht tun, doch verhalten sich so, als würden sie es tun wollen, weil sie fürchten, ihrem Gegenüber sonst zu missfallen. Wenn sie dann doch einmal »nein« sagen, bringen sie in der Regel eine Entschuldigung dafür vor, warum sie das, worum sie gebeten wurden, nicht tun können. Sie sagen nicht die Wahrheit, denn wenn sie dies täten, müssten sie zugeben, dass sie das, worum sie gebeten wurden, schlicht und ergreifend nicht tun möchten, weil sie vielleicht der Meinung sind, es sei nicht das Richtige für sie.

Manchmal haben wir keinen Frieden über eine bestimmte Sache, ohne sagen zu können, warum dies so ist. Die Heilige Schrift lehrt uns, dem Frieden nachzujagen; dies ist eine der Arten, wie Gott uns führt. Wir sollten zu anderen sagen können: »Ich habe keinen Frieden darüber, jetzt diese Verpflichtung einzugehen«, und sie sollten diese Antwort in aller Güte akzeptieren, doch das geschieht selten.

Vor kurzem unterhielt ich mich mit einem anderen Prediger. Dieser Mann ist ziemlich humorvoll und sehr mutig. Er berichtete, wie ihn ein anderer Prediger anrief, um ihn zu bitten, in seiner Fernsehsendung aufzutreten. Mein Bekannter sagte zu dem anderen Prediger, dies ginge nicht, weil er bereits eine anderweitige Verpflichtung habe. Dieser Prediger meinte, dass diese anderweitige Verpflichtung mit Sicherheit nicht so wichtig sein könnte wie zu seiner Fernsehshow zu kommen, und schlug vor, die andere Verpflichtung abzusagen. Mein Bekannter erwiderte daraufhin: »Das möchte ich nicht.«

Diese wahrheitsgemäße Erwiderung sorgte für ein abruptes Ende des Telefongesprächs. Wenn wir doch nur mutig genug wären, die Wahrheit zu sagen, würden wir weniger Zeit vergeuden und uns eine Menge Ärger ersparen.

Wir möchten nicht unhöflich sein, doch ebenso wenig wollen wir lügen. Die meisten »Es-Allen-Recht-Macher« sind bezüglich ihrer Wünsche, Gefühle und Gedanken nicht ehrlich. Sie erzählen den Leuten das, was sie hören wollen und nicht das, was sie hören sollten. Eine gesunde Beziehung setzt Ehrlichkeit voraus. Einige Leute wollen die Wahrheit vielleicht nicht hören, doch das befreit uns nicht von der Verantwortung, die Wahrheit zu sagen.

EIN BEISPIEL AUS KÖNIG SAULS LEBEN

Saul war zum König von Israel gesalbt worden. Er hätte eine großartige und wunderbare Zukunft haben können, aber er hatte ein paar Charakterschwächen, die sich als sein Untergang erweisen sollten (siehe 1. Samuel 9-31).

Saul war jemand, der anderen alles recht machen wollte. Ihm war die Anerkennung anderer so wichtig, dass er die Anweisungen Gottes missachtete, um sie zu erhalten. Gott sagte zu Saul, er solle warten, bis der Prophet Samuel eintreffen würde, um das Brandopfer zu bringen. Als Samuel nicht zu der Zeit eintraf, zu der er von Saul und dem Volk erwartet wurde, wurde das Volk ruhelos und ungeduldig. Obwohl Saul in seinem Herzen bewusst

Die »Es-Allen-Recht-Macher«-Einstellung überwinden und hinter sich lassen

war, dass er ungehorsam sei, machte er sich daran, das Opfer zu bringen, das er nicht hätte bringen dürfen. Als Samuel später ankam, fragte er Saul, warum er dies getan hätte. Saul erwiderte: »Weil ich sah, dass das Volk von mir auseinanderlief« (1. Samuel 13,11b). Samuel sagte zu Saul: »Du hast töricht gehandelt! ... Nun (aber) wird dein Königtum nicht bestehen« (Verse 13a u. 14a). Saul war derart süchtig nach Anerkennung, dass er dadurch sein Königreich verlor.

Gott ließ David in Sauls Leben treten, um diesem zu dienen. Saul erkannte die Salbung und Gunst Gottes auf Davids Leben. Als das Volk David seine Anerkennung zuteil werden ließ, wurde Saul eifersüchtig – so eifersüchtig, dass er sogar mehrmals versuchte, David umzubringen. Sein Bedürfnis nach Anerkennung war so groß, dass er sogar dazu bereit war, einen Mord zu begehen, um zu verhindern, dass jemand mehr Anerkennung erhält als er. Gott sei Dank, nur wenige Menschen gehen in ihrem Bedürfnis nach Anerkennung so weit.

Oft »ermorden« wir den Plan Gottes für unser Leben, um die Anerkennung anderer zu behalten oder zu erhalten.

Vielleicht versuchen wir nicht, andere umzubringen, doch oft »ermorden« wir den Plan Gottes für unser Leben, um die Anerkennung anderer zu behalten oder zu erhalten. Saul versuchte beides. Er versuchte, David umzubringen, doch stattdessen »ermordete« er den Plan Gottes für sich selbst und sein Königreich. Als Ergebnis all dessen wurde Saul schließlich selbst umgebracht, nachdem er bereits die Chance verpasst hatte, König zu bleiben. Es gibt viele solcher Geschichten, und alle enden genau so traurig. Lassen Sie es nicht zu, dass Ihre eigene Geschichte eine von ihnen wird. Begehen Sie nicht denselben Fehler wie Saul. Seien Sie Gott gegenüber gehorsam. Tun Sie Ihr Bestes, um der Mensch zu sein, den Gott haben will, und tun Sie alles, was er von Ihnen möchte. Auch wenn die Leute nicht darüber jubeln – der Himmel tut es!

Nachdem wir uns jetzt mit den Merkmalen beschäftigt haben, die damit zusammenhängen, immer allen alles recht machen zu wollen, wollen wir uns nun der Frage zuwenden, wie wir den Schmerz der Ablehnung überwinden und hinter uns lassen können.

Kapitel 11

Ablehnung überwinden und hinter sich lassen

Und wenn jemand euch nicht aufnehmen noch eure Worte hören wird – geht hinaus aus jenem Haus oder jener Stadt, und **schüttelt den Staub von euren Füßen!** *(Matthäus 10,14; Hervorhebung durch die Autorin)*

Jesus gab seinen Jüngern bezüglich des Umgangs mit Ablehnung eine klare Anweisung. Er sagte, sie sollen sie »abschütteln«. Im Grunde sagte er: »Kümmert euch nicht darum. Lasst nicht zu, dass sie euch davon abhält, das zu tun, was ich euch zu tun aufgetragen habe.«

Jesus wurde verachtet und gemieden (siehe Jesaja 53,3; EÜ), und doch schien er sich nie davon behelligen zu lassen. Ich bin sicher, er spürte den Schmerz der Ablehnung genauso wie Sie und ich, doch ließ er sich dadurch nicht von der Erfüllung seines Auftrags abhalten.

Jesus sagte zu seinen Jüngern, sie sollten über Ablehnung nicht bekümmert sein, denn eigentlich lehnten die Menschen, die sie ablehnten, in Wahrheit Jesus ab:

Wer euch [Jünger] hört, hört mich; und wer euch verwirft, verwirft mich; wer aber mich verwirft, verwirft den, der mich gesandt hat. (Lukas 10,16; z. T. wörtl. a. d. Engl.)

Der Herr liebt seine Kinder, und er nimmt es persönlich, wenn jemand sie ablehnt oder verächtlich behandelt. Wenn Sie Vater oder Mutter sind, kennen Sie das Gefühl, wenn jemand Ihre Kinder schlecht behandelt. Wenn Sie so wie ich sind, spüren Sie buchstäblich ihren Schmerz und werden alles nur Mögliche tun, um ihn zu vermeiden.

Ich erinnere mich daran, wie meine Tochter Laura ungefähr in der dritten Klasse die Schule wechselte. Sie war auf eine christliche Schule gegangen und wechselte auf eine öffentliche Schule. Sie erfuhr von den Kindern in ihrer neuen Schule viel Ablehnung. Eines Tages fuhr ich während der Pause am Spielplatz vorbei und sah, wie sie ganz alleine auf einer Bank saß, während die anderen Kinder spielten. Sie sah so traurig und einsam aus, dass es mir direkt das Herz brach, sie so zu sehen.

Abends weinte sie, weil sie nicht verstehen konnte, warum sie niemand leiden konnte. Es gab für die anderen Kinder keinen Grund, sie nicht zu mögen. Ablehnung war etwas, das Satan benutzte, damit sie sich als Mensch schlecht fühlt. Laura war ein christliches Mädchen, und sie redete offen über Jesus. Weil das dem Teufel nicht gefiel, griff er sie an.

Ablehnung setzt Satan besonders gerne als Werkzeug gegen Menschen ein. Der Schmerz der Ablehnung bringt die Menschen oft dazu, aus Furcht anstatt aus Mut heraus zu handeln. Laura wurde schnell klar, dass die anderen Kinder sich dann über sie lustig machten, wenn sie über Jesus redete, und das wirkte sich über lange Zeit ungünstig auf sie aus.

EIN SOLIDES FUNDAMENT

Wenn unser Leben schon so lange wir denken können auf Ablehnung gegründet ist, so ist das so, als wenn man im Fundament eines Hauses einen Riss hat. Das erste Haus, das Dave und ich gebaut haben, hatte einen Riss im Keller, was über Jahre hinweg gelegentliche Probleme mit sich brachte. Jedes Mal, wenn es stürmte oder stark regnete, lief Wasser in den Keller, und alles, was sich an der Stelle befand, an der das Wasser entlang floss, wurde nass. Wir mussten drei oder vier verschiedene Reparatur-

Ablehnung überwinden und hinter sich lassen

methoden ausprobieren, bis es uns endlich gelang, den Riss völlig zu beseitigen.

Menschen, die in ihrem Leben Ablehnung erfahren haben, sind manchmal wie dieses Haus. Jedes Mal, wenn es in ihrem Leben einen Sturm gibt, gerät alles durcheinander, auch sie selbst. Sie probieren diverse Methoden aus, um Sicherheit zu erlangen, doch keine davon funktioniert. Vielleicht versuchen sie, anderen alles recht zu machen, um akzeptiert zu werden. Oft werden sie süchtig nach Anerkennung. Sie leben mit dem emotionalen Schmerz der Ablehnung – oder der Angst vor der Ablehnung, was oftmals noch schlimmer ist als die Ablehnung selbst.

Ein solides Fundament ist der wichtigste Teil eines Gebäudes. Ohne solides Fundament wird das Gebäude nicht lange Bestand haben. Alles andere am Gebäude baut auf dem Fundament auf. Wenn das Fundament nicht tragfähig ist oder Risse hat, ist nichts, was darauf errichtet wurde, sicher und stabil. Es könnte zerbröckeln oder auseinanderfallen, insbesondere dann, wenn es großen Beanspruchungen wie beispielsweise Stürmen oder Erdbeben ausgesetzt ist.

Die Bibel ermutigt uns, unser Leben auf soliden Fels zu bauen und nicht auf Sand. Derjenige, der das Wort Gottes hört und danach handelt, ist wie der Mann, der beim Hausbau tief gegraben und das Fundament auf den Felsen gelegt hat. Als nun ein Wolkenbruch kam, fluteten die Wassermassen heran, konnten es jedoch nicht erschüttern oder bewegen, weil es solide auf einen Felsen gebaut und gegründet wurde (siehe Matthäus 7,24-27).

Wenn wir versuchen, unser Leben darauf aufzubauen, was die Leute über uns sagen oder denken, wie sie uns behandeln, wie wir uns fühlen – oder auf unsere früheren Fehler –, errichten wir es auf Treibsand. Bevor ich die heilende Kraft Jesu Christi in meinem Leben erfahren hatte, war mein Leben wie ein Haus, das auf Treibsand statt auf einem soliden Felsen errichtet worden war. Mein Fundament war schwach. Ich war unsicher, mochte mich selbst nicht, und war voller Schuld und Scham aufgrund des Missbrauchs, den ich erfahren hatte. Meine Wurzeln waren tief in Ablehnung verankert, und jede Beziehung, die ich aufzubauen versuchte, und jede Entscheidung, die ich treffen wollte, wurde dadurch beeinflusst. Ich hatte Angst vor dem Schmerz, abgelehnt zu werden und musste lernen, dass ich den Stürmen trotzen konnte, wenn welche auf mich zukamen.

Durch die Gnade und Barmherzigkeit Gottes konnte ich das alte, rissige Fundament gegen ein solides Fundament eintauschen, eines, das sich auf Christus und seine Liebe gründet. Heute bin ich fest und sicher in ihm verwurzelt.

Der Apostel Paulus betete für die Gemeinde Jesu darum, tief in der Liebe Gottes verwurzelt zu sein:

Durch den Glauben wohne (lasse sich nieder, verweile, nehme sich zum ständigen Wohnsitz) Christus in eurem Herzen, in der Liebe verwurzelt und auf sie gegründet. (Epheser 3,17; EÜ; z. T. wörtl. a. d. Engl.)

Denken Sie über Ihre Anfänge im Leben nach, denn sie repräsentieren Ihre Wurzeln. War Ihr Start ins Leben gut? Wenn nicht, dann danken Sie Gott dafür, dass Sie ausgegraben und in Christus umgepflanzt werden können. Vielleicht haben Sie keinen guten Start gehabt, doch Ihr Ende kann ohne Zweifel gut sein!

DIE WURZEL DER ABLEHNUNG UND IHRE AUSWIRKUNGEN

Der Beginn jeder Beziehung repräsentiert ihre Wurzeln. Eine Ehe hat Wurzeln, einen Beginn oder Anfang. Dave und mir war kein guter Anfang vergönnt, weil ich zu jener Zeit eine Menge emotionaler Probleme hatte. Die ersten Jahre unserer Ehe waren wirklich hart. Nachdem mir bewusst geworden war, dass ich Hilfe brauchte, waren erneut mehrere Jahre nötig, um den ganzen Schaden, den ich während der ersten Jahre unserer Ehe angerichtet hatte, zu reparieren. Es wurde Schritt für Schritt besser, doch wir mussten beide Geduld haben und durften nicht aufgeben.

Ablehnung überwinden und hinter sich lassen

Dave und ich haben uns kürzlich über unseren Dienst unterhalten, und auf welchem soliden Fundament er steht. Von Anfang an haben wir darauf geachtet, in allen Bereichen hohe Qualitätsmaßstäbe anzusetzen, bewahrten stets Integrität und ließen in unserem Leben und unserem Dienst keine Streitigkeiten zu. Wir führten unsere Angestellten geduldig in dieselben Prinzipien ein, die wir in unserem Leben und unserem Dienst eingeführt und angewandt haben. Momentan haben wir unser Hauptbüro in den Vereinigten Staaten sowie Regionalbüros in Südafrika, Australien, Brasilien, Kanada, England, Indien, Russland und dem Nahen Osten. Wie ist es möglich, dies alles aufrechtzuerhalten? Wir haben ein solides Fundament, eines, das auf Gott und sein Wort gegründet ist. Wenn wir uns nicht die notwendige Zeit genommen und die Mühe gemacht hätten, ein gesundes, starkes Fundament zu errichten, könnten wir einen solch großen Dienst nicht aufrechterhalten.

> *Der Wille Gottes ist, dass Sie sicher in Annahme verwurzelt sein sollen.*

Fundamente sind äußerst wichtig. Wie sieht es mit Ihren aus?

Sind Sie in Scham oder Ablehnung verwurzelt? Wurden Ihre Wurzeln in Angst gegründet? Der Wille Gottes ist, dass Sie sicher in Annahme verwurzelt sein sollen. Wenn es bei Ihnen nicht so ist, brauchen Sie Heilung der Gefühle.

Das Wort *ablehnen* kann als »abweisen« definiert werden, oder »etwas Wertloses wegwerfen«. Absolut niemand möchte sich so fühlen, als würde er als etwas Wertloses weggeworfen. Wir möchten alle beachtet und akzeptiert werden.

Das Wort *Wurzel* kann als »Ausgangspunkt« definiert werden, als das Erste, das aus dem Samen heraus erwächst. Samen werden vergraben und keimen, und daraus entwickeln sich Wurzeln, die sich in die Erde graben, bevor man über der Erde Zweige und Früchte sehen kann. Die Qualität der Früchte wird von den Wurzeln beeinflusst, die sie versorgen und nähren. Ich habe gelernt, dass da, wo die Früchte verfault und verdorben sind, dies auch auf die Wurzeln zutrifft, und dass gute Früchte auf ebensolche Wurzeln zurückzuführen sind. Wenn wir in unserem Leben oder dem Leben anderer schlechte und verfaulte Früchte vorfinden, müssen wir uns bewusst machen, dass dies von schlechten und verfaulten Wurzeln herrührt.

Wenn Leute ein schlechtes Benehmen an den Tag legen, verstehen sie oft selbst kaum, warum sie sich so verhalten. Wenn sie es nicht verstehen können, können sie es natürlich auch nicht abstellen. Über viele Jahre meines Lebens hinweg sagten die Leute, wenn ich mich schlecht benahm, zu mir: »Warum verhältst du dich so? Warum reagierst du so?« Ihre Fragen frustrierten mich, weil ich darauf keine Antwort hatte. Ich wusste, mein Verhalten war sonderbar, verwirrend und unbeständig, doch ich wusste nicht, was ich dagegen tun konnte. Die meiste Zeit über schob ich die Schuld auf andere oder kam mit irgendwelchen Entschuldigungen. Ich verhielt mich abwehrend gegen alles, was mir auch nur im Entferntesten als Nichtübereinstimmung mit meiner Meinung vorkam. Das tat ich deshalb, weil ich mich schon als Person nicht in Ordnung fand und nicht ertragen konnte, auch noch bei irgendeiner anderen Sache daneben zu liegen.

Ich verhielt mich in vielen Situationen ängstlich, auch dort, wo es überhaupt keinen Sinn ergab. Wenn Dave beispielsweise in jemandes Auffahrt fuhr, um das Auto zu wenden, war ich ganz außer mir, insbesondere dann, wenn er hinter uns erst andere Fahrzeuge vorbeilassen musste, bevor er wieder auf die Straße fahren konnte. Ich sagte Sachen wie: »Du solltest in den Auffahrten anderer Leute nicht wenden, den Leuten, die hier wohnen, passt das bestimmt gar nicht!« Oder ich sagte vielleicht: »Beeil dich, aus der Auffahrt 'rauszukommen!«

Dave antwortete dann oft völlig verwundert: »Was ist denn mit dir los? Ich wende doch nur den Wagen. Die Leute benutzen ständig die Auffahrten anderer Leute, um zu wenden.«

Über viele Jahre hinweg verstand ich nicht, warum ich so reagierte, bis Gott mir zeigte, ich reagierte auf diese Situation auf der Grundlage dessen, wie meinem Empfinden nach mein Vater reagiert hätte, wenn jemand in seiner Auffahrt gewendet hätte, und der wäre sehr verärgert gewesen. Ich hatte Angst, die Eigentümer

Ablehnung überwinden und hinter sich lassen

würden aus dem Haus kommen und uns so anschreien, wie mein Vater es getan hätte. Ich hatte in meinem Leben eine so tief sitzende Furcht vor Ablehnung, dass mich diese dazu veranlasste, auf viele Situationen ängstlich zu reagieren, die für einen emotional gesunden Menschen völlig normal zu sein schienen.

Es gab andere, ähnliche Situationen, in denen ich ebenso auf der Grundlage der Erfahrungen, die ich gemacht hatte, reagierte. Ich hatte keinen Vergleich oder Bezugspunkt und konnte mich nur auf meine eigene Erziehung stützen. Ich hatte verfaulte, kranke Wurzeln, und deshalb waren auch meine Früchte schlecht.

Haben Sie irgendein Verhalten in Ihrem Leben, das ziemlich seltsam zu sein scheint? Wenn dem so ist, haben Sie sich dann je gefragt: »Wo kommt das her?« oder »Warum verhalte ich mich so?« Ich hoffe, dieses Hinterfragen hilft Ihnen, zu erkennen, dass Ihre Frucht ein Produkt Ihrer Wurzeln ist. Wenn Sie schlechte Wurzeln haben – Wurzeln, die aus einem Samen der Ablehnung gesprosst sind –, müssen die Wurzeln aus dieser schlechten Erde entfernt und in die Liebe Gottes und der Wahrheit seines Wortes wieder eingepflanzt werden. Die gute Nachricht lautet: »Es gibt Hoffnung.« Wenn Sie sich in einem Verhalten, das Sie nicht begreifen, gefangen fühlen, müssen Sie deswegen nicht verzagen. Der Heilige Geist wird Sie in alle Wahrheit leiten. Er wird Ihnen helfen, damit aufzuhören, auf vergangene Situationen zu reagieren und Sie lehren, auf der Grundlage des Wortes Gottes zu reagieren. Er wird Ihnen ein völlig neues Wurzelsystem geben, eines, das gute Frucht für sein Reich hervorbringt.

Die gute Nachricht lautet: »Es gibt Hoffnung.«

In Johannes 3,18 heißt es, dass es für die, die an Jesus glauben, kein Gericht, keine Verdammnis und keine Ablehnung gibt. Jesus gibt uns das aus freien Stücken, was wir von anderen Menschen zu erwerben zu versuchen und doch nie zu bekommen scheinen: Befreiung von Gericht, Verdammnis und Ablehnung!

Als ich damit anfing, das Wort Gottes zu studieren, wuchs in mir wirklich der Wunsch nach einer Veränderung in meinem

Verhalten. Manchmal hatte ich tatsächlich Erfolg dabei, eine Art von schlechter Frucht (Verhalten) abzuschneiden, doch sofort wuchs eine andere nach, was mich nur noch mehr frustrierte. Ich hatte das Gefühl, ganz gleich, wie sehr ich mich darum bemühte, eine Sache los zu werden, nahm eine andere deren Platz. Es war für mich eine große Hilfe, als ich schließlich verstand, dass meine schlechte Frucht von einer schlechten Wurzel herrührte. Man könnte es auch so ausdrücken: Mein inakzeptables äußeres Verhalten war das Resultat von etwas Inakzeptablem in meinem Innern.

Meine Gedanken waren verkehrt: über andere, mich selbst, die Umstände, meine Vergangenheit, meine Zukunft, und so weiter. Ich war sehr unsicher, aber ich verschleierte meine Unsicherheit durch ein unechtes, unverschämtes Auftreten im Leben, das bei anderen den Eindruck erweckte, ich sei barsch und unnachgiebig. Zu jener Zeit konnte ich nicht verstehen, warum sich die meisten Leute von mir angegriffen fühlten, inzwischen ist es mir aber klar.

Haben Sie je mit Leuten zu tun gehabt, die nach außen hin sozusagen »gut dastanden«, bei denen Sie aber irgendwie den Eindruck hatten, dass mit ihnen irgendetwas nicht stimmt?

Ich erinnere mich an einen Mann (nennen wir ihn einfach einmal Joe), der ein solcher Überredungskünstler war, dass er sogar einem Eskimo einen Kühlschrank hätte verkaufen können. Er machte einen ziemlich selbstsicheren Eindruck. Er wirkte sogar so dermaßen selbstsicher, dass die Leute oft sagten, er sei überheblich und stolz. Er konnte genau im richtigen Moment Krokodilstränen heulen, was den Eindruck enormen Mitgefühls für verletzte Mitmenschen weckte. Er hatte große Visionen, fortschrittliche Ideen und konnte andere motivieren.

Joe wurde Jugendleiter, und schon bald fingen viele Jugendliche an, ihn zu bewundern und verließen sich auf seinen Rat und seine Lehre. Alles, was mit ihm zu tun hatte, schien in Ordnung zu sein, doch irgendetwas kam einem komisch vor. Die jungen Leute hingen fast zu sehr an ihm. Sie vergötterten ihn schon beinahe.

Ablehnung überwinden und hinter sich lassen

Nach außen hin, in der Öffentlichkeit, schien alles wunderbar zu sein, doch zu Hause, hinter verschlossenen Türen, führte er eine Ehe, die in tiefen Problemen steckte. Er schob die Schuld natürlich immer auf das Fehlverhalten seiner Frau zurück. Er sagte, sie hätte schwerwiegende Probleme. Es kam heraus, dass er sich auf eine Beziehung zu einem der jungen Mädchen aus der Jugendgruppe eingelassen hatte, und man deckte einen Berg von Lügen auf, der sich über Jahre hinweg aufgehäuft hatte.

Joes Vater war ein Mann gewesen, den man nur schwer zufrieden stellen konnte, und deshalb hatte sich Joe von ihm immer abgelehnt gefühlt. Sein Vater erwartete von ihm, jemand zu sein, der er nicht zu sein in der Lage war. Aus diesem Grunde war er zutiefst verunsichert. Er versuchte, in Leiterschaft erfolgreich zu sein, obwohl in ihm eine tiefe Wurzel der Ablehnung steckte.

Nach außen hin wirkte er alles andere als unsicher, und doch war er es. Seine Sicherheit und sein Selbstvertrauen stützten sich darauf, dass andere von ihm abhängig waren – so wie die Jugendlichen, die er beaufsichtigte – und auf seinen beruflichen Erfolg. So wie viele von uns bezog er sein Selbstwertgefühl aus äußerlichen Dingen anstatt von Gott.

Heutzutage haben viele Leute unechte Persönlichkeiten entwickelt, die sie nach außen hin präsentieren. Sie geben sich so, wie sie glauben, bei anderen am besten ankommen zu können. Bezüglich dieser Leute ist ein gutes Urteilsvermögen vonnöten.

> *Heutzutage haben viele Leute unechte Persönlichkeiten entwickelt.*

Wenn Dinge so erscheinen, als wären sie richtig, man innerlich jedoch das Gefühl hat, dass irgendetwas nicht stimmt, sollte man sich meiner Meinung nach nicht allzu schnell auf sie einlassen. Beobachten Sie lieber eine Weile, wie sich diese Leute in unterschiedlichen Situationen verhalten. Ihre Worte mögen sehr überzeugend sein, doch achten Sie einmal darauf, ob ihr Lebenswandel mit dem übereinstimmt, was sie sagen. Vielleicht haben einige Leute Probleme, für die sie nichts können, doch wir dürfen nicht zulassen, von ihnen getäuscht zu werden. Wir können ihnen nicht helfen, wenn wir in dieselbe Falle tappen.

Nachdem Joe sich versündigt hatte und dies ans Tageslicht gekommen war, sagten viele Leute, ihnen sei schon seit einiger Zeit klar gewesen, dass mit ihm etwas nicht stimmen würde. Sie hatten ihn beim Lügen ertappt, aber beide Augen zugedrückt, sie hatten sich schon gedacht, dass er mit dem fraglichen jungen Mädchen eine Affäre hatte, wollten ihn dessen aber nicht beschuldigen, sie hatten gemerkt, wie er es genoss, im Mittelpunkt zu stehen, doch sie sahen darüber hinweg.

Auch hier haben wir es wieder mit einer Situation zu tun, in der niemand derjenige sein wollte, der dem Ganzen Einhalt gebietet, und das Ergebnis war, dass am Ende viele Leute emotional und geistlich am Boden waren. Anstatt Joes Fehlverhalten offenzulegen und sich damit auseinanderzusetzen, tappten die Leute einfach auch in Joes Falle und wurden dadurch selbst gefangen. Joe war wie eine Spinne, die ihr Netz spinnt. Jeder wurde von seiner charismatischen Persönlichkeit angezogen, und bevor sie es merkten, zappelten sie schon im Netz.

Ganz gleich, wie gut die Dinge nach außen hin aussehen: Wenn sie im Inneren nicht in Ordnung sind, wird dies früher oder später ans Licht kommen. Alles, mit dem wir uns nicht auseinandersetzen, wird sich letzten Endes mit uns auseinandersetzen.

DIE ANGST VOR ABLEHNUNG

Die Angst davor, abgelehnt zu werden, ist oft schlimmer als die Ablehnung selbst. Wenn man ständig Angst vor Ablehnung hat, ist das quälender, als wenn man sich nur dann damit auseinandersetzen muss, wenn sie einem tatsächlich zuteil wird. Die Angst vor Ablehnung schützt einen in keiner Weise vor ihr, sondern öffnet ihr vielmehr Tür und Tor.

Die Angst vor Ablehnung ist etwas, das wild vor sich hinwuchert, und Einsamkeit ist heute in Amerika eines der gefährlichsten und am weitesten verbreiteten Probleme. Es gibt Belege dafür, dass Einsamkeit inzwischen seuchenartige Ausmaße ange-

Ablehnung überwinden und hinter sich lassen

nommen hat und sich weiter verbreitet. Einsame Menschen zeigen alle ein bestimmtes Symptom: das verzweifelte Gefühl, nicht geliebt zu werden und die Furcht darüber, unerwünscht zu sein und nicht akzeptiert zu werden.

Die Angst vor Ablehnung lässt Menschen in oberflächliche Beziehungen oder in Isolation abgleiten. Sie hat Auswirkungen auf die Fähigkeit, Liebe geben oder empfangen zu können. Die Angst vor Ablehnung kann einen Menschen dazu bringen, jemandem, der ihm wirklich am Herzen liegt, die Liebe zu versagen. Warum? Weil so ein Mensch lieber jemand anderen ablehnt, als abgelehnt zu werden. Weil das Beenden der Beziehung lieber seine Entscheidung sein soll als die des anderen. Weil sie sich daran erinnern, abgelehnt worden zu sein, haben viele Menschen oft Angst vor einer zu engen Beziehung. Sie denken darüber nach, wie sie sich fühlen würden, wenn sie abgelehnt würden, und glauben, diese Erfahrung würde schmerzhafter werden, als sie verkraften könnten. Sie ziehen den Schmerz der Isolation und Einsamkeit vor, wodurch sie jedoch nur noch ein größeres Bedürfnis nach Annahme bekommen.

Einsamkeit ist heute in Amerika eines der gefährlichsten und am weitesten verbreiteten Probleme.

Wir beobachten in unserem Leben einen Teufelskreis: Wir wollen Annahme, doch weil wir uns vor Ablehnung fürchten, isolieren wir uns. Die Isolation verstärkt unser Bedürfnis nach Annahme nur noch, weshalb wir uns nach anderen ausstrecken, wodurch derselbe Kreislauf wieder von vorne beginnt.

Die Angst vor Ablehnung existiert nur deshalb, weil wir unser Selbstwertgefühl von den Meinungen anderer anstelle unserer Beziehung zu Gott anhängig machen. Die meisten der Leute, die uns kritisieren, haben häufig ein schlechtes Selbstbild. Sie umgehen ihren innerlichen Schmerz dadurch, indem sie an anderen etwas finden, an dem sie herumkritisieren können und konzentrieren sich auf deren Unvollkommenheit. Verletzte Menschen verletzen Menschen. Vielleicht hilft es Ihnen, sich daran zu erinnern, wenn Sie Ablehnung erfahren oder kritisiert werden. Es ist kein Wunder, dass Gott uns anweist, für unsere Feinde zu beten. Sie sind in einem noch wesentlich schlimmeren Zustand als wir!

Als ich aufwuchs, stellte ich fest, dass mein Vater andere für Dinge beschuldigte, die er selbst tat. Er beschuldigte insbesondere andere Leute des sexuellen Fehlverhaltens. Dieses Gebaren verwunderte mich immer, weil ich wusste, wie er war. Nicht nur, dass er mich sexuell missbrauchte, sondern ich wusste auch, dass er meine Mutter mit anderen Frauen betrog. Er beschuldigte auch immer wieder andere Leute, falsch und heuchlerisch zu sein, obwohl er selbst eine Lüge lebte. Er verdächtigte jeden und traute niemandem, und zwar aus dem Grund, weil er selbst andere Menschen täuschte. In seinem Denken übertrug er all seine Probleme auf andere und beschuldigte sie der Dinge, die er selbst tat, während er für sich selber ständig Ausreden erfand.

Leute, die bezüglich ihrer selbst kein Ehrgefühl haben, finden immer einen Fehler bei anderen.

DIE FOLGEN VON ABLEHNUNG

Sehen wir uns einmal an, welche Folgen es hat, wenn ein Leben auf Ablehnung basiert.

Unsicherheit

Unsicherheit ist das Problem, das am häufigsten aus Ablehnung erwächst. Menschen, die Ablehnung erfahren haben, fühlen sich wertlos, und das vermittelt ihnen das Gefühl, verletzlich und unsicher zu sein. Sie haben Angst, erneut abgelehnt zu werden, und deswegen entwickeln sie Schutzmechanismen gegen Ablehnung. Wie bereits erwähnt, isolieren sie sich vielleicht selbst von anderen, denn schließlich kann man nicht verletzt werden, wenn man sich auf niemanden einlässt. Oder sie versuchen, es allen recht zu machen, in der Annahme, dass sich der Schmerz der Ablehnung vermeiden lässt, wenn man es immer jedem recht macht. Vielleicht entwickeln sie auch ein Helfersyndrom. Vielleicht denken sie, wenn sie sich um andere Menschen kümmern und gebraucht werden, werden sie den Schmerz der Ablehnung nicht erfahren. Tatsächlich hegen sie vielleicht keinen einzigen dieser Gedanken bewusst, aber die Triebkraft vieler ihrer Entscheidungen liegt darin, dem Schmerz der Ablehnung zu entgehen.

Unsicherheit ist ein psychologisches Problem, das unsere heutige Gesellschaft in riesigem Maße plagt. *Unsicher* kann man definieren als »sich nicht sicher sein«, »mangelndes Selbstwertgefühl haben«, oder »leicht aus dem Gleichgewicht gebracht werden«. Gott möchte für uns das genaue Gegenteil hiervon. Er möchte, dass wir uns sicher sind, voller Zuversicht und unerschütterlich, selbst wenn wir Ablehnung von anderen Menschen erfahren. Lassen Sie nicht von anderen Menschen Ihren Wert bestimmen.

Lassen Sie nicht von anderen Menschen Ihren Wert bestimmen.

Die Bibel lehrt uns in Jesaja 54,17, dass Sicherheit Teil unseres Erbes als Kinder Gottes ist. Eigentlich ist die Rede davon, dass Friede, Gerechtigkeit, Sicherheit und Triumph über unsere Widersacher unser Erbe vom Herrn sind.

Rebellion

Rebellion hat ihre Wurzel häufig in Ablehnung. Rebellische Menschen haben den Schmerz der Ablehnung erfahren. Diese Menschen sind voller Zorn, und ihr Zorn ist verinnerlichte Wut, die sich in Rebellion äußert. Sie haben die Nase voll davon, dass andere für sie über ihr Leben bestimmen, und haben sich fest entschlossen, dies keinem mehr zu gestatten!

Armut

Auch ein Leben voller Armut kann das Ergebnis von Ablehnung sein. Wer sich immer im Spiegel der Armut sieht, kann es sich nicht vorstellen, je die guten Dinge des Lebens erfahren und genießen zu können. Solche Menschen bewundern, was andere haben, schließen jedoch automatisch aus, je selbst so etwas besitzen zu können. Sie bewerben sich nicht einmal um bessere Arbeitsstellen, weil sie sich von vorneherein nicht dafür werthalten, sie zu bekommen.

Ich kenne Menschen, die nie viel von irgendetwas besitzen werden, ganz einfach aufgrund dessen, was sie von sich selbst halten. Wenn man mit ihnen spricht, sagen sie Dinge wie: »Ich werde nie mein eigenes Haus besitzen«, oder: »Ich werde nie ein neues Auto fahren«, oder: »Da könnte ich mir nie leisten, einzukaufen, weil es kein Discounterladen ist.« Wenn ich diese Menschen dann frage, warum sie denken, sie könnten solche Dinge nie haben, obwohl andere sie doch besitzen, antworten sie: »Die sind einfach in einer besseren Klasse, diese Dinge sind für mich unerreichbar.«

Solch ein Denken ist völlig verkehrt. Wir sind alle nur Menschen. Wenn wir uns in einer bestimmten Schicht sehen, dann deshalb, weil wir uns selbst dort eingeordnet haben oder zugelassen haben, dass andere es tun. Gott hat seine Kinder nicht einer Oberschicht, Mittelschicht oder Unterschicht zugeordnet. Die Welt um uns herum mag so denken, aber nicht Gott, und deswegen sollten wir auch nicht so denken. Die Verheißungen Gottes gelten für »wer immer ... tun wird«. Wer immer an Gott glaubt und ihm mit ganzem Herzen dient, kann so gesegnet werden wie jeder andere auch. Gott macht keinen Unterschied, und er sieht die Person nicht an (siehe Galater 2,6 und Apostelgeschichte 10,34).

Die Verheißungen Gottes gelten für »wer immer ... tun wird«.

Traumwelten

Eine weitere Folge, die Furcht vor Ablehnung haben kann, ist die Flucht in eine Traumwelt. Man schafft sich seine eigene schöne Welt durch Tagträume. Hin und wieder einen Tagtraum zu haben ist völlig in Ordnung, aber es ist ein Zeichen großer gedanklicher und emotionaler Probleme, ständig in einer Traumwelt zu leben, um der Wirklichkeit zu entfliehen.

Arbeitssucht

Ich habe einmal gehört, dass drei Viertel aller Regierungschefs der Welt missbraucht worden sind und starke Ablehnung erfahren haben[1]. Ich war erstaunt, als ich diese Statistik hörte. Dies liegt wohl daran, weil diejenigen, die missbraucht und abgelehnt wurden, härter als die meisten anderen Menschen arbeiten, um Anerkennung zu erlangen.

Vielleicht wurden sie nicht von ihren Eltern missbraucht und abgelehnt, sondern von Lehrern, ihren Altersgenossen oder anderen Menschen, zu denen sie eine wichtige Beziehung unterhielten. Was auch immer die Ursache war, sie ist jedenfalls dafür verantwortlich, dass diese Menschen versuchen, etwas in ihrem Leben zu erreichen, wofür sie Bewunderung und Anerkennung zu erhalten hoffen. Sie haben ständig das Gefühl, sich und anderen etwas beweisen zu müssen und verbringen ihr Leben damit, genau das zu versuchen.

Ich kann dies sehr gut nachvollziehen, weil ich selbst arbeitssüchtig war. Ich kann noch immer die Stimme meines Vaters hören, wie er mich anschrie, dass ich nie zu etwas nütze sein würde, und dass nie etwas aus mir werden würde. Je mehr er schrie, desto fester nahm ich mir vor, ihm das Gegenteil zu beweisen.

Ich werde höchstwahrscheinlich immer hart arbeiten, weil mich Ergebnisse motivieren. Damals brauchte ich die Bestätigung, um mich selbst annehmen zu können, heute möchte ich Frucht bringen für Gott und seine Ehre. Ich mag keine Zeitverschwendung. Ich habe bereits mehr als die Hälfte meines Lebens hinter mir; in der Zeit, die mir noch bleibt, möchte ich etwas bewirken, was Bestand hat.

Menschen mit einer schmerzhaften Vergangenheit werden oft stark von dem Bedürfnis motiviert, wichtig zu sein, angenommen zu werden und ein Gefühl der Sicherheit zu erlangen. Vielleicht ernten wir tatsächlich Erfolg mit all unserer harten Arbeit, aber der Erfolg wird uns nie befriedigen, solange Gott nicht dahinter steht. Letztendlich müssen wir eine feste Gewissheit dessen haben, wer wir in ihm sind. Unsere Wurzeln müssen tief in Christus und seiner Liebe verankert sein (siehe Epheser 3,17 und Kol. 2,7).

Ich glaube, manche Leute sterben vor ihrer Zeit, weil sie ständig so viel Stress in ihrem Leben haben, dass es ihren Körper angreift.

Wir sind in Gott angenommen durch seinen Geliebten (Jesus) (siehe Epheser 1,6). Wahre Annahme erlangen wir nicht durch das, was wir zustande bringen, sondern in dem, was Jesus für uns vollbracht hat.

Wenn wir uns dies nicht bewusst machen, laufen wir unter Umständen Gefahr, uns zu Tode zu arbeiten. Ich glaube, manche Leute sterben vor ihrer Zeit, weil sie ständig so viel Stress in ihrem Leben haben, dass es ihren Körper angreift. Wir leben im Allgemeinen zu hektisch. Nur sehr wenige von uns führen ein gesundes, ausgeglichenes Leben.

Wir werden durch vielerlei Dinge motiviert. Letztendlich werden wir herausfinden, wie wenig davon wirklich wichtig ist. Die Bibel lehrt uns, dass wir nichts in die Welt hereingebracht haben und nichts mit hinausnehmen werden (siehe 1. Timotheus 6,7). Niemand hat je auf seinem Sterbebett gesagt: »Ich wünschte, ich hätte mehr Zeit im Büro verbracht.« Ich persönlich halte viel von harter Arbeit, aber wenn es ein Suchtverhalten ist, arbeiten zu müssen, oder wenn wir unseren Wert und unser Selbstwertgefühl aus unserer Arbeit beziehen, brauchen wir Hilfe.

Die Verfasser der Bibel wurden immer wieder vom Heiligen Geist dazu geleitet, uns zu sagen, dass wir durch unsere Werke

Ablehnung überwinden und hinter sich lassen

keine Rechtschaffenheit bei Gott erlangen werden. Wenn wir versuchen, unser Leben recht zu leben, sollte das das Ergebnis dessen sein, das wir uns geliebt wissen, nicht in dem Bemühen, Liebe zu erhalten. Was wir tun, sollten wir für Gott tun, aber nicht, um etwas von ihm zu erhalten.

Menschen, die ihren Wert und ihr Selbstwertgefühl aus ihren Leistungen beziehen, sprechen beständig davon, was sie alles »tun«. Selbstverständlich nehmen sie nie Urlaub, und selbst wenn sie im Urlaub sind, arbeiten sie sogar dann noch. Sie äußern sich kritisch über diejenigen, die das Leben genießen: In ihren Augen sind solche Menschen faule Nichtstuer, die nur Platz wegnehmen und dem Leben nichts hinzufügen.

Vielleicht haben diese Menschen einen Märtyrerkomplex und sind sehr verletzt, wenn niemand ihre Bemühungen sieht und lobt. Allein die Tatsache, dass sie Anerkennung brauchen, zeigt, dass ihre Motive falsch sind. Ich bedaure arbeitssüchtige Menschen zutiefst. Sie sind kaum in der Lage, etwas von ihrem Leben zu genießen. Wie bereits erwähnt, ist es sehr wahrscheinlich, dass sie sich selbst krank arbeiten und ihr Leben verkürzen. Sie nehmen sich nicht die Zeit, enge Beziehungen zu pflegen, und enden letztendlich oft ausgebrannt und einsam. Das Traurigste, was ich je in meinem Leben gesehen habe, war ein achtzigjähriger Mann, der wusste, er würde nicht mehr lange leben, und auf sein Leben zurückblickend nichts außer Bedauern finden konnte.

Tatsächlich ist die Liste möglicher Folgen von Ablehnung endlos, und deswegen werde ich mich auf die bisher gegebenen Beispiele beschränken. Aber um unser Gewissen anzuspornen, sind hier noch ein paar andere Dinge, deren ich mir bewusst bin: Selbstmitleid, Schuldgefühle, Minderwertigkeitsgefühle und ein geringes Selbstbewusstsein, Ängste aller Art, Hoffnungslosigkeit, Depressionen, eine Verteidigungshaltung allem und jedem gegenüber, Härte, Misstrauen und Respektlosigkeit, Geltungsbedürfnis und Eifersucht, und letztlich auch Perfektionismus. Der Hauptpunkt bei der Sache ist der, dass wir die richtigen Entscheidungen treffen müssen, damit wir am Ende unseres Lebens nichts zu bedauern haben. Wenn Sie glauben, man könnte Sie als unsicher, rebellisch, voller Armutsgedanken, tagträumerisch oder arbeitssüchtig bezeichnen, dann werden Sie sich Ihrer Motive bewusst und ändern Sie sich.

ABLEHNUNG BEEINFLUSST DIE WAHRNEHMUNG

Wie wir Dinge betrachten, wird, wenn wir eine Wurzel der Ablehnung in unserem Leben haben, auf eine bestimmte Weise beeinflusst. Wie ich bereits erwähnt habe, denken Menschen, deren Leben auf Ablehnung basiert, oft, dass sie abgelehnt werden, auch wenn dies in Wirklichkeit gar nicht der Fall ist. Sie fühlen sich schlecht behandelt, auch wenn dies tatsächlich gar nicht der Fall ist. Sie sind sehr sensibel dem gegenüber, welches Gefühl ihnen andere geben. Sie sind im Grunde zu empfindlich.

Menschen, deren Leben auf Ablehnung basiert, denken oft, dass sie abgelehnt werden, auch wenn dies in Wirklichkeit gar nicht der Fall ist.

Bevor mich Gott in diesem Bereich heilte, konnte man nur sehr schwer mit mir reden. Ich wurde ärgerlich, außer, wenn Dave mir in allem uneingeschränkt Recht gab. Wenn er mir nicht zustimmte, empfand ich dies als Ablehnung. Ich versuchte, ihn davon zu *überzeugen*, mir zuzustimmen, damit ich ein gutes Gefühl mir selbst gegenüber haben konnte. Dave dagegen fühlte sich *manipuliert*, so als dürfe er keine eigene Meinung zu irgendetwas ausdrücken. Dave sagte mir immer wieder: »Joyce, ich sage doch nur meine Meinung dazu. Warum reagierst du so, als würde ich dich angreifen?« Ich reagierte so, weil ich mich angegriffen *fühlte*.

Diese Situation verursachte eine ganze Reihe von Problemen zwischen Dave und mir. Ich sagte immer wieder: »Wir können einfach über nichts miteinander reden«, worauf Dave jeweils erwiderte: »Joyce, wir sprechen ohnehin nicht miteinander; du redest, und wenn ich nicht nur schweigend zustimme, wirst du sauer.«

Wenn Sie Kommunikationsprobleme mit jemandem haben, dann hat vielleicht der eine oder andere von Ihnen – oder Sie beide – dasselbe Problem, das ich hatte. In einer gesunden Unterhaltung zweier Menschen muss das Recht bestehen, angehört zu werden. Und damit meine ich, dem anderen wirklich zuhören. Hören Sie zu, oder reden Sie nur? Ich redete, und wollte, dass Dave mir zuhörte. Ich wollte, dass er mir zustimmte. Wenn er mir nicht zustimmte, hörte ich einfach nicht mehr zu. An diesem Punkt reagierte ich dann aufgrund meiner alten Verletzungen der Ablehnung. Ich *fühlte* mich abgelehnt, obwohl er mich in Wirklichkeit gar nicht ablehnte. Ich empfand es so, und deswegen war es so.

Ich weiß, dass mich der Herr verändert hat, weil ich nicht mehr auf die gleiche Weise reagiere, wenn mir jemand nicht zustimmt. Ich kann reden, und ich kann zuhören. Natürlich habe ich es lieber, wenn man mir zustimmt, aber wenn nicht, respektiere ich das Recht des anderen auf eine eigene Meinung. Ich habe nicht das Gefühl, an mir ist etwas nicht in Ordnung, nur weil man mir nicht zustimmt, ziehe aber in Betracht, dass meine Ansicht vielleicht falsch ist. Selbst wenn meine Ansicht falsch sein sollte, heißt dies nicht, mit mir sei etwas nicht in Ordnung. Wir müssen lernen, unsere Meinungen und Ideen davon zu trennen, wer wir als Person sind.

SPRECHEN SIE ZU SICH SELBST

Sie können Ablehnung überleben, und Sie müssen sich selbst sagen, dass dies möglich ist. Ich meine damit, dass Sie tatsächlich hörbar zu sich selbst sprechen und sich sagen: »Ich kann Ablehnung überleben.« Lassen Sie sich auch immer wieder diesen Gedanken durch den Kopf gehen: »Es wird mich nicht immer jeder mögen, aber das wird mich nicht umbringen.«

Süchtig nach Anerkennung

Wir haben alle zu viel Angst vor Ablehnung. Wenn Sie es noch nicht tun, fangen Sie jetzt damit an, zu glauben, dass Sie Ablehnung überleben können. Jesus wurde abgelehnt, und er überlebte. Das können Sie auch! Schätzen Sie die bedingungslose Liebe Gottes mehr als die Anerkennung der Menschen, die immer an Bedingungen geknüpft ist, und Sie werden Ablehnung überwinden.

Wenn ich von Überleben spreche, meine ich damit nicht, Sie werden es gerade so schaffen. Ich meine damit, dass uns Ablehnung wirklich nichts mehr ausmachen wird. Wir müssen uns nur eine neue Haltung der Ablehnung gegenüber zulegen. Wenn mich Menschen in der Vergangenheit abgelehnt haben, war ich verletzt und ließ es zu, von ihrer Haltung mir gegenüber noch tagelang beeinflusst zu werden. Wenn Dave dagegen Ablehnung erfuhr, sagte er einfach: »Das ist deren Problem, nicht meines.« Was war der Unterschied zwischen ihm und mir? Dave hatte ein gesundes Selbstwertgefühl und ich nicht. So einfach ist das! Ich stützte mich zu sehr darauf, was andere über mich dachten, wohingegen es Dave egal war, was andere über ihn dachten. Er sagte zu mir, dass er ja nichts an der Meinung anderer über ihn ändern könne, alles was er tun könne, wäre, er selbst zu sein.

Wer Gott hat, hat alles, was er braucht.

Wenn Sie in diesen Bereichen Probleme haben, hören Sie auf, sich selbst zu martern mit der Sorge darüber, was andere denken könnten. Sie können Ablehnung überleben. Sie werden weiterleben, und wenn die Leute mit ihren unschönen Gedanken über Sie fertig sind, suchen sie sich ein neues Opfer. Sie haben noch den Rest Ihres Lebens vor sich, und den können Sie ohne diese Menschen auskommen. Wer Gott hat, hat alles, was er braucht. Wenn er weiß, Sie brauchen etwas darüber hinaus, wird er es auch für Sie bereitstellen (siehe Matthäus 6,8 u. 33-34).

Ich habe in diesem Buch bereits erwähnt, dass einige nicht sehr schmeichelhafte Zeitungsberichte über uns veröffentlicht wurden. Daraufhin wandte ich mich an einen Mann, den ich kenne. Er publiziert eine Zeitschrift und ist seit Jahren im Zeitungsgeschäft tätig. Ich fragte ihn, was er mir in dieser Situation raten würde. Er sagte: »Wenn ich du wäre, würde ich gar nichts tun. Die ganze Sache wird in Vergessenheit geraten, und nächste Woche wird jemand anders am Pranger stehen.« Und er hatte Recht.

Wir sind ohnehin nicht für unseren Ruf verantwortlich, sondern Gott! Entspannen Sie sich und sagen Sie sich: »Ich kann Ablehnung überleben. Ich bin nicht abhängig davon, akzeptiert zu werden.« Sagen Sie sich dies immer wieder, bis Sie es tatsächlich glauben und es Ihnen gleichgültig ist, wie andere Menschen Sie behandeln. Wenn der Teufel weiß, dass er Sie mit Ablehnung nicht verletzen kann, wird er aufhören andere dazu zu benutzen, diese Art von Schmerz in Ihr Leben zu bringen.

In diesem Abschnitt des Buches haben wir uns mit ein paar Dingen beschäftigt, die wir in uns selbst verändern müssen, um den Teufelskreis der Sucht nach Anerkennung zu brechen. Im nächsten Abschnitt werden wir uns zum Abschluss auf wichtige Wahrheiten über unsere Ganzheit in Gott konzentrieren, und welche Richtung unser Leben nehmen sollte. Wenn wir bereit sind, diese Schritte zu gehen, gibt es für uns gute Nachrichten.

TEIL III

Für die Zukunft gewohnte Muster ausmerzen

Kapitel

12
Kontrollierende Kräfte brechen

Gott nimmt daran Anstoß, wenn wir anderen Menschen erlauben, uns zu kontrollieren. Er sandte Jesus, seinen eingeborenen Sohn, damit er durch sein Leben unsere Freiheit erkauft. Die Bibel sagt, wir wurden mit einem Preis erkauft (siehe 1. Korinther 6,20), und dieser Preis ist das kostbare Blut von Gottes eingeborenem und innig geliebtem Sohn.

Wenn Sie zulassen, dass jemand Ihr Leben beherrscht, Sie einschüchtert, manipuliert und dazu verleitet, etwas zu tun, von dem Sie in Ihrem Herzen wissen, dass dies nicht richtig ist, dann müssen Sie diese kontrollierenden Kräfte brechen. Es ist nicht der Wille Gottes, dass uns jemand kontrolliert außer sein Heiliger Geist, und sogar da bleibt die Entscheidung uns selbst überlassen. Gott möchte uns nicht seinen Willen aufzwingen, also sollten wir es gewiss auch niemandem anders erlauben, es zu tun.

Menschen, die süchtig nach Anerkennung sind, enden immer damit, von anderen Leuten kontrolliert und manipuliert zu werden. Satan schickt ihnen immer jemanden über den Weg, der sie ausnutzt, d. h., der auf hinterhältige Weise seinen Vorteil auf Kosten anderer sucht, ohne auf sie Rücksicht zu nehmen.

Menschen, die kontrolliert werden, sind nicht konfrontierend, und solche, die kontrollierend sind, mögen es nicht, wenn man sie konfrontiert. Diese beiden Typen von gestörten Menschen bedienen ihre Schwächen gegenseitig. Der eine befähigt den anderen dazu.

DER BEFÄHIGENDE

Wir müssen uns etwas Zeit nehmen, um über die Person zu sprechen, die als »der Befähigende« auftritt. Tatsächlich können wir Menschen dazu befähigen, in Gebundenheit zu bleiben, indem wir ihren Forderungen nachgeben, anstatt selbst zu bestimmen, was für uns als Einzelne richtig ist.

Menschen werden Sie übervorteilen, wenn Sie es zulassen. Diese werden von Satan benutzt, um Sie von dem abzubringen, was der Wille Gottes für Sie ist. Das Wesentlichste für jeden Christen ist, Gott sofort und mit einem willigen Herzen gehorsam zu sein. Wie wir schon festgestellt haben, kann man nicht Gott und den Menschen zugleich gefallen. Dies wird schließlich entgegengesetzt und diametrisch zueinander enden.

Eine Frau, die eine unserer Konferenzen besuchte, behauptete, in der Vergangenheit schrecklich missbraucht worden zu sein. In unseren Veranstaltungen verhielt sich diese Frau sehr störend. Sie stiftete Unruhe. Sie hatte die Gewohnheit, sich auf den Boden fallen zu lassen und sich wie ein Fötus zu krümmen. Sie wurde äußerst emotional, wenn man sie berührte, und sie musste buchstäblich aus der Veranstaltung hinaus getragen werden.

Wir hatten veranlasst, dass ihr etliche Leute dienten, so gut sie konnten, aber sie fuhr fort, dieses Verhaltensmuster immer wieder aufzuzeigen. Jedes Mal, wenn ich von ihrem Eintreffen hörte, fing ich an, mich davor zu fürchten. Als ich sie sah, wurde mein Herz schwer.

Manchmal fühlte ich mich schlecht wegen meiner negativen Gefühle. Ich fühlte, ich sollte ihr helfen, aber ehrlich gesagt, ich wusste nicht, was ich für sie tun sollte. Es gab Zeiten, da sie so normal zu sein schien wie die anderen. Aber es gab Zeiten, in denen sie völlig aus der Kontrolle geraten war, beziehungsweise, wie ich später herausfand, hatte sie doch die Kontrolle, nicht die Kontrolle über sich selbst, aber sie kontrollierte meine Versammlungen und meine Belegschaft mit ihrem Verhalten.

Eines Nachmittags, als ich das Wort Gottes vor mehreren Tausend Menschen lehrte, begann diese Frau auf dieselbe Art und

Weise zu handeln, wie sie es in der Vergangenheit getan hatte, nur fiel sie diesmal aus ihrem Sitz und lag auf dem Boden zwischen zwei Sitzreihen. Die Aufmerksamkeit derer, die in etlichen Sitzreihen um sie saßen, war auf sie gerichtet. Unsere Mitarbeiter mussten sich zwischen die Reihen stellen und versuchen, ihr zu dienen. Schließlich trugen sie die Frau wieder hinaus, wie sie es schon zuvor getan hatten. Das brachte natürlich meine Veranstaltung durcheinander. Sie brachten sie in einen privaten Raum und beteten für sie, aber es änderte sich nichts.

> *Das Wesentlichste für jeden Christen ist, Gott sofort und mit einem willigen Herzen gehorsam zu sein.*

Eine der Frauen, die ihr zu helfen versuchte, spürte in ihrem Herzen, dass diese Frau nur Theater spielte, um die Aufmerksamkeit auf sich zu lenken und unternahm daraufhin einen kühnen Schritt. Sie sagte: »Nun, meine Dame, Sie können hier liegen bleiben, solange sie wollen. Draußen wird ein Ordner stehen. Aber ich gehe zurück an meinen Platz, denn ich möchte keinen weiteren Teil der Lehre versäumen.« Sie ging aus dem Raum, stand im Gang und beobachtete die Frau, um zu sehen, was sie tun würde. Als die Frau dachte, niemand würde sie beobachteten, stand sie auf, ging zur Tür hinaus und verließ das Gebäude.

Die Frau hatte uns manipuliert, um Aufmerksamkeit zu bekommen. Sie war in der Vergangenheit missbraucht worden und brauchte Hilfe, aber an einem gewissen Punkt nutzte sie uns aus, und wir waren ihr keine Hilfe. Solange wir ihr seltsames Verhalten weiterhin bestätigten, befähigten wir sie dazu, in ihrer Falle zu verweilen. Sie zu konfrontieren war das Netteste, was wir für sie tun konnten.

Manchmal meinen wir, es sei gemein, wenn wir Menschen konfrontieren, die Probleme haben, obwohl wir doch in Wirklichkeit »hartnäckige Liebe« üben. Dies wandte Jesus oft an, um Menschen freizusetzen.

Obwohl Jesus für verletzte Menschen Erbarmen hatte, fühlte er nie einfach nur Mitleid mit ihnen. Und wann immer es möglich war, half er ihnen, sich selbst zu helfen. Er wies sie an, etwas Bestimmtes zu unternehmen, und oft waren seine Anweisungen schockierend. Zu einem Krüppel sagte er zum Beispiel, er solle aufstehen, sein Bett nehmen und nach Hause gehen solle (siehe Matthäus 9,6). Zu einem Mann, der gerade erfahren hatte, dass seine Tochter gestorben war, sagte er, er solle sich nicht fürchten (Markus 5, 35-36). Als Jesus einen Blinden sah, spuckte er auf den Boden, machte mit dem Dreck einen Lehmbrei daraus und rieb ihn dann dem Blinden auf die Augen. Dann wies er den Mann an, zum Teich Siloah zu gehen, um sich dort zu waschen. Als der Mann den Befehl Jesu ausführte, konnte er sehen (siehe Johannes 9,1-7).

Jesus sagte den Menschen oft, dass sie Dinge tun sollten, die nicht nur Erstaunen auslösten, sondern die scheinbar unmöglich waren.

Wir sehen, Jesus sagte den Menschen oft, dass sie Dinge tun sollten, die nicht nur Erstaunen auslösten, sondern die scheinbar unmöglich waren. Wie konnte ein Krüppel aufstehen, sein Bett nehmen und gehen? Schließlich war er ein Krüppel. Wie konnte von einem Mann, der gerade erfahren hatte, dass seine Tochter gestorben war, erwartet werden, dass er sich nicht fürchtete? Wie war ein Mann in der Lage, zu einem bestimmten Wasserteich zu gelangen, da er doch blind war? Statt lediglich Mitleid für diese Menschen zu haben, setzte er sie in Bewegung. Er half ihnen, ihre Gedanken von sich selbst und ihren Problemen abzuwenden und motivierte sie, etwas zu unternehmen. Jesus wurde von Erbarmen *bewegt* (siehe Matthäus 9,36). Er wurde bewegt, etwas zu tun, das mehr war, als die Leute dazu zu befähigen, dort zu bleiben, wo sie waren.

Als Marta wollte, dass Jesus seiner Schwester Maria sagen sollte, sie solle aufstehen und ihr bei der Arbeit helfen, sagte Jesus zu Marta, sie wäre um viele Dinge beunruhigt und besorgt, und dass Maria das Richtige tat, indem sie ihn anbetete (siehe Lukas 10,38-42). Jesus war direkt, und er befähigte niemanden dazu, in Täuschung zu verweilen.

Wenn wir es versäumen, Menschen, die uns kontrollieren, zu konfrontieren, befähigen wir sie dazu, so zu bleiben, wie sie sind.

TREFFEN SIE IHRE EIGENEN ENTSCHEIDUNGEN

Erlauben Sie nicht anderen Menschen, für Sie Entscheidungen zu treffen. Sie wären sehr töricht (dumm), wenn Sie anderen Ihre Wahl überließen. Die Bibel sagt, Rettung kommt durch viele Ratgeber (siehe Sprüche 11,14). Es ist gut, das, was andere sagen, in Betracht zu ziehen, aber letztendlich bleibt die Wahl Ihnen überlassen. Wie es so schön heißt: »Sei in deinem Herzen wahrhaftig«, sonst sind Sie nicht wirklich glücklich.

Wenn Sie kontrolliert und manipuliert werden, dann werden Sie Ihrer Freude und Ihres Friedens beraubt. Das bringt den Tod zu Ihrem Geist, Ihrem Verstand, Ihren Gefühlen und allen anderen Bereichen Ihres Lebens. Gott sagte: »Ich habe dir vorgelegt, den Segen und den Fluch! So wähle das Leben, damit du lebst, du und deine Nachkommen« (5. Mose 30,19).

Wenn Sie das Leben wählen, dann müssen Sie es sich auch erwählen, diejenigen Menschen in Ihrem Leben zu konfrontieren, die versuchen, Sie zu kontrollieren. Menschen werden Sie in der Tat dafür achten, wenn Sie in Ihrem Leben Abgrenzungen abstecken, also Bereiche, wo Sie sie hineinlassen und zu denen Sie ihnen den Zutritt verweigern.

Dave und ich betreiben den Dienst *Joyce Meyer Ministries* gemeinsam als Leiter des Dienstes. Wir beide haben eine starke Persönlichkeit, und es kommt oft vor, dass wir einander Ratschläge geben. Ich bekomme Ratschläge von Dave in jedem Bereich außer in dem, was ich auf den Konferenzen und in den Fernsehprogrammen lehre. Ich weiß, ich muss solche Informationen, falls sie gesalbt sein sollen, vom Geist Gottes empfangen, und nicht von Dave oder von anderen. Ich bin Gottes Sprachrohr und muss als solches von ihm geleitet werden in dem, was ich lehre.

Dave hat seine eigenen Erfahrungsbereiche. Bevor er in den vollzeitlichen Dienst ging, war er im technischen Bereich tätig. Als wir mit dem Bau unseres Hauptsitzes für den Dienst beschäftigt waren, war David in diesen Prozess eingebunden, da er etwas über dieses Gebiet verstand. Bei einigen Gelegenheiten versuchte ich ihm einen Ratschlag zu erteilen, der die Struktur des Gebäudes betraf, und er bat mich freundlich darum, ihm die Handhabung der Gebäudeangelegenheit zu überlassen, da dies sein Gebiet war.

Wir empfangen Ratschläge voneinander, aber wir haben unsere eigenen Grenzen und respektieren sie gegenseitig.

WAS IST MIT DER UNTERORDNUNG UNTER AUTORITÄT?

Die Bibel lehrt uns, uns Autoritäten unterzuordnen (siehe 1. Petrus 2,13). Wir müssen uns Zivilautorität, Gemeindeautorität, Arbeitgeberautorität, der elterlichen Autorität und der ehelichen Autorität unterordnen. Eine rebellische Haltung ist eine der schlimmsten Haltungen, die wir an den Tag legen können. Wenn wir nicht willig sind, uns der Autorität von Menschen unterzuordnen, dann werden wir uns auch nicht der Autorität Gottes unterordnen.

Dennoch erhebt sich die Frage: »Was ist aber, wenn die Autorität über mir unfair ist?« In gewisser Hinsicht ist dies eine sehr schwierige Frage, aus dem schlichten Grund, weil wir manchmal das Gefühl haben, dass eigentlich alles, was wir nicht tun wollen, unfair ist. Gott möchte nicht bzw. plant nicht, dass wir ausgenutzt werden. Aber wir müssen vielleicht einige Dinge ertragen, die wir als unfair empfinden.

Die Bibel sagt: »Denn das ist Gnade, wenn jemand wegen des Gewissens vor Gott Leiden erträgt, indem er zu Unrecht leidet« (1. Petrus 2,19). Es können uns ungerechte Dinge in diesem Leben widerfahren, aber Gott ist gerecht, und er wird falsche Dinge richtig stellen, wenn wir geduldig sind und unser Vertrauen auf ihn setzen. Unser Leiden macht Gott nicht glücklich, aber wenn wir weiterhin das Richtige tun, selbst wenn dies bedeutet, dass wir leiden müssen, das gefällt Gott.

Ich glaube, der Schlüsselsatz in dieser Schriftstelle ist Folgender: »vor Gott« (d. h. »in den Augen Gottes«). Mit anderen Worten, wir sollten den Schmerz unrechten Leidens für Gott erleiden, und zwar nicht unbedingt, weil wir es wollen. Der Vers davor spricht spezifisch über Unterordnung unter Autorität, die vielleicht unfreundlich und unvernünftig zu sein scheint. Wenn wir also aufgrund einer Autorität, die unfreundlich und unvernünftig ist, um Gottes Willen und für sein Königreich ungerechterweise leiden, so gefällt ihm das.

Eine Person mag zum Beispiel vom Heiligen Geist so geführt werden, dass sie eine Arbeitsstelle behält, in der sie nicht fair behandelt wird, um ein Beispiel für Ungläubige zu sein im Hinblick darauf, wie man sich in einer solchen Situation verhält. Oder eine Person mag in ihrem Betrieb als einzige an Jesus Christus gläubig sein, und der Heilige Geist mag sie so führen, dass sie dort bleibt, um Licht an einem sonst dunklen Ort zu sein. Allzu oft sind wir mehr über unsere eigene Bequemlichkeit besorgt als darüber, dass wir gute Frucht für das Reich Gottes bringen sollen. Im Willen Gottes zu sein bedeutet, einiges an persönlichem Leid oder Ungemach zu ertragen, wovor wir keine Angst haben sollten. Alles, was wir für Gott tun, wird letztendlich eine Belohnung nach sich ziehen. Gott wird uns immer rechtfertigen und Gerechtigkeit in unser Leben bringen, aber es gibt Zeiten, in denen wir Dinge ertragen müssen, die zunächst unfair zu sein scheinen.

Was ist aber, wenn die Autorität über mir unfair ist?

Es gibt auch Zeiten, in denen wir Dinge nicht ertragen sollten, stattdessen sollten wir sie konfrontieren, d. h., ihnen entgegentreten. Zu unterscheiden, wann etwas zu ertragen oder zu konfrontieren ist, ist der wahre Schlüssel zum Erfolg und zur Erfüllung in diesem Bereich. Zu diesem Thema kann ich keine genaue Richtung angeben. Es gibt Zeiten, nichts zu tun, und es gibt Zeiten, etwas zu tun. Jeder von uns muss Gott suchen und sollte empfänglich sein für seine Führung.

Einige Menschen sind so schüchtern, dass sie die Dinge länger ertragen als sie sollten. Sie werden ein Fußabstreifer, damit andere darauf herumtrampeln. Als Ergebnis davon werden sie ihr Leben lang schlecht behandelt. Andere wiederum konfrontieren zu schnell und zu oft. Diese Menschen müssen die Dynamik des Stilleseins und auf Gott zu warten lernen.

Menschen mögen denken, sie seien frei, wenn sie sich weigern, sich irgend jemandem unterzuordnen, aber in Wirklichkeit sind sie in großer Gebundenheit. Wahre Freiheit heißt, frei zu sein, von einer Freiheit nicht Gebrauch zu machen, falls dies für alle Betroffenen nicht gut wäre. Liebe ist das höchste Gesetz im Reich Gottes, und der Apostel Paulus schrieb im Römerbrief, wenn unser Tun unserem Bruder Schmerzen oder Verletzung zufügt, wandeln wir nicht in Liebe (siehe Römer 14,21). Paulus sagte auch, er sei frei, alles zu tun, was er wollte, aber er habe auch die Freiheit, seine persönlichen Wünsche zurückzustellen zum Wohl des Reiches Gottes (siehe 1. Korinther 6,12 und 9,22).

Liebe ist das höchste Gesetz im Reich Gottes.

Als Christen können wir zwar sagen, dass wir frei sind, alles zu tun, was wir wollen, aber wenn es darum geht, mit anderen zusammenzuleben, funktioniert diese Art von Philosophie einfach nicht. Wenn jemand in einer Gruppe oder Gesellschaft alle anderen Personen kontrolliert, so wird dies als Diktatur bezeichnet und nicht etwa als eine Familie oder Gemeinschaft. Der Einzige, der glaubt, glücklich zu sein, ist der Diktator, und schließlich erkennt auch er, dass er nicht glücklich ist. Gott schuf uns dazu, in Liebe und Einheit zusammenzuleben und zu arbeiten. Ohne Liebe und Einheit wird nichts richtig funktionieren.

Sehen wir uns einige der Gebiete an, in denen wir durch negativ gesinnte Autorität oft herausgefordert werden.

AM ARBEITSPLATZ

Wenn ein Chef von seinem Mitarbeiter so viel verlangt, dass dies sein Leben zu Hause, sein geistliches Leben und vielleicht seine Gesundheit ruiniert, dann ist es keine Rebellion, wenn er den Chef konfrontiert und ihm einfach mitteilt, was er tun bzw. nicht tun kann. Er würde schließlich mehr Schuld auf sich laden, wenn er dies nicht entgegensetzen würde, anstatt es doch zu tun.

Gott erwartet von einer Person, dass sie ihre Ehe, ihre Familie, ihr Zuhause, ihr geistliches Leben und ihre Gesundheit ihrer Arbeit vorzieht. Wenn sie ihre Arbeit verliert als Folge einer gerechtfertigten Konfrontation, dann wird Gott ihr helfen, eine bessere Stelle zu bekommen. Es ist traurig, wenn jemand so sehr in Furcht lebt, sein Geld und seinen Ruf zu verlieren, dass er es sich gestattet, seine Gesundheit, die Achtung vor seiner Familie und die gute Beziehung zu Gott einzubüßen. Wenn Sie zugelassen haben, von jemand kontrolliert zu sein, dann sollten Sie sich fragen, welchen Preis Sie dafür bezahlen, persönliche Anerkennung zu bekommen.

Wie ich vorher schon erwähnte, arbeitete ich einmal für einen Mann, der bei weitem zu viel von seinen Mitarbeitern verlangte. Er war ein christlicher Leiter, und ich achtete ihn sehr. Am Anfang nahm ich an, alles, was er mir sagte, sollte wohl Gottes Wille für mich sein. Nach einer gewissen Zeit begann ich festzustellen, dass mein Leben ernsthaft aus dem Gleichgewicht geraten war, da ich versuchte, alle Anforderungen, die mein Chef mir stellte, zu erfüllen, um meine Arbeitsstelle zu behalten.

Falls Sie diesen Preis nicht bezahlen wollen, dann machen Sie das Spiel nicht mit.

Leider muss ich bekennen, es zugelassen zu haben, dass die Situation immer schlimmer wurde, bis ich an den Punkt kam, an dem ich krank wurde, und meine Ehe und Kinder dringend meine Aufmerksamkeit brauchten. Ich hatte zwar die Anerkennung meines Chefs errungen, aber ich befand mich außerhalb des Willens Gottes.

Für gewöhnlich sind wir aber eher in der Lage, zurückzublicken und zu erkennen, was wir in der Vergangenheit falsch gemacht haben, als zu sehen, was wir jetzt gerade falsch machen, während wir von den Emotionen der gegenwärtigen Ereignisse gefangen sind. Schließlich können wir aber von unseren Fehlern lernen und dieselbe Torheit nicht zweimal tun. Ich lernte aus dieser Situation und zog den Nutzen davon oftmals in meinem Leben: Wenn wir zulassen, dass unser Leben aus dem Gleichgewicht gerät, werden wir immer irgendwo einen Preis dafür bezahlen. Falls Sie diesen Preis nicht bezahlen wollen, dann machen Sie das Spiel nicht mit, das erforderlich ist, um jedermanns Anerkennung zu bekommen.

IN DER GEMEINDE

Wenn ein Pastor oder ein anderer geistlicher Leiter versucht, für alle seine Leute im Hinblick auf ihre Entscheidungen »von Gott zu hören«, so treibt er geistlichen Missbrauch. Wir alle haben den Heiligen Geist, und wir können alle selbst von Gott hören. Das bedeutet nicht, nie einen Ratschlag zu brauchen, denn das brauchen wir. Aber manche schießen in diesem Gebiet über das Ziel hinaus.

Dave und ich hatten einst einen Pastor, der dachte, die Leute in seiner Gemeinde dürften nicht einmal ihre Häuser verkaufen bzw. umziehen, es sei denn sie fragten ihn, ob er den Eindruck hätte, dies sei die richtige Entscheidung und der richtige Zeitpunkt für sie.

Diese Art von Einstellung ist natürlich kontrollierend und überhaupt nicht schriftgemäß. Meiner Meinung nach war dieser Mann unsicher und wollte, dass die Leute wegen jeder Sache zu ihm kämen, damit er sich wichtig fühlte. Derselbe Mann sagte auch meinem Mann, er mache einen Fehler, wenn er mir erlaubte, bei uns zu Hause ein Bibelstudium durchzuführen. Er sagte, mein Mann sollte die Bibellehre abhalten. Dabei gab es nur ein kleines Problem: Gott hatte die Gabe des Lehrens mir gegeben, nicht meinem Mann. Dave versuchte für eine gewisse Zeit zu lehren, und ich versuchte still zu sein. Keiner von uns war glücklich oder erfolgreich in seinen Bemühungen!

Leute, die es gut meinen, mögen versuchen, Ihnen zu sagen, was Sie tun sollten, aber das bedeutet nicht immer automatisch, dass sie recht haben. Dave und ich hätten die Gelegenheit verpasst, Millionen von Menschen weltweit das Evangelium mitzuteilen, wenn wir auf diesen Pastor gehört hätten. Er mag es aufrichtig gut gemeint haben, aber wir waren aufrichtig im Irrtum.

ZU HAUSE

Eltern müssen wissen, wann sie ihre Kinder loslassen sollten. Nichts ist schlimmer als Eltern, die immer noch versuchen, das Leben ihrer erwachsenen Kinder zu bestimmen. Eltern sollten dies nicht tun, und die Kinder sollten es auch nicht erlauben. Beide Parteien tragen Verantwortung. Es gibt Zeiten, da Dave und ich unseren Kindern Ratschläge erteilen, und ich bin sicher, dass es auch Zeiten gibt, da sie dies nicht wollen. Wir mögen ihnen mitteilen, was wir denken, aber wir versuchen nicht, sie dazu zu bringen, nach unserer Meinung zu handeln. Es ist uns klar, dass sie frei sein müssen, ihre eigenen Entscheidungen zu treffen und selbst die Folgen zu tragen. Wenn sie uns zu verstehen gaben, sie wollten in einer spezifischen Situation unseren Ratschlag nicht, dann behielten wir unseren Ratschlag für uns. Dies ist die richtige Art und Weise, sich zu verhalten.

Selbst wenn Sie sich sicher sind, dass Ihr Kind einen Fehler macht, können Sie vielleicht nichts dagegen tun. Manchmal lernen Kinder mehr aus den Fehlern, die sie selbst machen, als sonst wie.

EHEMÄNNER UND EHEFRAUEN

Da dies oft in Themen von Autorität und Unterordnung behandelt wird, möchte ich kurz darauf eingehen. In der Bibel werden die Frauen angewiesen, sich ihren Ehemännern unterzuordnen »als dem HERRN« (Epheser 5,22). Vielen Frauen hat dies große Probleme bereitet, vor allem in unserer heutigen Gesellschaft, in der Frauen für Gleichberechtigung kämpfen. Die Frauen sind den Männern gleichgestellt; die Bibel sagt nicht, dass das nicht der Fall wäre. Aber Gott ist ein Gott der Ordnung (siehe 1. Korinther 14,33), und es kann nie Ordnung einkehren, wenn nicht letztendlich jemand die Führung hat. Jemand muss die letzte Autorität innehaben zu sagen, was getan bzw. nicht getan wird, vor allem, wenn Unstimmigkeit herrscht.

Frauen dürfen von ihren Männern nicht missbraucht oder kontrolliert werden. Wenn ein Mann seine Frau beherrscht – wenn er ihr kein Geld gibt, ihr sagt, was sie anzuziehen hat, ihr keine Freunde gönnt, ihr verwehrt, in die Gemeinde zu gehen oder ein Buch zu lesen, usw. –, dann bin ich der Meinung, dass sein Handeln nicht in Ordnung ist und damit muss sie ihn konfrontieren. Ganz anders verhält es sich jedoch, wenn sie gebeten wird, etwas zu tun, das sie nicht tun will. Dinge zu tun, die wir nicht tun wollen, ist Bestandteil des Lebens. Die Bibel weist uns an, uns anderen anzupassen, um den Frieden in unseren Beziehungen zu wahren (siehe Römer 12,16). Zwischen zwei Menschen oder innerhalb von Menschengruppen sollte es ein Geben und Empfangen geben. Ist dies nicht der Fall, dann kann leicht eine Situation entstehen, in der eine Person alle anderen kontrolliert. Das ist nicht richtig!

Zwischen zwei Menschen oder innerhalb von Menschengruppen sollte es ein Geben und Empfangen geben.

Es fiel mir als Ehefrau sehr schwer, mich unter Daves Autorität unterzuordnen und seine Meinungen zu respektieren. Den Schmerz, den ich in der Vergangenheit erlitten hatte wegen der kontrollierenden Art meines Vaters, hinterließ in mir eine ungesunde Ansicht über das Thema Unterordnung. Oftmals hatte ich den Eindruck (bzw. empfand ich), dass Dave versuchte, mich zu kontrollieren, obwohl dies in Wirklichkeit überhaupt nicht der Fall war. Selbst wenn er eine andere Meinung über etwas hatte als ich, fühlte ich mich bedroht. Wenn er mir in der Tat sagte, er wollte eine gewisse Sache nicht tun, die ich wollte, erwiderte ich ihm, indem ich ihn anschrie: »Wenn du der Meinung bist, dass du mich kontrollieren wirst, dann wirst du schon noch eine andere Meinung kennen lernen!«

Mit Gottes Hilfe merkte ich schließlich, meine Furcht vor Daves vermeintlichem Versuch, mich zu kontrollieren, veranlasste mich eigentlich dazu, kontrollierend zu sein. Ich bin dem Heiligen Geist ewig dankbar für die Freisetzung durch die Wahrheit, mich der Autorität unterzuordnen – und ich bin dankbar, dass Dave lange genug bei mir blieb, damit ich das lernen konnte.

Es sei noch einmal gesagt: Ordnen Sie sich der Autorität unter, aber werden Sie nicht kontrolliert. Falls Sie eine Person in Autorität sind, gebrauchen Sie diese Autorität, aber seien Sie nicht eine kontrollierende Person. Ich habe versucht zu lernen, kein »diktatorischer Chef« zu sein. Ich bete für Gleichgewicht auf diesen Gebieten. Es ist nicht immer leicht, sie zu unterscheiden, aber der Geist Gottes wird uns leiten, wenn wir es ihm erlauben. Wenn Sie Fehler machen – etwas, was uns allen passiert –, dann geben Sie diese zu und lernen Sie durch sie.

MERKMALE EINER KONTROLLIERENDEN PERSON

Wenn Sie kontrolliert werden, so ist die Person, die Sie kontrolliert, wahrscheinlich jemand, den Sie lieben und achten, oder zumindest jemand, den Sie einmal gemocht und respektiert haben. Sie mögen vielleicht die Achtung vor dieser Person verloren haben aufgrund der Kontrolle, aber sind so gefangen in diesem Kreislauf, dass Sie nicht wissen, wie Sie davon loskommen sollen.

Der Kontrollierende mag jemand sein, den Sie brauchen, und

er weiß dies. Es könnte jemand sein, der Sie finanziell unterstützt, und Sie wissen nicht, was Sie tun würden, wenn diese Person nicht in Ihr Leben getreten wäre. Es mag jemand sein, in dessen Schuld Sie aus irgendeinem Grund zu stehen glauben, jemand, der in der Vergangenheit viel für Sie getan hat – und der Sie regelmäßig daran erinnert. Es könnte eine Person sein, die Sie in der Vergangenheit verletzt hat und gegenüber der Sie das Empfinden haben, für den Rest Ihres Lebens in ihrer Schuld zu stehen.

Der Kontrollierende könnte jemand sein, vor dem Sie sich fürchten. Das war bei meinem Vater und unserer Beziehung der Fall. Sie mögen sich vor persönlichem Schaden oder Verlust fürchten, wie wenn Eltern damit drohen, ihre Kinder zu enterben und ihnen weder Geld noch Besitztümer zu hinterlassen, falls sie nicht alles so tun, wie sie es wollen.

Der Kontrollierende kann jemand sein, der in seiner Kindheit kontrolliert wurde, und der nun beginnt, sich so zu verhalten, wie er es selbst gelernt hat. Er mag eine stolze, selbstsüchtige oder faule Person sein (jemand, der den Wunsch und die Erwartung hat, dass jeder ihm dient).

Der Kontrollierende kann eine sehr unsichere Person sein, die sich im Leben besser fühlt, wenn sie die Kontrolle hat. Er muss die Nummer eins sein, um sich sicher zu fühlen.

MERKMALE EINER PERSON, DIE KONTROLLIERT WIRD

Die Person mit der größten Wahrscheinlichkeit, kontrolliert zu werden, ist jemand, der schon immer kontrolliert wurde, so dass sich dies als Gewohnheit, als Lebensstil darstellt. Eine solche Person ist nicht in der Lage, selbst Entscheidungen zu treffen. Es handelt sich vielleicht um eine unsichere, ängstliche oder schüchterne Person, die niemals etwas oder jemandem im Leben konfrontiert hat. Ihre Entschuldigung lautet: »Ich mag keine Konfrontation.« Meine Antwort lautet: »Wir alle müssen Dinge tun, die wir nicht mögen.«

Bei einer Person, die kontrolliert wird, mag über das Thema Unterordnung unter Autorität Verwirrung herrschen. Sie wird den Unterschied zwischen echter göttlicher Unterordnung und einer von Dämonen angestifteten falscher Art von Kontrolle wahrscheinlich nicht erkennen. Es wäre eine Hilfe für sie, sich daran zu erinnern, der Teufel kontrolliert, Gott führt!

Die kontrollierte Person hat vielleicht ein geringes Selbstbild.

Die kontrollierte Person hat vielleicht ein geringes Selbstbild. Sie mag so geringschätzig über ihre Fähigkeiten denken, dass sie davon ausgeht, alle anderen haben recht und sie hat immer unrecht. Jedes Mal, wenn jemand mit ihr nicht übereinstimmt, macht sie vielleicht sofort innerlich dicht und ordnet sich unter. Die Person kann vielleicht ein Neurotiker sein, der sich bei jedem Konflikt schuldig fühlt.

Die kontrollierte Person ist vielleicht von der Fürsorge, den Finanzen, einem Platz zum Leben, einem Arbeitsplatz, einer Freundschaft, usw. abhängig. Die kontrollierte Person hat vielleicht irgendwann etwas falsch gemacht und hat jetzt das Gefühl, in der Schuld des Kontrollierenden zu stehen, wodurch sie zulässt, weiterhin unter Kontrolle zu stehen.

EIGENSCHAFTEN DER KONTROLLE

Es gibt zwei Haupteigenschaften der Kontrolle. Ich möchte über beide sprechen.

EMOTIONALE KONTROLLE

Die emotionale Manipulation ist eine der offensichtlichsten und stärksten Eigenschaften der Kontrolle. Tränen, Wut und Schweigen (insbesondere Schweigen als Ausdrucksform der Ablehnung) sind Methoden, die oft von Kontrollierenden angewandt werden, um andere zu kontrollieren.

Vielleicht wollen beide Eltern, dass die Jungvermählten den Urlaub mit ihnen verbringen. Kontrollierende Eltern setzen womöglich Schweigen, Wut, Tränen oder Ärger ein, um sich durchzusetzen. Sie mögen das Ehepaar an »all das Geld« erinnern, dass sie ihm geschenkt haben. Das bewirkt natürlich, dass das Paar sich in ihrer Schuld fühlt, in diesem Fall haben die Eltern ihm in Wirklichkeit nichts »geschenkt«. Echtes Schenken ist an keine Bedingungen geknüpft, durch welche die Personen, die das Geschenk erhalten haben, in die Richtung zu gehen gezwungen werden, die der Geber vorgibt.

Wiederum werden Eltern, die sich richtig verhalten, dem Paar die Freiheit einräumen, selbst Entscheidungen zu treffen; sie werden es nicht unter Druck setzen. Handelt es sich um christliche Eltern, so werden sie möglicherweise im Gebet um Führung für sie selbst und für ihre Kinder vor Gott kommen und dann zum eigenen Tagesgeschäft übergehen und darauf vertrauen, dass Gott wirken wird. Eltern, die keinen Druck ausüben, mögen zwar ihre Kinder nicht dazu bewegen, mit ihnen in den Urlaub zu fahren, aber dafür werden sie von ihnen die größte Liebe, Bewunderung und Respekt erfahren.

Obwohl ich mich hinsichtlich der wahren Natur meiner Handlungen getäuscht hatte, versuchte ich jahrelang, emotionale Manipulation auszuüben. Jedes Mal, wenn Dave nicht das tat, was ich wollte, wurde ich ärgerlich, hüllte mich in Schweigen, weinte, schmollte, nahm eine Mitleid erregende Haltung ein, und ich putzte das Haus oder verrichtete unaufhörlich andere Hausarbeiten in der Hoffnung, bei ihm Schuld- oder Mitleidsgefühle gegenüber mir zu erzeugen.

Ich bin froh, sagen zu können, dass dies nicht funktioniert hat. Ganz gleich, wie ich mich verhielt, Dave blieb glücklich und machte das, was er meinte tun zu müssen. Hätte ich Erfolg gehabt und ihn mit meinen Emotionen kontrolliert, dann wäre ich wohl immer noch in derselben Falle. Dann hätte sein Mangel an Konfrontation mich befähigt, in meiner kontrollierenden Art weiterzumachen. Wenn Sie ein Kontrollierender sind und wirklich tapfer sein wollen, dann beten Sie, dass Gott Ihnen Menschen über den Weg schickt, die Sie jedes Mal konfrontieren, wenn Sie es wirklich brauchen. Beten Sie dann darum, das annehmen zu können und sich nicht zu verteidigen, in dem Sie mit Ärger, Anklage und Entschuldigungen reagieren.

VERBALE KONTROLLE

Andere Menschen mögen versuchen, Sie mit Worten des Versagens, der Niederlage, der unnatürlichen Verpflichtung, der Schuld, Kritik und Einschüchterung zu kontrollieren. Manchmal machen sie von Drohungen Gebrauch. Sie mögen zum Beispiel mit dem Verlust der Beziehung (Ablehnung) drohen. Mit anderen Worten, sie wollen Sie zu der Schlussfolgerung kommen lassen, dass sie nichts mehr mit Ihnen zu tun haben wollen, falls Sie nicht das tun, was sie wollen. Ich glaube, viele Jugendliche verstricken sich in Drogen, Alkohol und sexuelles Fehlverhalten, weil sie mit dem Verlust der Beziehung bedroht werden. Wir nennen dies »Erwartungsdruck«. Das ist eigentlich Kontrolle.

Es gibt viele Methoden, wie man andere Menschen kontrolliert. Wenn Sie kontrolliert werden, lernen Sie die Methoden kennen, die gegen Sie angewandt werden. Falls Sie selbst ein Kontrollierender sind, bitten Sie Gott darum, Ihnen zu helfen, Ihre eigenen Methoden der Kontrolle zu erkennen. Sie können nichts gegen etwas tun, das Sie nicht erkennen. Beten Sie darum, dass Ihnen die Wahrheit offenbart wird, denn die Wahrheit wird Sie frei machen!

SYMPTOME, AUF DIE GEACHTET WERDEN MUSS

Falls Sie unfähig sind, sich mit anderen Menschen auszutauschen, ohne dass der Kontrollierende Ihnen ein Gefühl von Spannung und Schuldgefühlen vermittelt, weil Sie sich gerade freuen, so erleben Sie die Symptome des Kontrolliertseins.

Oder vielleicht können Sie keine neuen Freundschaften schließen, ohne dass der Kontrollierende eifersüchtig und einnehmend wirkt. Sie haben immer das Gefühl, beim Kontrollierenden »rückfragen« zu müssen, bevor Sie irgendetwas tun können. Sie führen kein eigenes persönliches Leben. Sie müssen dem Kontrollierenden alles sagen, ihn überall einladen und seine Meinung wegen jeder Sache einholen.

Vielleicht denken Sie übermäßig an den Kontrollierenden. Sie leben mit einer vagen Befürchtung über das, was er wohl über jede Sache, die Sie tun, denken oder sagen mag.

Es gibt Anzeichen einer Krise, die angegangen werden müssen. Schauen wir uns fünf wichtige Schritte zur Erlangung der Freiheit von Kontrolle an.

1. ERKENNEN

Der erste Schritt zur Erlangung der Freiheit von Kontrolle ist, zu erkennen, dass Sie kontrolliert werden. Einige Menschen mögen meinen, sie würden lediglich den Frieden wahren. Als Christen kann es sein, dass wir glauben, wir müssten mit allen Mitteln den Frieden wahren. Die Bibel lehrt uns schon, wir sollen Friedensstifter und -erhalter sein und wir sollen uns anderen Leuten auch anpassen, um Eintracht zu haben:

Seid gleichgesinnt gegeneinander; sinnt nicht auf hohe Dinge, sondern haltet euch zu den Niedrigen; seid nicht klug bei euch selbst! (Römer 12,16)

Als Christen sollen wir alles tun, was in unserer Macht steht, um den Frieden zu wahren, aber das heißt nicht, dass wir anderen erlauben sollten, uns zu kontrollieren. Jede Schriftstelle, die ins Extreme ausgelegt wird, kann Probleme verursachen. Der Wandel in der Liebe gebietet uns, alles für das Wohl und den Vorteil anderer Menschen zu tun, aber wir müssen erkennen, dass es für andere Menschen nicht gut ist, wenn wir ihnen erlauben, uns zu kontrollieren.

2. HANDELN

Sobald Sie erkannt haben, dass Sie kontrolliert werden, tun Sie etwas dagegen. Sie dürfen die Sache nicht weiter laufen lassen – nicht nur um Ihretwillen, sondern auch um des Kontrollierenden willen. Wenn Sie die Sache weiterhin dulden, befähigen Sie ihn zu einem solchen Vorgehen und machen sich mitschuldig. Es wurde so eine schlechte Gewohnheit aufgebaut, die nun gebrochen werden muss. Möglicherweise *reagieren* Sie auf den Kontrollierenden auf eine bestimmte Art und Weise, aber Sie müssen lernen, auf die Anweisungen im Wort Gottes hin zu *agieren*. Das erfordert ein gewisses Maß an Gebet und Entschlossenheit. Seien Sie nicht entmutigt, wenn dies eine gewisse Zeit in Anspruch nimmt. Es wird behauptet, man brauche dreißig Tage, um eine Gewohnheit aufzubauen und dreißig Tage, um mit einer solchen zu brechen. Ich kann mir vorstellen, dass Sie bis zum Zeitpunkt, an dem Sie den Kontrollierenden dreißig Mal konfrontiert haben, auf dem besten Weg sind, einen neuen Satz von Regeln in Ihrer Beziehung zu entwickeln.

3. VERSTÄNDNIS

Wie ich schon erwähnte, müssen Sie in Erfahrung bringen, *wie* die Person Sie kontrolliert. Ist es durch Angst, Ärger, Schweigen, Wut, Tränen, Schuldgefühle oder durch Drohungen? Es ist wichtig, die Taktiken der Kontrolle schnell zu erkennen und ihnen zu widerstehen. Je schneller Sie ihnen widerstehen, desto geringer ist die Wahrscheinlichkeit, in die Falle zu tappen, aus der Sie auszubrechen suchen.

4. KONFRONTIEREN

Stellen Sie sich dem Kampf der Konfrontation. Machen Sie sich bewusst, wenn Sie einer anderen Person erlaubt haben, die ganze Zeit ihren Willen durchzusetzen, wird diese es überhaupt nicht mögen, wenn Sie die Dinge ändern. Es könnte sogar weise von Ihnen sein, wenn Sie die Angelegenheit mit der anderen Person besprechen. Sie sagen vielleicht so etwas wie: »Du machst das vielleicht nicht mit Absicht, aber ich empfinde mich von dir kontrolliert. Ich brauche Frieden in unserer Beziehung, und Gott hat mir gezeigt, dass ich im Irrtum war, dir zu erlauben, mich zu kontrollieren, obwohl du das nicht darfst. Ich werde das ändern, und ich weiß, dies wird für dich nicht einfach sein. Ich liebe dich und möchte, dass unsere Beziehung gedeiht, aber von nun an werde ich meinem eigenen Herzen folgen.«

Erwarten Sie nicht, dass die Person nicht entgegengesetzt reagiert. Genauso wie Sie nach Anerkennung süchtig waren, so ist der Kontrollierende süchtig nach Kontrolle. Keine Sucht wird ohne fleischliche Reaktionen gebrochen. Wie ich zu sagen pflege: »Das Fleisch (die fleischliche Natur des Menschen) stirbt nie ohne Kampf.«

Keine Sucht wird ohne fleischliche Reaktionen gebrochen.

Sie haben vielleicht Angst zu konfrontieren, aber Sie müssen es tun, selbst wenn Sie es mit *Angst* tun! Wenn Sie standhaft bleiben, wird der Kontrollierende schließlich seine Einstellung von Ärger zu Achtung ändern. Ich hatte nie eine respektvolle Beziehung zu Menschen, die es mir erlaubten, sie zu kontrollieren. In Wahrheit verachtete ich sie, weil sie mich nicht konfrontierten.

Sie mögen sich davor fürchten, die Beziehung zu verlieren, was auch möglich ist. Das Einzige, das ich sagen kann, ist, Sie sind ohne diese Beziehung besser dran, als Ihr Leben damit zu verbringen, kontrolliert und manipuliert zu werden. Wenn Menschen kein Interesse an Ihnen haben, es sei denn, sie können Sie kontrollieren, dann sind sie nicht wirklich an Ihnen interessiert. Erlauben Sie Menschen nicht, Sie für ihre Zwecke zu missbrauchen.

5. GEBET

Versuchen Sie nicht, irgendeine Veränderung zu bewirken ohne eine Menge Gebet. Der richtige Zeitpunkt ist sehr wichtig in solchen Situationen. Beten Sie für die Leute, die Sie konfrontieren müssen und bitten Sie Gott, ihre Herzen vorzubereiten. Bitten Sie ihn, dass er diesen Personen ihrer Handlung schon bewusst macht, bevor Sie diese ansprechen.

EIN WORT AN DIE KONTROLLIERENDEN

Obwohl der größte Teil dieses Buches an diejenigen gerichtet ist, die süchtig sind nach Anerkennung, und die in diesem Prozess anderen erlauben, sie zu kontrollieren, weiß ich auch, dass unter den Lesern dieses Buches auch einige dabei sind, die selbst Kontrollierende sind. Es ist möglich, Kontrollierender und Kontrollierter zugleich zu sein. Es gab Zeiten in meinem Leben, in denen ich jeden kontrollierte, der mir erlaubte, dies zu tun, und gleichzeitig wurde ich selbst von jemand anderem kontrolliert. In beiden Fällen war ich außerhalb des Willens Gottes. Sie mögen vielleicht genau so sein. Sie könnten zum Beispiel von Ihrem Chef kontrolliert werden, und dennoch kontrollieren Sie Ihre Familie zu Hause.

Wenn Sie sich nicht sicher sind, ob Sie ein kontrollierender Mensch sind, so stellen Sie sich selbst die folgende Frage: Wie reagiere ich, wenn die Dinge nicht nach meiner Vorstellung gemacht werden? Werden Sie für gewöhnlich ärgerlich oder versuchen Sie andere davon zu überzeugen, dass Ihre Art die Beste ist? Sind Sie unglücklich, bis alles nach Ihren Vorstellungen läuft? Seien Sie ehrlich in Ihrer Antwort, und Sie werden schnell herausfinden, wer Sie sind.

Menschen haben ein Recht darauf, ihre eigenen Entscheidungen zu treffen. Gott möchte uns durch sein Wort und seinen Geist geführt sehen, und nicht etwa von äußeren Kräften. Er möchte auch, dass wir anderen erlauben, auf dieselbe Art und Weise geführt zu werden. Wir sollten in der Tat nicht nur zulassen, dass andere von Gott geführt werden, sondern wir sollten sie auch dazu ermutigen und ihnen dabei helfen. Wenn wir möchten, dass andere etwas tun und sie darin unsicher zu sein scheinen, dann sollten wir – anstatt zu versuchen, sie davon zu überzeugen, das zu tun, was wir wollen – ihnen sagen, sie sollen darüber beten, und dann sollten wir Gott vertrauen, dass er ihnen zeigen wird, was zu tun ist. Wir können Menschen dazu ermutigen, Dinge zu tun, aber wir sollten sie nicht manipulieren, um unsere Vorstellungen durchzusetzen. Wie das Sprichwort sagt: »Wenn du andere wirklich liebst, dann setze sie frei; wenn sie wirklich zu dir gehören, dann werden sie aus eigenem Antrieb zurückkehren.« Wahre Liebe beinhaltet, einem Menschen zu helfen, die richtige Entscheidung im Hinblick auf alle Beteiligten zu treffen, nicht nur die richtige Entscheidung im Hinblick auf uns.

FÜNF DINGE, DIE SIE TUN SOLLTEN, WENN SIE EIN KONTROLLIERENDER SIND

Falls Sie die Neigung aufweisen, kontrollieren zu wollen, sollten Sie Folgendes tun:
1. Geben Sie es zu. Versuchen Sie, laut zu sagen: »Ich bin ein Kontrollierender.«
2. Bitten Sie Gott, Ihnen zu vergeben und Sie zu lehren, die Rechte anderer Menschen zu achten.

Kontrollierende Kräfte brechen

3. Bitten Sie die Menschen, die Sie versucht haben zu kontrollieren, um Vergebung.
4. Ermutigen Sie diese, Ihnen gegenüber aufrichtig zu sein im Hinblick auf das, was sie über die Situationen zwischen Ihnen und sich selbst empfinden. Bitten Sie diese Personen darum, Sie zu konfrontieren, wenn Sie über das Ziel hinausschießen.
5. Geben Sie nicht auf, und werden Sie nicht entmutigt, wenn die Veränderung Zeit in Anspruch nimmt.

Sie müssen erkennen, dass Ihre kontrollierenden Neigungen nicht über Nacht verschwinden. Selbst wenn Sie diese zugeben und anfangen, sie zu erkennen, braucht es immer noch Zeit, davon frei zu werden. Wenn wir einander unsere Verfehlungen bekennen, dann wird ihre Kraft über uns zerbrochen, und dies wird auf alle Betroffenen eine befreiende Auswirkung haben (siehe Jakobus 5,16). Wenn man der Wahrheit ins Angesicht schaut, dann wird ein Heilungsprozess in unserem Leben freigesetzt. Als ich mich in meinem Heilungsprozess befand, bat ich meinen Mann, er solle es mich wissen lassen, wenn ich ihm gegenüber respektlos klang. Ich musste einen Berg von schlechten Gewohnheiten überwinden, der sich während meines Lebens angesammelt hatte, und ich wollte alle Hilfe erfahren, die ich nur bekommen konnte.

Sie denken vielleicht so, wie ich früher dachte, nämlich dass Sie sich selbst schützen müssen, in dem Sie die Kontrolle behalten, in Wirklichkeit aber öffnen Sie dem Teufel eine Tür, damit er Ihre Beziehungen zerstören und Sie mit unerträglichem Stress belasten kann. Zu versuchen, jeden und alles zu kontrollieren, ist sehr anstrengend. Ich wurde freigesetzt und habe schließlich entdeckt, dass ich mich nicht um die ganze Welt kümmern musste. Wenn Sie bisher das ganze Geschehen in Ihrer Umgebung dirigiert haben, dann ist es an der Zeit, sich hier zur Ruhe zu setzen.

> *Zu versuchen, jeden und alles zu kontrollieren, ist sehr anstrengend.*

Selbst wenn Sie kontrollierende Neigungen entwickelt haben, weil Sie in der Vergangenheit verletzt wurden, ist dies dennoch falsch. Sie mögen zwar gewisse Verhaltensweisen haben wegen des Schmerzes, den Sie ertragen haben, aber machen Sie daraus keine Entschuldigung dafür, so zu bleiben.

Nicht jeder Mensch, der andere kontrolliert, wurde in der Vergangenheit missbraucht. Einige Kontrollierende haben einfach nur eine starke Persönlichkeit und ganz bestimmte Vorstellungen darüber, wie die Dinge gemacht werden sollen. Sie haben sich so sehr auf ihre Gedanken und Gefühle versteift, dass sie für die Meinungen und Gedanken anderer Menschen überhaupt nicht offen sind. Andere sind lediglich selbstsüchtig. Sie sind süchtig danach, ihren Kopf durchzusetzen und haben vielleicht die schlechte Gewohnheit entwickelt, andere Menschen nicht zu respektieren. Vielleicht wurden sie als Kinder in ihren schlechten Gewohnheiten nicht korrigiert oder sind bei Eltern aufgewachsen, die kontrollierende Züge aufwiesen. Was auch immer der Grund dafür ist, eines ist sicher: Sie wandeln nicht in der Liebe, und Gott ist nicht daran erfreut.

Wenn Sie merken, dass Sie andere kontrollieren, treffen Sie die Entscheidung, sie frei zu geben, ihre eigenen Entscheidungen zu treffen. Wenn Sie mit ihren Entscheidungen nicht einverstanden sind, nehmen Sie davon Abstand, Missfallen zu zeigen. Sagen Sie vielleicht: »Ich achte deine Entscheidungsfreiheit; du hast ein Recht auf deine eigene Meinung.«

Bestehen Sie nicht darauf, dass alles nach Ihren Vorstellungen laufen muss. Werden Sie nicht ärgerlich, wenn andere nein zu Ihnen sagen oder wenn sie nicht das zu mögen scheinen, was Sie wollen. »Bestrafen« Sie die Menschen nicht mit Schweigen, wenn sie nein zu Ihnen sagen oder Sie konfrontieren. Geben Sie ihnen nicht das Gefühl, abgelehnt zu werden. Sagen Sie ihnen, dass Sie sie achten, und erkennen Sie, dass Sie die Freiheit brauchen, Ihrem eigenen Herzen zu folgen. Sagen Sie sich das immer wieder vor, selbst indem Sie es mit lauter Stimme wiederholen: »Menschen haben das Recht, ihre eigenen Entscheidungen zu treffen und ihre eigene Meinung zu haben, und ich sollte ihr

Recht darauf achten.« Sagen Sie sich das immer wieder vor, bis Ihre Einstellung sich zu ändern beginnt.

Als ich mich im Prozess des Überwindens von kontrollierenden Neigungen befand, sagte ich mir immer wieder leise vor: »Joyce, das geht dich nichts an.« Das tat ich, wenn ich versucht war, mich in etwas einzumischen, wozu ich nicht aufgefordert worden war. Wir lieben es, unsere Meinung abzugeben und den Menschen zu sagen, was wir denken, aber die Wahrheit ist, die meisten Menschen wollen nicht wirklich wissen, was wir denken. (Ich habe herausgefunden, selbst wenn Menschen mich fragen, was ich denke, wollen sie normalerweise nur, dass ich ihnen zustimme, damit sie sich in ihrer Entscheidung besser fühlen.)

Machen Sie keine Pläne für andere Menschen, ohne erst herauszufinden, ob diese das tun möchten, was Sie im Sinn haben. Indem Sie die einfachen Anweisungen aus der Schrift beachten und andere Menschen so behandeln, wie Sie behandelt werden möchten, werden alle Probleme im Hinblick auf Kontrolle gelöst (siehe Lukas 6,31).

ÜBERKORRIGIEREN SIE IHR PROBLEM NICHT

Es ist nicht ungewöhnlich zu entdecken, wenn wir in einem Bereich extrem oder aus dem Gleichwicht geraten waren, dass wir versuchen, die Situation dadurch zu korrigieren, indem wir zu einem entgegengesetzten und extremen Verhalten umschwenken. Als Kevin zum Beispiel schließlich bemerkte, dass Stefanie ihn über Jahre hinweg kontrolliert hatte, entschied er sich, die Situation zu korrigieren. Seine Entscheidung war zwar gut, aber seine Methoden nicht. Er wurde so entschlossen, sich nie wieder von ihr kontrollieren zu lassen, dass er jedes Mal äußerst aggressiv wurde, wenn sie sich nicht vollkommen seinen Wünschen fügte.

Beten Sie viel, gebrauchen Sie Weisheit, und seien Sie geduldig.

Indem er versuchte, sicher zu stellen, nie wieder von ihr kontrolliert zu werden, wurde er schließlich genauso, wie sie damals gewesen war.

Sie besuchten therapeutische Sitzungen; Stefanie gab ihr Problem zu und wollte ernsthaft Hilfe. Sie musste als Person konfrontiert werden, aber Kevin wurde ausgesprochen gemein zu ihr. Kevin erkannte schließlich, wie extrem seine Methoden waren, und dass er, während er versuchte das eine Problem zu lösen, ein anderes Problem schuf. Es brauchte einige Zeit und Anstrengung, aber mit Gottes Hilfe lernten sie, einander zu respektieren und eine ausgeglichene Beziehung zu führen.

Maßlosigkeit ist das Spielfeld des Teufels. Jedes Mal, wenn wir in irgendeinem Bereich maßlos werden, schaffen wir eine Atmosphäre, in welcher der Teufel aktiv werden kann.

Bemühen Sie sich, ausgeglichen zu sein. Wenn Sie bemerken, dass Sie von jemandem kontrolliert wurden, dann müssen Sie auf jeden Fall Maßnahmen ergreifen, um ihre Freiheit wieder zu gewinnen, lassen Sie sich aber dabei nicht von Emotionen leiten. Beten Sie viel, gebrauchen Sie Weisheit, und seien Sie geduldig. Werden Sie nicht von jemandem, der kontrolliert wurde, zu jemandem, der so entschlossen ist, sich nie wieder von jemandem kontrollieren zu lassen, dass er auf andere Menschen übertrieben reagiert. Wenn Sie ein kontrollierender Mensch waren, dann gehen Sie ebenfalls nicht in das entgegengesetzte Extrem und denken, Sie dürften nie wieder irgendwelche Aggressionen zeigen.

Da wir uns nun darüber unterhalten haben, wie man positive Schritte unternimmt, um sich von negativer Kontrolle zu befreien, wollen wir uns anschauen, wie wir den Schmerz, den wir in der Vergangenheit erlitten haben, ausnutzen können, um einen positiven Unterschied in unserem Leben und im Leben der anderen zu machen.

Kapitel

13

Den Schmerz ausnutzen

Es ist unmöglich, durchs Leben zu gehen, ohne jemals Schmerzen zu erfahren. Aber das Leben darf nicht verschwendet werden. Nachdem Jesus die Menschenmenge gespeist hatte, befahl er seinen Jüngern, die übriggebliebenen Brocken aufzusammeln, »damit nichts umkomme!« (Johannes 6,12). Der Herr wird alles in Ihrem Leben benutzen, wenn Sie ihn nur lassen. Lassen Sie Ihren Schmerz zum Segen für jemand anderen werden. Genau das hat auch Jesus getan.

Jesus ertrug schreckliche Qualen, als er am Kreuz hing und für die Sünden der Menschen bezahlte. Aber sein Schmerz ist unser Gewinn. Das Wort Gottes lehrt uns, dass der Heilige Geist uns zu Hilfe kommt, wenn wir in einer Situation nicht wissen, wie wir beten sollen. Er kennt den Willen des Vaters in allen Dingen und bittet für alle Heiligen in Übereinstimmung mit dem Willen Gottes. Deshalb können wir versichert sein und wissen, dass *alle* Dinge zum Guten mitwirken, denen, die Gott lieben und nach seinem Vorsatz berufen sind (siehe Römer 8,26-28).

Ganz gleich, was in unserem Leben geschieht, wenn wir am Gebet festhalten und nicht aufhören, ihm zu vertrauen, ihn weiterhin lieben und in seinem Willen wandeln, so gut wir können, dann wird er dafür sorgen, dass uns alles zum Guten mitwirkt.

Was auch immer uns in der Vergangenheit passiert ist, mag vielleicht an sich nicht gut gewesen sein und möglicherweise zu Schwierigkeiten mit Annahme und zu einem Verlangen nach Anerkennung geführt haben, aber weil Gott gut ist, kann er eine sehr schwierige und schmerzliche Sache nehmen und sie zu etwas Gutem für uns und für andere werden lassen.

GOTTES ABSICHT GEHT WEIT ÜBER UNSER VERSTÄNDNIS HINAUS

Das einzige Denkmal auf der Welt, das in Form eines Ungeziefers gebaut wurde – um ein Ungeziefer zu ehren –, liegt in Fort Rucker, Alabama. 1915 fiel der mexikanische Baumwollkapselkäfer in den Südosten Alabamas ein und zerstörte 60 Prozent der Baumwollernte. In ihrer Verzweiflung stiegen die Farmer auf den Anbau von Erdnüssen um. Bis zum Jahr 1917 wurde die Erdnuss-Industrie so gewinnbringend, dass in diesem Gebiet mehr Erdnüsse geerntet wurde als in irgendeinem anderen Gebiet des Landes. Voller Dankbarkeit errichteten die Leute eine Statue mit der Inschrift: »In tiefer Wertschätzung für den Baumwollkapselkäfer und für das, was er als Bote des Wohlstands gewirkt hat.«

Das Instrument ihres Leidens wurde zum Träger ihres Segens.

Gott ist ein Gott von Vorsätzen. Gott ist ein Gott von Vorsätzen. Wir mögen seine Absichten nicht immer verstehen, aber wir können uns sicher sein, dass er ganz bestimmt eine Absicht hat. Manche Dinge mögen uns anfangs schrecklich erscheinen, und trotzdem beabsichtigt Gott die ganze Zeit, uns seine Herrlichkeit zu zeigen, indem er etwas Gutes daraus wirkt.

Ein Beispiel dieser Wahrheit sehen wir in der biblischen Erzählung von Lazarus' Tod, wie sie in Johannes 11,1-44 niedergeschrieben ist. Dort erfahren wir, dass Lazarus krank war. Seine Schwestern Maria und Marta sandten Jesus die Nachricht: »Herr, siehe, der, den du lieb hast, ist krank!« (V. 3). Als Jesus die Nachricht erhielt, sagte er, dass diese Krankheit nicht zum Tode wäre, sondern damit Gott verherrlicht werden würde. Anstatt zu Lazarus zu gehen und ihn zu heilen, wartete Jesus, bis jener starb. Als Jesus am Ort des Geschehens ankam, lag Lazarus bereits seit vier

Tagen im Grab. Jesus erweckte Lazarus wieder zum Leben. Jesus hätte Lazarus' Tod auch verhindern können, aber er ließ es zu, dass Lazarus starb, damit die Menschen Gottes wunderwirkende Kraft sehen konnten und erkennen, dass nichts zu schwer für ihn ist.

Wir fragen uns manchmal, warum Gott so lange wartet, um uns zu Hilfe zu kommen, oder warum er es zulässt, dass manche Dinge geschehen. Wir können nicht immer einschätzen, was Gott tut, oder warum er es tut, aber wenn wir ihm vertrauen, wird er etwas Wunderbares dadurch bewirken.

VERLETZT! GEHEILT! UND BEREIT ZU HELFEN!

Josef war ein Mann, der von seinen Brüdern verletzt wurde. In dem Wort Gottes lesen wir, dass Josefs Brüder eifersüchtig auf ihn waren. Sie hassten ihn, weil sein Vater ihn bevorzugte. Sie verkauften ihn in die Sklaverei und erzählten seinem Vater, dass wilde Tiere ihn getötet hätten. Er wurde nach Ägypten gebracht, wo er dreizehn Jahre im Gefängnis verbrachte für ein Verbrechen, das er nicht begangen hatte (siehe 1. Mose 37-41).

Aber Gott war mit Josef, und er war in der Lage, Träume zu deuten. Der Pharao, der Herrscher ganz Ägyptens, hatte einen Traum, den Josef deutete und so wurde er aus dem Gefängnis entlassen. Er fing an, für den Pharao zu arbeiten, und wieder einmal wurde ihm die Verantwortung für alles übertragen. Während einer großen Hungersnot war Josef in der Lage, sehr viele Menschen zu retten – seinen Vater und seine Brüder, die ihn so grausam behandelt hatten, mit eingeschlossen.

Dies ist eine der ermutigendsten Geschichten in der Bibel. Darin sehen wir die Kraft einer positiven Einstellung in schweren Zeiten. Wir können sehen, dass Gott uns Gunst geben kann, ganz egal, wo wir uns befinden. Wir sehen die Kraft der Vergebung, als Josef bereit war seinen Brüdern, die ihn so tief verletzt hatten, zu Essen zu geben. Die Bibel sagt, dass Gottes Wege unerforschlich sind (siehe Römer 11,33). Wir mögen nicht immer alles verstehen, aber wir können Gott vertrauen.

Josef wurde verletzt. Aber er wurde auch geheilt, und er war bereit zu helfen. Seine Kämpfe machten Josef zu einem besseren, nicht zu einem bitteren Menschen. Denken Sie doch einmal darüber nach, wie sein Leben hätte sein können, wenn er sich geweigert hätte, eine göttliche Einstellung während der gesamten Dauer seiner Geduldsprobe beizubehalten.

Ich bin mir sicher, dass Esther verletzt war, als ihr Leben und ihre Pläne gestört wurden und sie in den Harem des Königs gebracht wurde, was nicht gerade ein Ereignis war, über das sich ein junges unverheiratetes jüdisches Mädchen gefreut haben dürfte. Wenn wir in der Bibel über Menschen lesen und über das, was sie ertragen haben, dann denken wir nicht immer an die Gefühle, die sie dabei empfunden haben müssen. Wir lesen ihre Geschichten beinahe so, als ob sie erfundene Figuren wären, aber sie waren echte Menschen wie Sie und ich. Sie empfanden dieselben Gefühle, die wir hätten, wenn wir durch solch eine Situation gehen müssten.

Wir mögen nicht immer alles verstehen, aber wir können Gott vertrauen.

Esther wurde von Gott gebraucht, um ihr Volk zu retten, doch zuerst musste er sie in eine unangenehme Position bringen. Sie musste an einem Ort leben, an dem sie nicht leben wollte, und sie musste Dinge tun, die sie nicht tun wollte (siehe das Buch Esther).

Ruts Mann starb. Ich bin mir sicher, dass dies sie fürchterlich verletzt hat. Ohne Zweifel war sie einsam, aber dennoch entschied sie sich, sich um ihre Schwiegermutter, eine ältere Frau namens Naomi, zu kümmern und sie in ihr fremdes Heimatland zu begleiten. Dort angekommen hatten sie nur sehr wenig zum Leben, so dass Rut Ähren von den Feldern auflesen musste, um sie beide versorgen zu können. Am Ende heiratete sie einen sehr reichen Mann namens Boas. Die Folge davon war, dass Rut und Naomi mit allem, was sie benötigten, versorgt wurden. Dazu kam

Den Schmerz ausnutzen

außerdem noch, dass Rut ein Teil der Ahnenlinie wurde, aus der Jesus hervorging, indem sie Boas Kinder gebar (siehe das Buch Rut und Matthäus 1,5).

Der Punkt, worauf ich mit diesen Geschichten hinaus will, ist, dass all diese Leute und noch viele andere, die ich hier aus Zeitgründen nicht erwähnen kann, Schmerzen erlitten, Heilung empfingen und dann anderen halfen.

Wurden Sie von jemandem oder durch etwas verletzt? Wenn das der Fall ist, dann können Sie dieselbe Entscheidung treffen, wie diese Menschen. Verbringen Sie Ihr Leben nicht verärgert und verbittert – erlauben Sie Ihrem emotionalen Schmerz nicht, Sie in einen lebenslangen Kampf mit der Sucht nach Anerkennung gefangen zu nehmen. Empfangen Sie Heilung und Trost von Gott, und helfen Sie dann anderen. Vergeuden Sie Ihren Schmerz nicht.

Während des Zweiten Weltkrieges wurden Corrie ten Boom und ihre Schwester in einem fürchterlichen Konzentrationslager namens Ravensbruck gefangen gehalten. Sie sahen und erlebten schreckliche Qualen, die sogar Tod durch Verhungern und Nacktsein bei Temperaturen unter dem Gefrierpunkt beinhalteten. Corries Schwester Betsie verhungerte tatsächlich. Während ihrer Zeit dort ermutigten sie andere Gefangene trotz allem beständig. Sie behielten eine Einstellung des Lobpreises bei, und schließlich wurde Corrie durch ein Versehen aus dem Konzentrationslager entlassen.

Verbringen Sie Ihr Leben nicht verärgert und verbittert.

Nach ihrer Freilassung reiste sie um die Welt und erzählte von ihren Erfahrungen und von der Treue Gottes. Ihr Dienst wurde auf jeden Fall kraftvoller und effektiver, als er ohne ihre Prüfungen und Leiden geworden wäre. Ihr Leben und ihr Dienst sind seitdem ein Trost für Millionen von Menschen.

Eines Abends, nachdem sie in Deutschland über Gottes Vergebung gepredigt hatte, und darüber, dass für Gott keine Sünde zu groß sei, um Vergebung zu empfangen, bemerkte sie plötzlich einen Mann, der auf sie zu kam. Er war ein Wächter in Ravensbruck und einer derjenigen Leute gewesen, welche die Gefangenen gequält hatten. Der Mann hatte Corrie nicht wieder erkannt, aber er sagte, dass er gehört habe, wie sie erwähnte, dass sie eine Gefangene in Ravensbruck gewesen sei. Er sagte: »Ich war ein Wachmann dort, bin aber dann Christ geworden. Ich weiß, dass Gott mir die schrecklichen Dinge, die ich getan habe, vergeben hat, aber Sie bitte ich ebenfalls um Vergebung dafür.«

Corrie erzählte, wie sie in ihrer Vorstellung sofort ihre geliebte Schwester langsam verhungern sah, und dass sie im selben Moment spürte, wie sie diesem Mann nicht vergeben konnte, obwohl sie selbst jeden Tag Vergebung brauchte. Als sie vor ihm stand, wusste sie, dass sie ihm vergeben musste, auch wenn sie nicht wusste, wie sie das schaffen sollte. Alles, was sie anderen predigte, wäre völlig wertlos, wenn sie selbst nicht vergeben könnte. Corrie sagte, sie wusste, dass dies eine Tat aus ihrem Willen heraus sein müsste, denn ihre Gefühle sträubten sich dagegen. Als sie dort stand, sagte sie zu Gott: »Ich kann meine Hand heben, soviel kann ich tun, aber du musst den Rest machen. Du musst mir die Gefühle dazu geben.« Als sie steif die Hand des Mannes nahm, kam die Kraft Gottes und floss durch ihr ganzes Sein, und so konnte sie mit ganzem Herzen sagen: »Ich vergebe dir, Bruder! Aus tiefstem Herzen vergebe ich dir.« Sie sagte, dass sie Gottes Liebe noch nie so intensiv gespürt hatte wie in diesem Moment[1].

Obwohl Corrie tief verletzt worden war, erlaubte sie Gott, sie zu heilen und half dann anderen.

Wie ich bereits erwähnte, wurde ich missbraucht und stark verletzt. Als ich eine junge Frau Anfang zwanzig war, konnte ich mich nie daran erinnern, mich jemals glücklich oder sicher gefühlt zu haben. Ich lebte viele Jahre voller Ärger, Bitterkeit und Groll. Ich bin dankbar, dass ich gelernt habe, Gottes Trost und Heilung zu empfangen und jetzt in der Lage bin, anderen Menschen zu helfen.

Den Schmerz ausnutzen

GOTT SUCHT NACH ERFAHRENEN HELFERN!

Haben Sie jemals eine Arbeit gesucht, aber in jeder Stellenanzeige, die Sie lasen, wurde nach jemandem mit Erfahrung gesucht? Sie wollten einen Job, hatten aber keine Erfahrung, und das frustrierte Sie? Ich war in dieser Situation, und ich kann mich erinnern, dass ich dachte: »Wie kann ich Erfahrung sammeln, wenn mir niemand einen Job geben will?«

Gott will auch erfahrene Helfer. Wenn wir beginnen, für Gott in seinem Reich zu arbeiten, dann wird er alles aus unserer Vergangenheit gebrauchen, ganz egal wie schmerzvoll sie war. Er betrachtet sie als Erfahrung. Wir sind durch einige schwierige Dinge gegangen, und diese Dinge qualifizieren uns dafür, auch anderen Menschen zu helfen, dasselbe durchzustehen. Jesus gewann Erfahrung durch die Dinge, die er erlitt.

Und lernte, obwohl er Sohn war, an dem, was er litt, den Gehorsam; und vollendet, ist er allen, die ihm gehorchen, der Urheber ewigen Heils geworden. (Hebräer 5,8-9)

Wie könnte ich denn jetzt dieses Buch schreiben, wenn ich nicht selbst durch einige schwierige Dinge gegangen wäre und einige wertvolle Erfahrungen gesammelt hätte? Wie könnte ich andere Menschen lehren, denjenigen zu vergeben, die sie verletzt haben, wenn ich nicht zuerst selbst gelernt hätte, denen zu vergeben, die mich verletzten?

Ich möchte Sie ermutigen, Ihren Schmerz mit einer anderen Sichtweise zu betrachten. Eine richtige Betrachtungsweise kann einen himmelweiten Unterschied machen. Versuchen Sie herauszufinden, wie Sie Ihren Schmerz zum Gewinn für jemand anderen machen können. Kann Ihr Schlamassel zu Ihrem Dienst werden? Vielleicht sind Sie durch so viele Dinge gegangen, dass Sie das Gefühl haben, genug Erfahrung zu haben, um ein Spezialist in einem bestimmten Bereich zu sein. Ich bin ein Spezialist, wenn es darum geht, Scham, Schuldgefühle, niedriges Selbstbild, Man-

Versuchen Sie herauszufinden, wie Sie Ihren Schmerz zum Gewinn für jemand anderen machen können.

gel an Selbstbewusstsein, Angst, Ärger, Bitterkeit, Selbstmitleid, etc. zu überwinden. Überwinden Sie Ihren Schmerz und lassen Sie ihn hinter sich, nehmen Sie Ihr Diplom entgegen, so dass Sie im Reich Gottes für den arbeiten können, der ein Meister im Wiederherstellen verletzter Menschen ist.

DAS AM BESTEN GEHÜTETE GEHEIMNIS

Laß dich nicht vom Bösen überwinden, sondern überwinde das Böse mit dem Guten. (Römer 12,21)

Wir überwinden das Böse mit dem Guten. Ich glaube, dass diese Wahrheit eine der mächtigsten Waffen ist, die wir besitzen und das am besten gehütete Geheimnis. Gott will, dass jeder diese Wahrheit kennt, aber Satan hält uns so verstrickt in unseren Problemen und in unserem persönlichem Schmerz, dass nur wenige von uns die Dynamik dieser Wahrheit jemals verstehen werden. Wir können Satan die schmerzvollen Dinge zurückzahlen, die er in unser Leben brachte, indem wir gut sind zu anderen. Wir überwinden ihn (das Böse), indem wir gut zu anderen Menschen sind. Eigentlich ist es Gott, der Satan überwindet, wenn wir ihm erlauben, das Gute durch uns zu wirken. Satan will unseren Schmerz gebrauchen, um uns zu zerstören, aber wir zerstören seinen Plan, indem wir das Gegenteil tun von dem, was er erwartet.

Gut zu anderen zu sein besiegt nicht nur den Satan, sondern setzt auch Freude in unserem eigenen Leben frei. Wie die Erfahrung aus der Vergangenheit zeigt, fallen Leute, die von jemandem verletzt wurden, oft in Depressionen. Ich glaube, dies beruht zum Teil auf der Tatsache, dass ihre Aufmerksamkeit auf ihren eigenen Schmerz gerichtet ist anstatt auf das, was sie tun können, um den Schmerz eines anderen zu lindern. Gott hat uns nicht dazu berufen, uns innerlich zurückzuziehen, sondern er hat uns dazu berufen, uns nach anderen Menschen auszustrecken. Wenn wir uns nach anderen Menschen ausstrecken, dann streckt sich Gott nach unserer Seele aus und heilt uns. Er ist der Einzige, der Menschen mit einem verletzen Herzen heilen kann und die Verwundeten mehr als neu machen kann.

Ich nenne das »Überwinde-das-Böse-durch-Gutes-Prinzip« ein Geheimnis, weil so wenige von uns es zu kennen oder ihm zu folgen scheinen. Wenn wir verletzt sind, dann tendieren wir automatisch dazu, uns um unsere Wunden zu kümmern. Wir wollen uns isolieren und darüber nachdenken, wie bemitleidenswert wir behandelt worden sind. Ich habe entdeckt, dass das Beste, was ich tun kann, wenn ich verletzt wurde, ist, in Bewegung zu bleiben. Wenn ich verletzt bin, tue ich genau das weiter, was ich tun würde, wenn ich nicht verletzt wäre. Ich gehe zur Arbeit, ich studiere, ich bete, ich gehe aus und predige, ich gehe meinen Verpflichtungen nach. Ich tue weiterhin die guten Dinge, die Gott mir zu tun gegeben hat, und vertraue ihm, dass er sich um die bösen Dinge kümmert.

Sehen Sie es? Sie können das Böse durch das Gute überwinden, genauso wie es die Bibel in Römer 12,21 sagt. Dieses Prinzip zu verstehen brachte eine buchstäbliche Lebensveränderung in mein Leben, und ich glaube, dass es das auch für Sie sein kann.

UNSER DENKEN IST GANZ FALSCH

Unsere Tochter Sandra teilte uns mit, dass sie fürchtete, eine bestimmte Person zu sehen, weil sie von dieser Person in der Vergangenheit nicht gut behandelt worden war. Als sie mit negativen Gedanken über das bevorstehende Treffen kämpfte, sprach Gott zu ihrem Herzen und sagte: »Du brauchst dir keine Sorgen darüber machen, wie andere dich behandeln; denke lieber darüber nach, wie du sie behandeln solltest.«

Diese Aussage beeinflusste Sandras und auch mein Leben nachhaltig. Wie wahr dies doch ist. Wir sind so besorgt darüber, wie wir behandelt werden, aber wir kümmern uns nur kaum oder gar nicht darum, wie wir andere behandeln. Wir haben Angst davor, benachteiligt zu werden, vor allem, wenn wir in der Vergangenheit schmerzvolle Erfahrungen mit jemandem gemacht haben. Die Angst und Furcht macht uns vielleicht überempfindlich gegenüber allem, was gesagt oder getan wird. Womöglich interpretieren wir Dinge falsch und sehen sie in einem schlechten Licht nur wegen unserer Erwartungen. Laut dem Wort Gottes kommt das, was wir fürchten, über uns (Hiob 3,25).

Ich stimme zu, dass es schwierig ist, sich keine Sorgen darüber zu machen, dass andere uns schlecht behandeln werden, wenn sie dies bereits in der Vergangenheit getan haben. Deshalb ist es so wichtig, überhaupt nicht darüber nachzudenken. Wir sollen uns Gott anbefehlen und ihm vertrauen, dass er sich um uns kümmert (siehe 1. Petrus 4,19). Er ist unser Fürsprecher (siehe Hiob 19,25). Solange wir uns anderen gegenüber, auch unseren Feinden, richtig verhalten, wird Gott einen Lohn in unser Leben bringen. Wegen dem, was Gott zu Sandras Herzen gesprochen hatte, trat sie mit einer völlig anderen Einstellung an das Treffen heran. Sie konzentrierte sich darauf, freundlich zu der Person zu sein, die zuvor nicht nett zu ihr gewesen war. Sie versuchte, ermutigend zu sein und Interesse an den Dingen zu zeigen, an denen die andere Person interessiert war. Sie erzählte mir, dass das Ergebnis überaus erstaunlich war. Sie verbrachte einige Tage mit der betreffenden Person, und nicht ein einziges Mal fühlte sie sich in irgendeiner Weise schlecht behandelt. Die Bibel sagt, dass wir »allen gegenüber das Gute wirken sollen« (siehe Galater 6,10), um ein Segen zu sein. Das bedeutet, dass, wenn wir in unseren Gedanken damit beschäftigt sind, eine Fülle von Lösungswegen auszuarbeiten, um ein Segen zu sein, wir keine Zeit haben, über unsere eigenen Probleme zu grübeln. Das gibt Gott die Gelegenheit, für uns an ihnen zu arbeiten.

Du brauchst dir keine Sorgen darüber machen, wie andere dich behandeln; denke lieber darüber nach, wie du sie behandeln solltest.

Den Schmerz ausnutzen

GEBEN SIE DAS WEG, WAS SIE SICH SELBST WÜNSCHEN

Was wünscht Sie sich? Wenn es Anerkennung ist, dann schenken Sie anderen Anerkennung. Bemühen Sie sich besonders darum, dass sich andere Leute von Ihnen geschätzt und geliebt fühlen. Seien Sie energisch in der Bekundung Ihrer Übereinstimmung. Oft schweigen wir, wenn wir mit jemandem oder etwas übereinstimmen, und äußern uns nur, wenn wir ihm nicht zustimmen. Ich finde, dass die Worte »Ich stimme zu« den Leuten Selbstbewusstsein gibt. Wenn ich eine Meinung oder eine Vorstellung über eine Sache habe, dann stärkt es mein Selbstbewusstsein, wenn mein Mann sagt: »Ich stimme dir zu.« Ich erwarte nicht von ihm, dass er mir in allem zustimmt, aber wenn er mir zustimmt, dann ist es wirklich schön, das zu hören. Ich denke, zu hören, wenn Leute uns zustimmen, hilft uns, besser damit umzugehen, wenn sie dies nicht tun.

Wenn Sie Komplimente hören wollen, dann machen Sie auch Komplimente. Jedes Mal, wenn Sie etwas Gutes über jemanden denken, dann sagen Sie es ruhig. Die Leute können nicht Ihre Gedanken lesen; Ihre Worte haben Kraft und vielleicht mögen sie das Selbstbewusstsein anderer nur leicht beeinflussen, aber Ihre Worte können sie erheben und ermutigen.

> *Wenn Sie Komplimente hören wollen, dann machen Sie auch Komplimente.*

Alle Menschen brauchen Bestätigung, vor allem jene, die emotional verletzt oder verwundet wurden. Wir haben mehr Macht, als wir wahrnehmen. Wir können Leuten helfen! Richtige Worte, die zur richtigen Zeit gesprochen werden, haben die Kraft zu heilen: »Ein Mann hat Freude an der treffenden Antwort seines Mundes, und ein Wort zu seiner Zeit, wie gut!« (Sprüche 15,23).

Die richtigen Worte zur rechten Zeit gesprochen sind nicht nur gut für andere, sondern auch für uns. Wir erleben Freude, wenn wir andere aufbauen. Wir sind von Gott geschaffen, um ein Segen zu sein. Er sagte zu Abraham: »Ich will dich segnen und zu einem Segen machen« (siehe 1. Mose 12,1-3). Wir sind gesegnet, um ein Segen zu sein.

Gott schuf Sie, damit Sie ein Segen sind. Fangen Sie an, das zu sein, wozu Sie geschaffen wurden, und Sie werden beginnen, das zu empfangen, was für Sie bestimmt ist!

»ICH BRAUCHE HEILUNG«

Sie denken vielleicht: »Ich wurde verletzt, und ich will anderen helfen, aber ich brauche Heilung.« Ich habe diesen Ausspruch bereits benutzt. »Verletzt! Geheilt! Und bereit zu helfen!« Die Heilung ist auf jeden Fall notwendig. Es gibt viele Leute, die sich im Dienst befinden und versuchen, andere Menschen zu heilen, aber selbst verletzt sind. Ich nenne sie die »verletzten Heiler«. Viele Leute verstecken sich vor ihren eigenen Problemen, während sie versuchen, die Probleme anderer aufzudecken. Die Blinden können die Blinden nicht führen - wenn sie es trotzdem versuchen, werden beide in eine Grube fallen (siehe Matthäus 15,14). Der Versuch, anderen Menschen zu helfen, während wir unsere eigenen Probleme ignorieren, bringt nie gute Frucht für irgendjemanden hervor.

Wie geschieht die Heilung? Wir wissen, wie sehr wir verletzt wurden. Wir haben eine Vision, anderen zu helfen. Aber wie erhalten wir unsere eigene Heilung? Wir brauchen die Hilfe des großen Arztes. Wir brauchen seine Gegenwart in unserem Leben. Zeit mit Gott zu verbringen, ist das Wichtigste, was wir tun können, vor allem, wenn wir verletzt wurden. Wir müssen uns Zeit nehmen, Gottes Wort zu lesen und zu studieren, denn es besitzt die Kraft zu heilen. Die Bibel sagt, dass wir auf Gottes Wort achten sollen, denn es bringt Gesundheit und Heilung für unser ganzes Fleisch (siehe Sprüche 4,20-22). Unsere Gefühle und Gedanken sind ein Teil dessen, was die Bibel als »das Fleisch« bezeichnet. In Psalm 119,130 heißt es: »Die Eröffnung deiner Worte leuchtet, sie gibt Einsicht den Einfältigen.« Die Eröffnung der Worte Gottes bringt Licht, etwas, das viele von uns vermissen.

Den Schmerz ausnutzen

Nicht immer sehen wir, was wir tun sollen. Oft sehen wir nicht einmal unsere eigenen Probleme. Wir denken, dass jeder andere außer uns Probleme hat, und wenn sich jeder ändern würde, dann wäre alles bestens. Wir brauchen Licht von Gott, um uns selbst verstehen zu können.

Als mein Heilungsprozess mit Gott begann, fing sein Heiliger Geist an, mich in die Wahrheit zu leiten. Dies ist eine andere Art, Licht zu beschreiben. Da gab es viele Dinge, die ich nicht verstand. Ich verstand manche Gefühle nicht, die ich in bestimmten Situationen oder über bestimmte Leute empfand. Der Mangel an Licht brachte Verwirrung in mein Leben. Dies trug zu meinen negativen Gefühlen über mich selbst bei. Ich mochte viele meiner Wege nicht, aber ich konnte nichts daran ändern, weil ich mich in der Finsternis befand. Ich fühlte mich gefangen! Ich mochte die Dinge nicht, die ich tat; ich verstand sie nicht, aber ich hörte nicht auf, sie zu tun.

Ich hatte immer eine Abneigung gegen Männer mit einer starken Persönlichkeit. Das ist etwas sehr Merkwürdiges, weil ich ja selbst eine sehr starke Persönlichkeit habe. Als Gott Licht in mein Leben brachte, begann ich zu erkennen, dass ich mich in Gegenwart einer starken männlichen Autorität unwohl fühlte, weil mein Vater, der mich missbraucht hatte, ebenfalls eine starke Persönlichkeit hatte. Ich reagierte auf Männer mit einer Persönlichkeit, die der meines Vaters ähnelte, genauso wie ich auf ihn reagiert hätte. Ich fühlte mich immer unwohl in der Nähe meines Vaters, deshalb fühlte ich mich in der Nähe von Männern, die ihm ähnlich waren, ebenfalls unwohl. Das Licht, das Gott mir gab, half mir ziemlich viel im Hinblick auf Beziehungen.

Wir brauchen Licht von Gott, um uns selbst verstehen zu können.

Aus einem Grund hörte ich auf, Menschen abzulehnen, nur weil sie Männer waren und eine starke Persönlichkeit besaßen. Ich hatte es bevorzugt, mit Leuten zusammen zu sein, die mich die Führung übernehmen lassen würden; ich musste die Kontrolle haben, um mich wohl zu fühlen. Wieso? Als Gott Licht in mein Leben brachte, erkannte ich, dass der Grund meines Verhaltens die *Angst* davor war, irgendjemand anderen die Führung übernehmen zu lassen. Ich vertraute ihnen nicht, dass sie sich um mein Wohlbefinden kümmern würden.

Ich war keine gemeine Person, so wie der Teufel mich glauben lassen wollte; ich hatte einfach Angst. Ich hatte ein ausgeklügeltes System entwickelt, mit dem ich mich schützen und auf mich aufpassen konnte. Ich wusste, wie ich beinahe jede Situation manipulieren konnte, um sicher zu gehen, dass mich niemand übervorteilte. Dennoch war ich es leid, mich ständig zu schützen und mich um mich selbst kümmern zu müssen. Ich sagte, dass ich wollte, jemand würde sich um mich kümmern; aber wenn es jemand versuchte, ließ ich es nicht zu. Ich ließ nicht einmal zu, dass Gott sich um mich kümmerte. Aber sein Licht setzte mich frei. Stück für Stück zeigte er mir Dinge, die mir Augen und Herz öffneten und Veränderung brachten.

Jede Heilung ist ein Prozess, der Zeit braucht, vor allem emotionale Heilung. Es ist nicht immer einfach. Manchmal ist dies ziemlich schmerzhaft. Manchmal haben Leute Wunden, die immer noch entzündet sind. Die Wunde muss geöffnet und die Entzündung entfernt werden, bevor sie richtig heilen kann. Nur Gott weiß, wie man das macht, und wie man es gründlich macht. Zeit mit Gott in seinem Wort und in seiner Gegenwart zu verbringen, sind die zwei wichtigsten Voraussetzungen, um geheilt zu werden, nachdem man verletzt wurde.

ENTSCHEIDEN SIE SICH DAFÜR, JEMANDEM ZU HELFEN

Machen Sie Gebrauch von Ihrem Schmerz, während Sie Gott in Ihrem Leben wirken lassen. Seien Sie entschlossen, anderen zu helfen. Warten Sie nicht, bis Sie sich danach fühlen. Warten Sie nicht auf ein übernatürliches Zeichen, dass Gott Sie gebrauchen will. Fangen Sie einfach damit an. Gott wird Sie in Ihrer Welt gebrauchen, bei den Leuten, die Sie im Alltag umgeben. Was Sie für einen anderen tun, das wird Gott auch für Sie tun. Jede Saat, die Sie in das Leben eines anderen säen, bedeutet eine Ernte, die Sie in Ihrem eigenen Leben erfahren werden – vor allem in Ihrem Streben, die Sucht nach Anerkennung zu überwinden.

Vergeuden Sie Ihren Schmerz nicht. Lassen Sie ihn zum Gewinn für jemand anders werden.

Was Sie für einen anderen tun, das wird Gott auch für Sie tun.

Folgerung

Vollständig in Christus leben

Wenn wir spüren, dass etwas in unserem Leben fehlt, wir aber nicht wissen, was es ist, sind wir frustriert und ständig auf der Suche. Wir werden so wie die Menschen, über die Gott in Jeremia 2,13 gesprochen hat: Menschen, die sich rissige Zisternen aushauen, die das Wasser nicht halten. Wir versuchen das Eine, dann das Andere, doch nichts stillt unseren Durst nach dem, was in unserem Leben fehlt.

Wir fühlen uns vielleicht unerfüllt, und doch sagt die Bibel, dass wir in Jesus erfüllt sind:

Und ihr seid in ihm zur Fülle gebracht. Er ist das Haupt jeder Gewalt und jeder Macht. (Kolosser 2,10)

Durch ihn seid auch ihr davon erfüllt und seid zur Fülle des Lebens gekommen [in Christus seid auch ihr erfüllt mit dem dreieinigen Gott – Vater, Sohn und Heiligem Geist – und erreicht vollen geistlichen Wuchs], denn er ist das Haupt aller Mächte und Gewalten [jeder Engelsgewalt und Macht]. (Kolosser 2,10; EÜ; z. T. wörtl. a. d. Engl.)

Erfüllt zu sein bedeutet, gesättigt, bis an den Rand gefüllt, sicher zu sein. Ohne Christus sind die Menschen stets auf der Suche und halten nach etwas Ausschau. Sie fühlen sich unvollkommen. Traurigerweise wissen die meisten Menschen nicht, dass Jesus Christus der ist, nach dem sie suchen, und so versuchen sie, die Leere in ihrem Leben mit allen möglichen anderen Dingen zu füllen.

Wir alle wollen zufrieden und satt sein. Wir alle wollen Zufriedenheit. Wir alle wollen erleben, dass wir so geliebt und akzeptiert werden, wie wir sind. Wir meinen vielleicht, dass uns die Annahme und Anerkennung anderer Menschen zufriedenstellen wird. Die Bibel lehrt uns jedoch, dass wir unter einem Fluch leben, wenn wir von Menschen erwarten, uns das zu geben, was nur Gott uns geben kann, dass wir aber, wenn wir an den Herrn glauben, auf Ihn vertrauen und uns auf Ihn verlassen, gesegnet sind (siehe Jeremia 17,5-8). Die Freude, der Frieden und die Erfüllung, nach der wir suchen, werden uns allein dann zuteil, wenn wir mit Gott erfüllt sind. Sie werden uns nicht durch einen bestimmten Menschen in unserem Leben zuteil, oder durch Geld, eine wichtige Position, Macht, Ruhm, Errungenschaften oder irgendetwas anderes. Wenn Sie mir nicht glauben, dann probieren Sie halt einfach all die anderen Dinge aus. Sie werden irgendwann zur selben Schlussfolgerung kommen wie alle anderen auch. Sie werden zugeben, dass Sie als Mensch am Ende sind und nichts vorweisen können, und dass nichts von dem, was Sie ausprobiert haben, Ihnen das gegeben hat, wonach Sie sich gesehnt haben – ein Gefühl des gesättigt und erfüllt seins. Lesen Sie das Buch Prediger, das von Salomo verfasst wurde. Er war ein Mann, der buchstäblich alles ausprobiert hat, um diese Art tiefer innerer Vollkommenheit und Befriedigung zu finden. Nichts von dem, was er ausprobiert hat, funktionierte, bis er schließlich an den Punkt kam, zu erkennen, dass das, was er wirklich wollte, die ganze Zeit über in seiner Reichweite gewesen war. Er wollte Gott!

Salomo hatte mit Gott begonnen, war aber dann abgewichen. Er versuchte es mit Frauen, Geld, Ruhm, Macht, Arbeit, Errungenschaften, Erfolg, und so weiter. Nichts funktionierte! Achten Sie einmal auf einige Dinge, die er gesagt hat:

Wenn wir an den Herrn glauben, auf Ihn vertrauen und uns auf Ihn verlassen, sind wir gesegnet.

Nichtigkeit der Nichtigkeiten! – spricht der Prediger; Nichtigkeit der Nichtigkeiten, alles ist Nichtigkeit [Leere, Irrtum und Prahlerei]! Welchen Gewinn hat der Mensch von all seinem Mühen, mit dem er sich abmüht unter der Sonne? [Ist das Leben lebenswert?] (Prediger 1,2-3; z. T. wörtl. a. d. Engl.)

Ich sah all die Taten, die unter der Sonne getan werden, und siehe, alles ist Nichtigkeit und ein Haschen nach Wind. (Prediger 1,14)

Mir gefällt, wie Salomo dies ausgedrückt hat. Zu versuchen, die Erfüllung in irgendetwas zu finden, das die Welt anzubieten hat, ist ein Haschen nach dem Wind. Ganz gleich, wie sehr wir ihm auch nachjagen, wir können ihn nicht ergreifen. Ganz gleich, wie schnell wir auch laufen, wir werden das, nachdem wir jagen, niemals ergreifen. Können Sie sich vorstellen, dem Wind nachzujagen, und wir frustrierend das wäre?

Nachdem er sein ganzes Leben lang alles ausprobiert hatte, was das Leben zu bieten hat, kam Salomo schließlich zu dem Schluss, dass das Einzige, was überhaupt einen Sinn ergab, Gott war. Er erkannte, dass ohne ihn niemand bleibende Freude finden kann. Salomo sagte, Folgendes habe er aus der ganzen Sache gelernt:

Fürchte Gott [verehre Ihn und bete Ihn an in dem Wissen, dass Er ist] und halte seine Gebote! Denn das ist die Pflicht des Menschen [die vollständige, ursprüngliche Bestimmung seiner Erschaffung, der Gegenstand seiner Vorsehung, die Wurzel seiner Natur, die Grundlage aller Glückseligkeit, die Richtigstellung aller unharmonischen Zustände und Bedingungen unter der Sonne], und das soll jeder Mensch tun. (Prediger 12,13; z. T. wörtl. a. d. Engl.)

WELTLICHES WERBEN

Werbung hat in unserer Kultur einen festen Platz. Wenn man den Highway hinunterfährt, hat man den Eindruck, durch ein Informationslexikon hindurch zu fahren. In unserem täglichen Leben begegnen wir auf Schritt und Tritt Plakaten und Werbetafeln, Werbung im Fernsehen und im Radio, Anzeigen in sämtlichen Zeitschriften und Zeitungen sowie auf Bussen. Auf die eine oder andere Weise werden wir durch all diese Werbung darauf hingewiesen, dass wir das *brauchen*, was sie verkaufen.

»Kaufen sie diese Creme, und Ihre Falten werden verschwinden.« Ist die Botschaft nicht in Wahrheit die, dass, wenn man dieses praktische Produkt kauft und verwendet, man dadurch annehmbar wird? Die Botschaft ist, dass, wenn Sie besser aussehen, Sie die Leute akzeptieren werden.

»Kaufen Sie dieses Auto – damit wird man Sie mit Sicherheit beachten und bewundern.«

»Verwenden Sie dieses Parfum, und jeder Mann wird sich zu Ihnen hingezogen fühlen.«

»Essen Sie dieses Gericht, und Sie werden absolut zufrieden sein.«

»Nehmen Sie diese Kapseln, und Sie werden Gewicht verlieren.« Schließlich würden Sie vielleicht nicht abgelehnt werden, wenn Sie ein wenig schlanker wären.

Es ist an der Zeit, aufzuwachen! Das sind alles Lügen! Es mag auf der Welt gute Produkte geben, die Sie gerne kaufen und ausprobieren möchten, aber sie werden Ihnen definitiv nicht dieses grundlegende Gefühl der Erfüllung schenken.

Die Welt ist tief verschuldet und verschuldet sich immer mehr.

Die Welt ist tief verschuldet und verschuldet sich immer mehr bei dem Versuch, das zu kaufen, was Gott kostenlos anbietet: Annahme, Liebe, Anerkennung, Wert, Frieden, Freude, Erfüllung! Das größere Haus wird Ihnen keine Erfüllung bringen; Sie müssen nur mehr Quadratmeter Fläche sauber halten. Das neueste Automodell wird es auch nicht tun; Sie werden nur höhere Raten bezahlen müssen. Die Beförderung in der Firma ist nicht die Antwort; Sie werden nur mehr Verantwortung haben und vielleicht länger arbeiten müssen. Na klar, Sie werden auch mehr Geld verdienen; aber wenn man die Steuern abrechnet und Sie all die Dinge gekauft haben, die Sie so brauchen, um Ihr neues Image aufrechtzuerhalten, bleibt davon sowieso nichts übrig.

Nur zu, drehen Sie ein paar Runden auf der Rennbahn des Weltsystems, und Sie werden wie Salomo sagen: »Nichtigkeit der Nichtigkeiten, alles ist Nichtigkeit!«

NEHMEN SIE CHRISTUS AN

Wenn Sie noch nicht Christus als Ihren Erlöser angenommen haben, wäre jetzt ein guter Augenblick. Doch selbst dass wird in Ihnen und Ihrem Leben nicht alles zurechtrücken, solange Sie Ihn nicht auch als Herrn annehmen.

Ich kann über mich selbst sagen, dass ich über Jahre hinweg genug von Jesus in meinem Leben hatte, um nicht in der Hölle zu landen, doch nicht genug, um im Sieg zu wandeln. Ich benutzte Ihn als Eintrittskarte in den Himmel, aber ich brauchte Ihn als mein *Alles*. Ich dachte, ich bräuchte Jesus *plus* Anerkennung, Geld, eine gute Position, alles Mögliche. Stimmt nicht. Jesus möchte alles für uns sein. Er macht keine halben Sachen. Er wird nie mit einer kleinen Ecke in unserem Leben zufrieden sein. Er möchte das gesamte Haus übernehmen. Als Jesusgläubige sind wir sein Zuhause, und nirgends sollte ihm der Zutritt verwehrt sein.

Ich habe viele lange Jahre damit zugebracht, hinter *Dingen* herzuhetzen, bis ich entdeckte, dass ich das, was ich brauchte, die ganze Zeit über bereits hatte. Ich hatte die Fülle in Jesus Christus (siehe Kolosser 2,10). Alles, was ich tun musste, war, es zu glauben!

Am Schluss diese Buches ist es mein Wunsch, Sie mit dem Gefühl der Vollständigkeit, der Zufriedenheit und des Erfülltseins zurückzulassen. Ich möchte nicht, dass Sie sich leer fühlen und weiter nach etwas Ausschau halten, dass Ihre Leere auffüllt, und doch nur dazu beiträgt, den Schmerz, den Sie vielleicht ohnehin schon verspüren, zu vergrößern.

Sie müssen wissen, wer Sie in Jesus sind. Sie müssen verstehen, dass Ihre Gerechtigkeit (Ihre rechte Stellung bei Gott) nur in Christus zu finden ist. *Alles*, was Sie brauchen, steht für Sie bereit. Sie müssen lediglich im Glauben das empfangen, was Jesus bereits zur Verfügung gestellt hat.

Lassen Sie den Glauben die Führung übernehmen, und die Gefühle werden folgen. Zunächst einmal müssen Sie glauben, dass Gott Sie liebt; dies bekräftigen Sie täglich sich selbst gegenüber, indem Sie darüber nachsinnen und es aussprechen. Ihre Gefühle werden dem später folgen. Fangen Sie an, zu glauben, dass Sie in Jesus Annahme gefunden haben. Bitten Sie um Gunst bei den richtigen Leuten, und machen Sie sich keine Gedanken über all die anderen, die Sie offenbar nicht wertschätzen. Diese Leute verpassen etwas, weil Sie schließlich ein wunderbarer Mensch sind, und eine Beziehung zu Ihnen zu haben, ist etwas, was sich jeder nur wünschen kann!

EIN FALL VON FALLSCHER IDENTITÄT

Jahre, die man in einem emotionalen Gefängnis seelischer Qual zugebracht hat, können schlichtweg eine falsche Identität als Auslöser haben. Ich hatte einen Onkel, der zwanzig Jahre für eine Tat im Gefängnis gesessen hat, die er begangen hat. Er wurde aufgrund einer Personenverwechslung verurteilt. Stellen Sie sich all die verschwendete Zeit und das vergeudete Potenzial vor!

Unsere Identität wird danach festgelegt, womit und mit wem wir uns identifizieren.

Tun Sie dasselbe? Wenn Sie nicht wissen, wer Sie wirklich sind, kann es sein, dass Sie zulassen, dass die Welt diese wunderbare Person, als die Gott Sie geschaffen hat, auf Grund einer Personenverwechslung - einer falschen Identität - zu Isolation, Angst, Kontrolle und Manipulation, Selbstablehnung und vielen anderen unschönen Dingen verurteilt.

Unsere Identität wird danach festgelegt, womit und mit wem wir uns identifizieren. Das Wort *identifizieren* bedeutet, die Identität und Charakteristiken von etwas oder jemandem durch Identifikation festzustellen, insbesondere in Beziehung zu anderen. Wenn wir uns mit Menschen und dem, was sie über uns sagen, identifizieren, wird uns das in Schwierigkeiten bringen; doch wenn wir uns mit Jesus und seiner Meinung über uns identifizieren, werden wir nie wieder eine Identitätskrise haben.

Die Menschen, mit denen es Jesus zu tun hatte, fragten ihn, wer er seiner Meinung nach sei. Sie waren aufgebracht, weil er von sich in Anspruch nahm, der Sohn Gottes zu sein. Sie bezichtigten ihn der Gotteslästerung. Jesus sagte, er wisse, wer er sei, weil er wisse, woher er komme und wohin er gehe:

Jesus antwortete und sprach zu ihnen: Auch wenn ich von mir selbst zeuge, ist mein Zeugnis wahr, weil ich weiß, woher ich gekommen bin und wohin ich gehe; ihr aber wisst nicht, woher ich komme oder wohin ich gehe. (Johannes 8,14)

Seine Sicherheit machte die Leute wütend. Er wusste, wer er war (siehe Johannes 8,12). Ganz gleich, was die Leute über Jesus sagten, er identifizierte sich nicht damit. Er identifizierte sich mit dem, was sein himmlischer Vater über ihn sagte. Er identifizierte sich mit Gott!

Identifikation mit Christus ist eine grundlegende Lehre des christlichen Glaubens. Dies wird nicht so häufig und umfassend gelehrt, wie es sein sollte. Manche religiöse Organisationen verwenden viel zu viel Zeit damit, den Leuten zu sagen, was sie zu tun haben, und zu wenig Zeit damit, ihnen zu sagen, wer sie in Christus sind.

Wir müssen gelehrt werden, uns mit Jesus zu identifizieren, und nicht mit Leuten, die uns ablehnen und kritisch über uns urteilen. Sie gehören Gott! Das Wissen um diese Tatsache gibt Ihnen die nötige Sicherheit, um erhobenen Hauptes durch diese Welt zu gehen. Sie werden in die Lage versetzt, Ihrem eigenen Herzen zu folgen und nicht nachteilig davon beeinflusst zu werden, wenn andere mit Ihren Entscheidungen nicht übereinstimmen.

Wenn andere Menschen etwas Unfreundliches über Sie sagen, werden Sie von nun an zu sich selbst – oder, da wo es angebracht ist, zu diesen Menschen – sagen: »Ich identifiziere mich nicht damit.«

Betrachten Sie sich selbst als vollkommen in Christus. Das wird Sie entspannen. Sie werden dazu ermutigt sein, auf das hinzustreben, von dem Sie bereits wissen, dass es Ihnen gehört, aber Sie werden sich dabei nicht unter Druck fühlen. Wenn jemand weiß, dass er Geld auf dem Konto hat und er etwas davon abheben möchte, steigt er ins Auto und »strebt« der Bank »zu«; er fühlt dabei nicht den geringsten Druck in der Magengegend, weil er weiß, dass das, was er braucht, für ihn bereitliegt und ihm gehört.

Wenn Sie verstehen und glauben können, was ich hier schreibe, werden Sie aufhören das Gefühl zu haben, ständig etwas zu brauchen. Das Verlangen in Ihrem Herzen wird befriedigt sein durch die Gewissheit, dass Sie bereits von Gott angenommen sind. Und vor allem werden Sie, um sich ganzheitlich und »komplett« zu fühlen, nicht mehr die Anerkennung durch andere Menschen *brauchen*. Wer süchtig nach Anerkennung ist, kann nur dadurch befreit werden, indem er erkennt, dass Gott ihn bereits anerkannt hat und dass ihn seine Anerkennung vollkommen macht! Wir müssen nicht darum kämpfen, mit den Leuten übereinzustimmen, wenn wir bereits wissen, dass wir in Übereinstimmung mit Gott sind. Wir wissen, dass wir wachsen und uns weiter verändern müssen, während Gott an uns arbeitet, aber wir müssen uns nicht darüber ärgern, wo wir gerade stehen, während wir Fortschritte machen. Wie ich immer sage: »Ich bin noch nicht da angekommen, wo ich hin soll, aber Gott sei Dank bin ich auch nicht mehr da, wo ich einmal war. Ich bin OK und auf dem Weg!«

Jesus möchte, dass wir uns ganz, vollständig und zufrieden fühlen. Er möchte nicht, dass Sie durch die Missbilligung anderer

---

Jesus möchte, dass wir uns ganz, vollständig und zufrieden fühlen.

Leute gequält werden, sondern dass Sie sich vielmehr seiner Anerkennung erfreuen. Er liebt Sie! Sie sind etwas Besonderes, eine einzigartige Persönlichkeit, und er hat einen wunderbaren Plan für Ihr Leben. Lassen Sie nicht zu, dass er von anderen Leuten oder dem Teufel aus Ihrer Hand gerissen wird. Wenden Sie den Blick von allem ab, das Sie ablenkt, und schauen Sie auf Jesus, den Anfänger und Vollender Ihres Glaubens (siehe Hebräer 12,2).

Sinnen Sie über Ihren Stand in Christus gemäß des Wortes Gottes nach, nicht gemäß dessen, was die Leute über Sie denken oder sagen. Vergessen Sie nicht, dass die Leute auch schreckliche Dinge über Jesus gesagt haben und ihn ablehnten, und doch heißt es in der Bibel: »Der Stein, den die Bauleute verworfen haben, ist zum Eckstein geworden« (Psalm 118,22).

Viele meiner früheren Kritiker haben sich als Mitarbeiter bei mir beworben. Ein Mann sagte sogar: »Wenn ich gewusst hätte, wie sich alles für Sie entwickelt, hätte ich Sie besser behandelt, als sie noch unbekannt waren.«

Ich glaube, dass Gott in Ihnen etwas Wunderbares tut, und weiterhin wunderbare Dinge durch Sie tun wird. Ihre Kritiker werden vielleicht eines Tages an den Punkt kommen, an dem sie wünschten, dass sie Sie besser behandelt hätten, während Sie noch auf dem Weg waren, so zu »werden«, wie Gott Sie haben möchte.

Leben Sie, um Gott zu gefallen, nicht den Menschen. Sie haben seine Anerkennung, und das ist alles, was Sie wirklich brauchen!

Anmerkungen

Kapitel 1
1. Das Wort Gottes laut zu proklamieren hat tiefgreifende positive Auswirkungen auf Ihr Leben. Ich empfehle Ihnen, dass Sie mein Buch *Die geheime Kraft von Gottes Wort in deinem Mund* lesen (JMM Joyce Meyer Ministries 2006).
2. *Failing Forward* von John Maxwell (Nashville, USA: Nelson Books, 2000).

Kapitel 4
1. Aus verschiedenen Quellen, u. a. http://en.wikipedia.org/wiki/Kleenex.
2. Aus verschiedenen Quellen, u. a. *Pivotal Praying* von John Hull und Tim Elmore Nashville, USA: Nelson Books, 2002.

Kapitel 6
1. *The Mask Behind The Mask* von Peter Evans (London: Frewin, 1969).

Kapitel 7
1. *A Barrel of Fun* von J. John und Mark Stibbe (West Sussex, England: Monarch, 2004), 76-77.
2. *Der Mensch vor der Frage nach dem Sinn* von Viktor E. Frankl (zurückübersetzt aus dem Englischen) (Deutschland: Piper, 2005).

Kapitel 8
1. Die Geschichte von Christine Caine wurde mit ihrer Erlaubnis verwendet. Wenn Sie die ganze Geschichte lesen wollen, lesen Sie ihr englischsprachiges Buch *A Life Unleashed* (Nashville, USA: Warner Faith, 2004).

2. Entnommen von http://www.cybernation.com/victory/quotations/authors/quotes_dyer_wayne.html.
3. Watchman Nee wird folgendermaßen zitiert: »Emotionen könnten als der gewaltigste Feind für das Leben des geistlichen Christen bezeichnet werden« (wörtl. a. d. Engl.) (*Der geistliche Mensch*).

Kapitel 11
1. *Over The Top* von Zig Ziglar (Nashville, USA: Nelson Books, 1997).

Kapitel 13
1. *Not Good If Detached* von Corrie ten Boom (Grand Rapids, USA: Revell, 1999).

Joyce Meyer

Über die Autorin

Seit 1972 ist Joyce Meyer als Bibellehrerin tätig, seit 1980 sogar vollzeitlich. Sie ist Bestseller-Autorin von mehr als siebzig Büchern wie zum Beispiel „Das Schlachtfeld der Gedanken" und „Süchtig nach Anerkennung". Mit ihrer humorvollen und direkten Art bringt sie die Dinge des Alltags anhand der Bibel auf den Punkt - lebensnah, überzeugend und echt. Joyce' Radio- und Fernsehprogramme *Enjoying Everyday Life* oder *Den Alltag genießen* werden weltweit ausgestrahlt. Häufig werden die Sendungen auf den vielen Konferenzen aufgezeichnet, die Joyce jährlich abhält. Ihre Vorträge werden außerdem auch als DVDs und Audio-CDs verbreitet. Joyce und ihr Mann Dave haben vier erwachsene Kinder und leben in St. Louis, Missouri, USA.

Über Joyce Meyer Ministries (JMM)

Hilfe für Arme und Leidende

Joyce und Dave Meyers zentrales Anliegen ist es, armen und verletzen Menschen in der ganzen Welt zu helfen. Es geht darum, nicht nur zu reden, sondern auch konkret zu handeln. Darum bringt Joyce Meyer Ministries (JMM) humanitäre Hilfe in verschiedene Krisenregionen der Welt. Dies geschieht mit über 13 internationalen Büros und in Zusammenarbeit mit über 50 weltweit tätigen Missionsgesellschaften.

Auf diese Weise werden über fünf Millionen Mahlzeiten in den Hungerregionen der Welt ausgegeben, über 40 Waisenheime in armen Ländern unterhalten, Dörfer mit sauberem Trinkwasser versorgt und Tausende von Gefängnisinsassen unterstützt. Außerdem gründet und fördert JMM Gemeinden in Ländern, wo Christen unter Verfolgung leiden, bietet medizinische Hilfe und hilft alten wie jungen Menschen in den „Ghettos" von Großstädten, wie mit dem Dream Center in St. Louis.

TV und Radio

Die *Enjoying Everyday Life* (*Den Alltag genießen*) Sendungen in Radio und Fernsehen erreichen täglich Hunderttausende weltweit. Im September 1993 wurde das Programm wöchentlich auf zwei Kanälen ausgestrahlt. Heute kann *Enjoying Everyday Life* täglich und wöchentlich auf über 507 Kanälen, darunter mehrere große Kabel- und Satelliten-Stationen, weltweit empfangen werden und außerdem auf www.joyce-meyer.de rund um die Uhr. Das Programm wird mittlerweile auch in weitere Sprachen, unter anderem Deutsch, übersetzt und kann sogar in der arabischen Welt empfangen werden. So wird das Evangelium täglich weltweit verbreitet.

Konferenzen

Konferenzen quer durch die USA (bis zu 14 im Jahr) und auch im Ausland sind nach wie vor Joyce' Leidenschaft. Die Menschen kommen in Scharen, und Joyce predigt das Wort Gottes und gibt praktische Lebenshilfe in der ihr eigenen direkten und humorvollen Art. Gleichzeitig werden diese Konferenzen für Fernsehsendungen aufgezeichnet.

www.joyce-meyer.de

Treffen Sie JMM im Internet. Infos, Videos, Kontaktmöglichkeit, weitere Bücher, DVDs und CDs bestellen und vieles mehr.

Joyce Meyers persönliches Geschenk an Sie

Als Leser dieses Buches können Sie jetzt eine kostenlose Vortrags-CD von Joyce Meyer erhalten. Einfach diesen Gutschein-Code [BK0106] mit Ihrer Anschrift versehen und an

Joyce Meyer Ministries
Postfach 76 10 01
D-22060 Hamburg

schicken, oder ins Internet gehen unter
www.joyce-meyer.de/geschenk .

Dort Adresse und Gutschein-Code eingeben, abschicken.

Weitere Bücher von Joyce Meyer

Das Schlachtfeld der Gedanken
Gewinne die Schlacht in deinem Verstand
288 Seiten, Pb, Euro 17,- [D], 17,50 [A], sFr 29,90,
ISBN 3-939627-00-3 / 978-3-939627-00-5
Ein wahrer Bestseller. Mit diesem Buch hat Joyce Meyer Millionen geholfen, ihre Gedankenwelt in göttliche Bahnen zu lenken. Gedanken von Sorgen, Furcht und Zweifel müssen nicht mehr ihr ungehindertes Spiel mit Ihnen treiben. Fangen Sie an darüber nachzudenken, worüber Sie nachdenken, und erneuern Sie Ihr Denken mit dem Wort Gottes. Ihr Leben wird sich drastisch positiv verändern. Die Wahrheit macht frei.

Der richtige Start in den Tag
Andachten für jeden Morgen
390 Seiten, Hardcover, Euro 15,- [D], 15,50 [A], sFr 26,50,
ISBN 3-939627-02-X / 978-3-939627-02-9
Ein neuer Tag – Was gibt's Neues? – Gottes Gnade ist jeden Morgen neu. Finden Sie es heraus. In kurzen, knackigen Andachten gibt Joyce Meyer einen Gedankenanstoß pro Tag mit einem passenden Bibelvers und seiner praktischen Umsetzung im Alltag. Herausfordernd, humorvoll, anregend.

Die geheime Kraft von Gottes Wort in deinem Mund
200 Seiten, Hardcover, Euro 13,50 [D], 13,90 [A], sFr 24,-,
ISBN 3-939627-03-8 / 978-3-939627-03-6
Während ihres Lebens und Dienstes hat Joyce Meyer wiederholt die schöpferische Kraft erfahren, die im Aussprechen des Wortes Gottes liegt. In diesem Buch trägt sie die wichtigsten Verheißungen und Bekenntnisse aus der Bibel für verschiedenste Lebensumstände zusammen: Bekenntnisse für Eltern, Singles und Familien, und was die Bibel über Ärger, Sorge und gesellschaftliche Verantwortung sagt. Gottes Wort in deinem Mund im Alltag angewandt wird dein Leben verändern.

Traum statt Trauma
Tipps für lebenslanges Eheglück
368 Seiten, Pb, Euro 17,- [D], 17,50 [A], sFr 29,90,
ISBN 3-939627-04-6 / 978-3-939627-04-3
„Unsere Ehen sollen ein Triumph und keine Tragödie sein," sagt Joyce Meyer, die selber mehr als 30 Jahre verheiratet ist. Gott bietet uns praktische Hilfe durch sein Wort, damit Ehen zu dem werden können, wozu er sie erdacht hat. Egal ob 30 Tage oder 30 Jahre verheiratet, ob noch Single, ob in einer Ehekrise oder einfach nur bemüht, die Ehe zu verbessern. In diesem Buch findet der Leser biblische Prinzipien und viele praktische Tipps zur „Traum-Ehe".

Heilung für zerbrochene Herzen
Erlebe Wiederherstellung durch die Kraft des Wortes Gottes
96 Seiten, Pb, Euro 9,80 [D], 10,- [A], sFr 17,90,
ISBN 3-939627-05-4 / 978-3-939627-05-0
Gott hat einen wunderbaren Plan für unser Leben, aber oft fällt es uns schwer dies zu glauben und zu erleben, weil uns Verletzungen aus der Vergangenheit plagen und uns gefangen halten. Dieses Buch gibt Antwort. Lernen Sie, wie Gott Sie sieht. Sie werden erleben, wie Seine Liebe Sie zur Ruhe bringt, Hoffnung für die Zukunft gibt und Ihr verwundetes Herz heilt.

Freu dich des Lebens auf dem Weg zum Ziel
224 Seiten, Pb, Euro 13,80 [D], 14,20 [A], sFr 24,60
ISBN 3-939627-06-2 / 978-3-939627-06-7
Kennen Sie das? - „Wenn dieses und jenes endlich in meinem Leben eintritt, dann werde ich mich freuen." So hat wohl jeder schon mal gedacht. Joyce Meyer zeigt den biblischen Weg, wie man zu einer beständigen Freude findet, die einen unabhängig von Umständen und (un)erfüllten Wünschen das Leben genießen lässt.

Gottes Plan für dich
Entdecke die Möglichkeiten
132 Seiten, Hardcover, Euro 18,- [D], 18,50 [A], sFr 31,60
ISBN 3-939627-07-0 / 978-3-939627-07-4
Viele Menschen erleben kein erfülltes Leben, weil sie sich ständig vergleichen und versuchen, jemand anderes zu sein. Ihnen ruft Joyce Meyer zu: Sei du selbst! Entwickle dein Potenzial! Mit einem Schlüssel-Gedanken pro Seite untermauert mit Wort Gottes führt dieses Buch den Leser durch Schritte wie Selbstannahme, Heilung und Vertrauen. Kurz wie ein Andachtsbuch mit tiefen Einsichten und erfrischend einfach für jeden Tag.

Schlüssel zum außergewöhnlichen Leben -
Verwandle dein Leben mit der Frucht des Geistes
256 Seiten, Pb, Euro 13,50 [D], 13,90 [A], sFr 24,-
ISBN 3-939627-08-9 / 978-3-939627-08-1
Gott möchte, dass Liebe, Freude und Frieden in unserem Leben wachsen, ebenso Geduld, Sanftmut und Güte, Treue, Demut und Selbstbeherrschung. Lernen Sie das Geheimnis von geistlichem Wachstum kennen. Und Sie werden sehen, wie Ihr Leben die Welt um Sie herum positiv beeinflussen wird.

Gut aussehen. Gut fühlen
12 Schlüssel für ein gesundes, erfülltes Leben
256 Seiten, Pb, Euro 14,50 [D], 14,90 [A], sFr 25,70
ISBN 3-939627-09-7 / 978-3-939627-09-8
New York Times Bestseller
Sie sind unendlich wertvoll für Gott! Dennoch haben viele Menschen ein niedriges Selbstwertgefühl und gehen auch entsprechend nachlässig mit ihrem Körper um. Joyce Meyers 12-Punkte-Plan führt Sie durch überraschende biblische Erkenntnisse sowie praktische Tipps für einen gesunden, entspannten Lebensstil, damit Sie sich gut fühlen und obendrein noch gut aussehen.

Jetzt mal Klartext
Gefühlskämpfe überwinden durch die Kraft des Wortes Gottes
424 Seiten Hardcover, Euro 19,- [D], 19,60 [A], sFr 33,20
ISBN 3-939627-10-0 / 978-3-939627-10-4
Joyce Meyer sagt Angst, Einsamkeit und Sorgen den Kampf an. Niemand muss sich durch negative Gefühle klein kriegen lassen. In *Jetzt mal Klartext* liefert Joyce erfrischende, lebensverändernde Einsichten, mit Geschichten aus ihrem persönlichen Leben, praktischen Ratschlägen, alles untermauert mit Bibelstellen.

Schreiben Sie uns!

Was hat Ihnen dieses Buch konkret gebracht? Haben Sie Anregungen? Möchten Sie Joyce Meyer Ministries etwas mitteilen? Dann schreiben Sie uns.

Joyce Meyer Ministries
Postfach 76 10 01
D-22060 Hamburg